W0275083

Dr. med. Reinhard Fabisiak

Meditation als Selbsterfahrung

Ein Reiseführer in ein unbekanntes Land

Dr. med. Reinhard Fabisiak

Meditation als Selbsterfahrung

Ein Reiseführer in ein unbekanntes Land

tao.de

Impressum

Dr. med. Reinhard Fabisiak
Meditation als Selbsterfahrung
Ein Reiseführer in ein unbekanntes Land

© tao.de in J. Kamphausen Mediengruppe GmbH, Bielefeld
www.tao.de, eMail: info@tao.de

1. Auflage 2015

Gestaltung	Kerstin Fiebig
Umschlagfoto	Meditationshöhle in Ladakh (© R. Fabisiak, 2013)
Lektorat + Korrektorat	Ina Kleinod (sinntext literaturagentur)

Printed in Germany

Bibliografische Information der Deutschen Nationalbibliothek
Die Deutsche Nationalbibliothek verzeichnet diese Publikation in der Deutschen Nationalbibliografie; detaillierte bibliografische Daten sind im Internet über http://dnb.d-nb.de abrufbar.

ISBN Hardcover: 978-3-95802-756-5
ISBN Paperback: 978-3-95802-721-3
ISBN e-Book: 978-3-95802-757-2

Das Werk, einschließlich seiner Teile, ist urheberrechtlich geschützt.
Jede Verwertung ist ohne Zustimmung des Verlages unzulässig. Dies gilt insbesondere für die elektronische oder sonstige Vervielfältigung, Übersetzung, Verbreitung und sonstige Veröffentlichungen.

Mein Dank an die Lehrer

Dieses Buch ist meinem Vater gewidmet. Seine Unterstreichungen in Arthur Schopenhauers Lebensweisheit[1] erklären mir vormals eine Distanz, die unser Zusammensein zeitlebens prägte. „Der Kluge geht der Schmerzlosigkeit nach" ist das Leitmotiv, nach dem vor allem ein seelischer Schmerz in mitfühlender Nähe anderer Menschen vermieden wird. Auch die Fragen nach dem, was wir eigentlich sind, besitzen und andere über uns denken, prägen unser Handeln. Auf Dauer bleibt nur das, „was ich bin" – so die philosophische Schlussfolgerung. Mit der konsequenten Frage „Wer bin ich?" entlarvt ein anderer Weiser – Ramana Maharshi[2] – auch diese Illusion einer beständigen Ich-Struktur.

Von vielen menschlichen „Leuchttürmen" durfte ich überdies Wissen, Gefühle und Lebenskunst erlernen. Ein Neurologe und ein Augenarzt brachten mir bei, die Augenhöhe zum Patienten einzuhalten. Dieser Zugang findet sich auch bei C. G. Jung[3] und Irvin D. Yalom[4]. Der Respekt vor dem Gegenüber erlaubt mir die Empfindung der Geisteszustände ebenso wie deren kritische Analyse. Eine Ausbildung zum Yogalehrer, die Methode der chinesischen Akupunktur und die Vipassana-Meditation eröffneten mir den Zugang zur asiatischen Auffassung des Lebens – insbesondere der Vergänglichkeit.

Mein Dank gilt besonders meiner Frau Marleen. Mit Vorschlägen und Kritik trug sie zum Inhalt des Buches bei – wie alle anderen, die mit Rat und Tat unterstützten, auch wenn sie davon überhaupt nichts gemerkt haben. Markus Ludwig[5] danke ich für viele Hinweise zum Kapitel Ayurveda.

„Der schwarze Gurt des Lehrers wird schließlich wieder weiß", heißt es in der Kampfkunst. Also ist der Lehrer zeitlebens auch zugleich der Schüler. Ich danke meinen Töchtern Miriam, Jolien und Maike als Vater, Lehrer und Schüler.

1 deutscher Philosoph

2 Ramana Maharshi: Eremit; indischer Weiser aus dem Tamil; Vertreter des Advaita Vedanta; Lehre: Erforschung des Selbst

3 schweizer Psychiater und Begründer der analytischen Psychologie

4 amerikanischer Psychoanalytiker und Buchautor

5 www.midgard-kalari.de

Inhalt

Vorwort

Die meisten Menschen einer westlichen Gesellschaft hungern nicht, werden medizinisch ausreichend versorgt und haben ein festes Dach über dem Kopf, immer mehr müssen aber wegen Bluthochdruck, chronischen Schmerzen und psychischen Erkrankungen behandelt werden. Viele bleiben sich selbst zeitlebens ein Rätsel, ihre Gedanken, Gefühle und Handlungen scheinen fremdartigen Impulsen ihres eigenen Körpers zu folgen. Das Leben wird oft als nicht gerecht und mehr wie ein andauernder Kampf empfunden, der sie schließlich erschöpft. Die aktuelle medizinische Wissenschaft bemüht sich deshalb, auch Antworten auf uralte Lebensfragen zu geben. Sie gelten seit Jahrtausenden dem Sinn des Daseins und dem Umgang mit Alter, Krankheit und Vergänglichkeit.

Der eifrigste Gegner auf dem Weg zum Wesenskern, in dem Religionen die Weisheit allen zeitlosen Daseins vermuten, ist die bunte, schnelle und laute äußere Welt. In den Medien, im Business und Konsum „tickt die Uhr unaufhaltsam". In der Meditation hingegen wird das eigene Innere zum Ziel. Dort lagern im Verborgenen zeitlos unendlich viele Bilder, Geschichten und Gefühle, die auf ihren Abruf warten. Das konzentrierte Wahrnehmen der Geisteszustände in der Meditation eröffnet die Sicht auf die eigene, schier grenzenlose innere Welt. Ruhe, Konzentration und Betrachtung „verdünnen" die dunklen Wolken schlechter Erfahrungen, vorgefasster Meinungen und negativ geprägter menschlicher Kontakte.

Man erfährt sich selbst. Die eigenen Gedanken und Gefühle stehen im Vordergrund, und es ist zweitrangig, wie andere Menschen denken oder handeln. Mit dieser Übung wächst neben der inneren Einkehr und Ruhe auch ein Selbstbewusstsein – die wichtigste Voraussetzung, um sich als wertvoll zu erleben. Es gelingt leichter, Verantwortung für alle vergangenen und gegenwärtigen Lebensentscheidungen zu übernehmen. Es entstehen mehr Zufriedenheit, Gelassenheit und innerer Frieden, die als das wohltuende Gegenteil von Unruhe, Nervosität und Stress erfahren werden.

Dieses Buch möchte Sie durch die neuen Empfindungen und zahlreichen Gedanken auf einem scheinbar fremden Territorium begleiten. Mit dem angebotenen Regelwerk können Sie die Ihnen bislang unbewussten Motive und Gefühle in sich erkennen und später auch lenken. Diese persönliche Erfahrungswelt ist wertvoll und nicht allgemein übertragbar. Auch ein Arzt, spiritueller Lehrer oder sogar Religionsgemeinschaften sollten nicht ihre eigenen Vorstellungen, Wünsche, Erwartungen und Empfindungen auf einen Patienten, Schüler oder ein Mitglied „stempeln".

Die Sichtweisen der traditionellen östlichen Philosophie und der abendländischen christlichen Kultur werden vor allem auf das Individuum bezogen.

Es geht – vergleichsweise – nicht um einen Wald oder um das, was andere tun. Das Ziel ist immer der Baum, also das, was Sie selbst tun. Beispiele aus meiner ärztlichen Praxis illustrieren die Wahrnehmung des eigenen Körpers mit seinen überraschenden und oft nicht bewussten Handlungsimpulsen. In den Kapiteln über die psychologischen Bedingungen erhält die Innenschau der Meditation wichtige Wegmarkierungen. Bewusste und vor allem unbewusste Lebenserfahrungen treffen dann auf einen geübten Geist, der sich orientieren kann, und die Macht dieser Erfahrungen über die geistigen Handlungen lässt nach.

Aus der Sicht traditioneller chinesischer und indischer Medizin – TCM und Ayurveda – stellt sich die Wirkung innerer Erkrankungen auf das Bewusstsein konkreter dar. Beide Schulen nehmen keine Trennung von Körper und Geist an und sind in praktischer Anwendung in der westlichen Welt etabliert, sodass eine Bezugnahme darauf der psychologischen Betrachtung auf komplettierende Weise parallel gestellt werden kann. Typische körperliche Krankheitszeichen erlauben mit diesem Inventar eine „psychologische Körperanalyse" des eigenen oder sogar fremder geistiger Zustände.

Abschließend werden die häufigsten Meditations-Formen angeführt und erklärt, der Teil lädt Sie zum Kennenlernen und Üben ein. Eine regelmäßige meditative Konzentration des Geistes ist nach einer unvermeidlichen Lehrzeit so selbstverständlich im Alltag, wie es zum Beispiel mit dem Putzen der Zähne geschieht. Die Meditation wird zum täglichen Selbst-Besuch, zur permanenten Selbst-Erfahrung, und führt zu einer stabilen inneren Orientierung. Es eröffnet sich immer mehr die Sicht auf den eigenen unerschütterlichen Wesenskern. Nach Klaus-Dieter Platsch ist es das „heilende Feld[6]" im Menschen. Es kann sogar gelingen, seine „Aura"[7] im ganzen Lebensraum und nicht nur bei sich selbst wahrzunehmen. Es eint alle fühlenden Wesen.

Dr. med. Reinhard Fabisiak
Salzgitter Bad, im Mai 2015

6 www.drplatsch.de

7 Energiekörperlehre: Lichtkranz/Farbspektrum um den phys. Körper herum

Meditation – Ursprung und Sinn

Meditation bedeutet Betrachten, Nachdenken und Überlegen von allem und über alles, was das wache Bewusstsein im gegenwärtigen Moment erfährt. In der Meditationsübung findet eine ständige Wahrnehmung der eigenen Gedanken, der Sinnesempfindungen und Gefühle statt. Im Idealfall wird in meditativer Versenkung – wie in der sorgenfreien und gedankenlosen Ruhe des Tiefschlafs – „hellwach" verweilt.

Bereits in den mehr als 3000 Jahre alten indischen Veden[8] gibt es konkrete Anweisungen zur Meditation, für die Atmung, die Rezitation heiliger Worte und eine spirituelle Lebensausrichtung[9]. Die Menschen nutzen dazu besondere Kraftplätze in der Natur oder sitzen in einer Höhle, nicht selten für längere Zeitabschnitte. Als Einsiedler verlassen sie die Familie und Freunde oder schließen sich zu Glaubensgemeinschaften mit eigenen Ritualen zusammen, zum Beispiel im klösterlichen Rahmen. Menschen mit einer besonderen Begabung, einem sogenannten „zweiten Gesicht", die offen sind für Eingebungen, werden zum Vermittler des Wissens über das innere Wesen des Menschen. Aus ihren Berichten entstehen Legenden, Geschichten, Sagen und Mythen. Am liebsten jedoch erzählen die Menschen über ihr eigenes Leben. Liebe und Leid, Freude und Kummer, Macht und Unterwerfung lassen sich unendlich kombinieren, Schicksale entstehen und vergehen in der materiellen äußerlichen Welt.

Für das Lebendige in uns allen entwickeln deshalb schon immer die zahlreichen spirituellen Traditionen und Religionen Erklärungen, Rituale und ethische Vorgaben. Sie helfen der menschlichen Sehnsucht nach einem sicheren Hafen für das Unvergängliche und Bleibende und gegen die Angst, diesen Platz auf dem eigenen Lebensweg nicht zu entdecken bzw. zu erreichen.

In der Meditationspraxis wird unsere Konzentration zunächst auf eine körperliche Handlung – wie den Atemfluss oder zum Beispiel den Punkt zwischen den Augenbrauen über der Nasenwurzel – gerichtet. Die körperliche, nahezu anfassbare und deshalb auch vertraute Funktion

8 Sammlung religiöser Texte im Hinduismus

9 vgl.: Maren Schneider in Literaturliste

nutzt uns dabei. Dem wachen Geist ist der materielle Körper sehr wohl bewusst, die Sinnesempfindungen werden seit der frühen Kindheit trainiert. Sie drücken sich auch in der Körperhaltung, Gestik und Mimik im Kontakt zum Partner oder einem Fremden aus. Das „Bauchgrimmen“ beispielsweise kann eine Stoffwechselreaktion im Stress und eine Antwort des Körpers auf bestimmte Lebensumstände sein. Die Durchblutung und Spannung der Haut ist in jedem Moment mit den Gedanken, Gefühlen und Informationen der Sinnesorgane verbunden. Die Nackenhaare stellen sich auf, das Gesicht wird leichenblass, der Kopf ganz rot, es wird uns heiß oder kalt oder beides im Wechsel. Diese Empfindungen sind neben der lokalen Reaktion auf äußere Reize auch ernst zu nehmende Signale und Alarmmeldungen für das Wachbewusstsein.

In der Meditation können zunächst alle körperlichen Antworten – wie Muskelspannung, Kribbeln, Hustenreiz, Darmbewegung mit Geräusch, Taubheit eines Fußes – im Moment der Wahrnehmung bewusst im Geist notiert werden. Sie gehören zum Körperbewusstsein. Der Fokus der Konzentration in der Meditation ist aber das Geistbewusstsein. Mit der fokussierenden Betrachtung von Gedanken und Gefühlen treten die Empfindungen des Körpers zurück. In der meditativen Übung können wir auch ein formelhaftes Gebet bzw. Mantra[10], einen berührenden Text in der Anleitung durch einen Lehrer, ein reales Bild oder eine bildhafte Vorstellung, also eine Visualisierung in den Vordergrund stellen.

Im Yoga wird die Meditation mit dem bewussten Ansprechen eines Chakra[11] und der Vorstellung von Licht und Farbe verbunden. Im Buddhismus, vornehmlich im Zen ist die „Klarheit hinter den Dingen“ das Ziel. Das stille Sitzen ist vor allem mental gegenstandslos, es wird weitgehend auf Bilder oder Vorstellungen verzichtet. Die christliche Meditation oder Kontemplation geht auf die Mystiker[12], wie Meister Eckhart[13], mit ihrer unmittelbaren Gotteserfahrung zurück. Ihr Einswerden mit Gott – „Unio Mystica“ – ist vergleichbar z. B. mit der Tradition

10 Sanskrit: „man“ = Geist und „tra“ = Befreiung; Wiederholung eines Mantra = „Geistbefreiung“

11 Sanskrit: Rad; im Yoga werden die Chakren als Energiezentren zwischen dem materiellen und dem feinstofflichen Körper – „Astralleib“ – angenommen

12 Mystik = Erkenntnis Gottes aus der Erfahrung

13 Eckhart von Hochheim; Dominikanermönch, der annahm, dass im Seelengrund jedes Einzelnen die Gottheit unmittelbar anwesend sei; siehe: Literaturliste

des Bhakti Yoga[14]. Der Begriff wird mit Hingabe oder Liebe übersetzt, daher ist es der Yoga der liebenden Selbsthingabe und der Teilhabe an der Liebe der göttlichen Person. Mit ihr wird der absolute und deshalb auch weit entfernte Gott nahe und persönlich erlebt.

Diese individuelle Gotteserfahrung erfordert als eigenständiges Gotteswissen ohne Tradition, Bücher oder kirchliche Lehre[15] grundsätzlich keinen Guru, Weisen, Lehrer oder Priester. Sie ist jedem fühlenden Lebewesen möglich. Alle Übungsformen führen jedoch zur Einsicht in die eigenen Geisteszustände und bewusst hin zum inneren „Tresor" der Gedanken und Erinnerungen – auch als das „Selbst" bezeichnet.

Im Selbst werden alle Erfahrungen des Daseins und das über Generationen gesammelte elterliche und kulturelle Erbe der Welt aufbewahrt. Nach C. G. Jung ist in ihm das „urtümliche Bild" oder der „Archetypus"[16] sowie das „kollektive Unbewusste" enthalten. In anderen Beschreibungen wird der unbewusste Bezug zur Lebensumgebung und deren Einfluss mit dem Begriff „morphogenetisches Feld" umschrieben. Im Jainismus und Hinduismus ist es das „satta-karma" oder „sancita-karma", welches im vergangenen Leben angesammelt wurde[17]. Christen kennen dafür die „Erbsünde" – meist noch aus dem Religionsunterricht und für viele Menschen in unangenehmer Erinnerung. Der Begriff ist zwar ungelenk, entspricht aber der christlichen Idee von Schuld und Sühne, neben der die Betonung der Nächstenliebe nicht selten als eigentliche Zugkraft zurückbleibt. Hinter der „Erbsünde" verbirgt sich aber die – auch in anderen Religionen – erkannte Weisheit über das kulturelle und spirituelle Erbe in jedem Menschen. Dem Naturwissenschaftler schließlich zählt an dieser markanten Stelle einfach in jeder Zelle des Körpers der genetische Code.

Immer, wenn ich verhaltensauffällige „Schreikinder"[18] behandle, oft mit einer Schädelasymmetrie nach traumatischen Geburten, wie nach dem Einsatz der Saugglocke oder einem Kaiserschnitt, denke ich an ihre „Erbsünde" oder besser: ihre bereits vorhandene Weisheit. Sie erlaubt einen tiefen mitfühlenden Dialog, der in gleicher Schwingung für den Therapeuten und die Mutter erfahren werden

14 Hinduismus: Weg der liebenden Hingabe an Gott; nicht einen „entfernten" Gott um etwas bitten; das eigene Leben der Hingabe – Devotion – an Gott zu widmen

15 siehe auch: Dorothee Sölle, Mystik und Widerstand, S. 84

16 dem kollektiven Unbewussten zugehörige Grundstrukturen des Menschen

17 Karma = spirituelles Konzept des Ursache-Wirkung-Prinzips

18 siehe auch: www.fabisiak.de/Kiss-Syndrom

kann. Den Eltern erkläre ich meistens, dass ihr Kind nicht mit einer „unbespielten Festplatte" auf die Welt gekommen ist, sondern genügend eigene Heilkraft besitzt, um mit etwas Hilfe aus dem traumatischen Zustand herauszufinden …

Der Standpunkt der Einsicht und des Verstehens, des Fragens und Beobachtens ist waches Bewusstsein oder das „Ich", welches beobachtet und handelt. Der innere Wissens- und Erfahrungsspeicher wird folgend als „Unterbewusstsein" oder als eine Funktion des „Selbst" aufgefasst. Er ist deshalb „unbewusst", weil er den willkürlichen Zugriff des wachen Bewusstseins nicht oder nur bedingt zulässt. Man kann also nicht in sich horchen wollen, sondern es gelingt erst, wenn ohne jegliche Absicht rezeptiv zugehört bzw. gelauscht wird. Der feine Unterschied zwischen Handeln und Nichthandeln, Tun oder Zulassen wird in der Meditation allmählich erfahrbar. Je mehr aktiv getan, gewollt und begehrt wird, desto verschlossener bleibt das Tor in unsere innere Welt. Je stiller der Geist aber davor verweilt, desto mehr legt dieses Innen sich freiwillig offen, und dem Lauschenden gelingt die Einsicht.

In der Annahme vieler spiritueller Traditionen enthält das Unbewusste im Menschen auch den unzerstörbaren Kern des lebendigen Wesens. Hier beginnt die schwierige Bemühung um den Seelen-Begriff, welcher für eine globale ethische Diskussion mindestens so elementar erschlossen werden kann wie für das individuelle Selbstverständnis und die Ausrichtung der persönlichen Lebensziele. In der äußerlich orientierten „westlichen Lebenswelt" bemisst allerdings der „Geldwert" die Achtung vor allen Dingen. Er macht auch vor der grundsätzlich guten Absicht heiliger Rituale und Übungen nicht Halt.

Für die nach innen gerichtete Sicht zum „Unbewussten" gibt die indische Philosophie viele Beispiele. Die ersten Übersetzungen indischer Weisheit – der Vedanta[19] – erreichten Europa am Ende des 17. Jahrhunderts. Das Mantra OM beeindruckte bereits Arthur Schopenhauer[20], er fand in den altindischen philosophisch religiösen Schriften, den Upanishaden[21], Anleitungen zur Versenkung in das eigene Innere durch das Singen des mysteriösen *OUM* – OM, AUM oder OUM bezeichnen den Beginn und das Ende der Reise, die von der Geburt bis zum Tod führt.

19 Sanskrit: Veda und anta = das Ende; Veden = Wissen

20 www.arthur-schopenhauer-studienkreis.de

21 Sammlung philosophischer Schriften des Hinduismus.

Der Yoga[22] mit Atem- und Körperübungen kam im 19. und 20. Jahrhundert vom Osten in den Westen der Welt. In der Sivananda[23] Tradition gelten die mit dem Körper gehaltenen Stellungen – Asanas – als Vorbereitung für die Meditation. Sie folgen im Hatha[24] Yoga den Belehrungen von Patanjali[25], der den Acht-Stufen-Weg zum Samadhi beschrieb.

Das Ziel des achtfachen Pfades zur „Erleuchtung" ist das Stadium des Glücks. Die erste Stufe „Yama" – Enthaltung – umfasst moralische Eckdaten für das Verhalten. „Niyama" – Selbstdisziplin – in der zweiten Stufe betont die innere und äußere Klärung, Reinigung sowie den religiösen Weg im Vertrauen und mit Nächstenliebe. Erst in der dritten Stufe „Asanas" werden kraftvoll und komfortabel gehaltene Haltestellungen für den Körper gelehrt. „Pranayama" – die Atemkunst – kontrolliert die Lebenskraft in der vierten Stufe. Danach ist in der fünften Stufe „Pratyahara" – Zurückziehen der Sinne von den äußeren Objekten – ein Ablösen der Sinne von den äußerlichen Umständen des Lebens möglich. Man könnte auch Verzicht auf Konsum und Besitz dazu sagen. Jetzt erst gelingt die Konzentration des Geistes in der sechsten Stufe „Dharana", und erst dann kann der nach innen gerichtete Geist in der siebten Stufe „Dhyana" in der Meditation versinken. Werden Beobachter und Beobachtetes eins und sind alle Gegensätze aufgehoben, in der achten Stufe „Ananda" wird Glück oder auch die Glückseligkeit erreicht, die in „Samadhi" – Versenkung – mündet.

Das gewählte Bild von einem Weg mit Stufen kann zu der Annahme verleiten, dass eine Art Schullaufbahn mit Jahrgangsklassen gemeint sei. Der Vergleich mit einem Strategiespiel liegt ebenfalls nahe, dass auf jeder Station ein Werkzeug, Wissen oder eine besondere Fähigkeit erworben werden kann. Bedachtsam eingesetzt, können sie das Leben erleichtern, geben aber keine Garantie für dessen Gelingen.

Jede Stufe des „Achtfachen Weges" enthält Lebens- bzw. Lernaufgaben. Und um bei dem Bild zu bleiben – eine Versetzung in die nächsthöhere Klasse ist aber niemals gefährdet, weil es keine Versetzung gibt. Auch ist nicht von einer stringent linearen Ausbildung auszugehen, die verschiedenen Qualitäten erstrecken sich parallel und überschneidend in sich entfaltende Anwendungsgebiete. Die erworbenen Fähigkeiten korrespondieren unmittelbar miteinander.

22 Sanskrit: Joch, Yoga = Zusammenbringen von Körper und Geist, bis sich die Vorstellung von Trennung auflöst

23 Swami Sivananda Saraswati; Yoga Meister

24 Sanskrit: Gewalt oder Kraft

25 indischer Gelehrter und Verfasser des Yogasutra

Aufstieg und Abstieg gehören wie im Leben zum Spiel, und die Prüfungskommission ist das Schicksal. Es sind also nicht möglichst viele Punkte zu sammeln, Stationen abzuarbeiten oder Zeugnisse zu erhaschen. Auch ein innigstes Bemühen – oder gerade eine strikte Ambition – führt nicht zu einem Schnelldurchgang. Es sind eher Gelassenheit und der Verzicht, etwas erlangen zu wollen, ein guter Kompass. Jede Stufe entfaltet sich im Alltag mehr als in kompakten Trainings. Bedingungsloses Zulassen, Fallenlassen, Vertrauen, Zuversicht, Sicherheit und Geborgenheit gehören genauso wie Kampf, Wettlauf, Mut, Dranbleiben und Ausdauer zum Überleben, zum Fortschreiten, zum Überwinden der eigenen Beschaffenheit. Der „kleine Tod"[26] beim triebgesteuerten Sex lässt ebenso wie andere Glücksmomente und besondere Erfolge scheinbar die Zeit stillstehen. Die achte Stufe – die Glückseligkeit im Samadhi – ist also jederzeit im ganz normalen Leben für jeden erfahrbar. Ihre Erfüllung ist nicht nur in meditativen Gipfelerfahrungen zu finden, sondern auch in einem guten Essen, einem schönen Stück Kuchen, dem Glas Rotwein am Abend. Sie liegt in der spontanen Umarmung einer Freundin oder eines Freundes und für das Baby ist es der liebevolle Blick der Mutter.

Der Achtstufenweg spiegelt im Grunde das ganze Leben. Darin wird seine Praxis auch für unsere westliche Kultur zu einer annehmbaren, adäquaten, kompatiblen Lebensbasis. Stellen Sie sich das Leben in diesen Stufen vor: In Kindheit und Jugend wird gelernt. Der Erwachsene hat Aufgaben in der Familie und im Beruf. Im letzten Lebensabschnitt ist nichts mehr zu vermehren oder zu erreichen. Im Gegenteil wird es Zeit, Ballast abzuwerfen.

Die kurze Übersicht des yogischen Lebensweges sollte nicht darüber hinwegtäuschen, dass er auch für die Weisen der Antike eine oder sogar mehrere Lebensaufgaben darstellte. Und wenn wir in der Neuzeit nach uralten Verfahren suchen, um sie in unsere aktuelle Lebenswelt einzusetzen, sollten wir ihre grundlegenden universalen Bedingungen nicht außer Acht lassen. Die Meditation ist – nach Patanjali – fast ein Endstadium auf dem spirituellen Weg. Sie gedeiht am besten auf dem stabilen Fundament einer bewussten Lebensweise, die uns die Stufen der Erkenntnis Schritt für Schritt ermöglicht.

26 la petite mort = Idiom und Euphemismus für den Orgasmus im Französischen

Die Naturwissenschaft und gerade die psychologische Forschung nutzen Untersuchungen, die aus vielen einzelnen Testfragen, Reizen oder Übungen bestehen. Bei psycho-motorischen Testverfahren für Kinder repräsentiert zum Beispiel der Sprung in einen bezeichneten Kreis besonders gut das Gesamtergebnis. Die Messmethode ist aber nur dann ein ausreichend sicheres Instrument, wenn alle Tests des Inventars standardisiert durchgeführt werden. Einzelne „herausgepickte Rosinen" machen kein glaubhaftes Ergebnis. Diese Warnung ist an dieser Stelle notwendig, denn wenn die Meditation als Methode aus ihrem spirituellen Zusammenhang herausgelöst oder „herausgepickt" wird, ergibt sich möglicherweise einerseits für den Anwender keine ausgewogene Integration der Praxis, andererseits werden bestimmte Effekte vielleicht nicht richtig zugeordnet bzw. nutzbar gemacht.

Die moderne westliche Medizin beobachtet nämlich mit immer mehr Interesse den therapeutischen Effekt einer auf Achtsamkeit beruhenden kognitiven Therapie[27]. Yoga und Meditation führen bei den Teilnehmern zu einer effizienteren Kommunikation zwischen verschiedenen Hirnarealen mit einer besseren Verarbeitung und Ordnung von Informationen[28]. Mit dem Praktizieren eines mühelosen Verweilens im Gewahrsein können wir als westliche Menschen den unruhigen Lebensalltag einfach besser ertragen. „Mind-Body-Medizin" bezeichnet die Untersuchung dieser Geist-Körper-Phänomene. Heilungsrituale, zu denen auch Yoga und Meditation gerechnet werden, können danach eine Selbstregulation und damit auch Selbstheilung mit „angewandtem Placeboeffekt" bewirken[29].

Die Meditation führt aber nicht in die äußere Welt der Geschäfte, Multimedia oder zu materiellen Lebenszielen. Ihr Ziel ist das Innere des eigenen Wesens. Dort lagern im „Unbewussten" Tausende von Bildern, Geschichten und Gefühle und warten auf ihren Abruf. In der Übung nähert man sich vorsichtig dem universellen Reservoir seiner eigenen Geisteszustände, dessen Geheimnisse allerdings gut verwahrt sind. Jede offene Absicht schreckt ab und verschließt diesen Zugang. Befehle verweigert er kategorisch, und sein Verhalten ähnelt einem Schatten, über den man nicht springen kann. Er haftet an und scheint abhängig, und dennoch gestattet er den

27 John Kabat-Zinn: Pionier der Achtsamkeit-Lehre zur Stressbewältigung und Burn-out Prophylaxe; therapeutischer Begriff: „MBSR" = Mindfulness Based Stress Reduction; siehe Literaturliste

28 siehe: Tim Gard u. a.

29 Prof. Dr. med. T. Esch, Dtsch Ärztebl 2014 111(50): A 2214-20

Zugriff nur absichtslos. Wird er zugelassen, dann öffnet er sich weit und mit schier unendlicher Tiefe. Er spricht auch dazwischen, wenn es ihm gerade passt, schickt spontan Geistesblitze und scheint ganz eigenen Gesetzen zu unterliegen.

Sehen Sie nur einfach in den Spiegel oder schauen Sie sich ein Foto von sich an. Wen sehen Sie oder wer sieht Sie eigentlich?

Der wertende innere Impuls führt unwillkürlich zur Korrektur am Haar, zur Betrachtung des Profils und der Bewertung der eigenen Außenwirkung. Vor dem Spiegel oder dem Bild hat der Impuls des Unterbewusstseins einen kurzen Moment das Wachbewusstsein verdrängt.

In bewussten Wesen findet ein andauernder Austausch zwischen dem wachen Geist, der teilweise unterbewussten Verarbeitung der Sinneswahrnehmungen, den vielfältigen Lebenserfahrungen und vegetativen Funktionen[30] statt. Die Redaktion für die vielen Meldungen ist Tag und Nacht besetzt und sortiert kräftig aus. In der Regel steuert der „Autopilot" – das „Selbst" im Hintergrund – ziemlich gut durch das Leben. Eine gesammelte Kraft des Unbewussten kann dennoch ungebremst mitten „ins Mark treffen". Wenn z. B. ein Unfall geschieht, ein naher Angehöriger verstirbt, unsere Ehe zerbricht oder der Arbeitsplatz „wegrationalisiert" wird, überwiegen urplötzlich in uns entfesselnde Impulse, gegen die „kein Kraut gewachsen" ist. Sie brechen aus uns heraus, und nicht selten geschehen sogar aggressive Handlungen. Die Gewalt richtet sich häufig auch nach innen – gegen uns selbst – wenn wir uns nach schlimmen Erfahrungen nicht mehr wertvoll fühlen …

Unser Unterbewusstsein meldet sich in schwierigen Lebensumständen auch in der Nacht. In scheinbarer Ruhe schlägt das Herz schneller, der Brustkorb ist angespannt, das Atmen fällt schwer, der Blutdruck steigt, kalter Schweiß bricht aus und die Beinmuskeln verkrampfen.

Nächtliche Krämpfe der Beinmuskulatur im Stress werden durch einen relativen Elektrolytmangel mit Stauungen der Gewebeflüssigkeit hervorgerufen. Gegen nächtliche Beinmuskelkrämpfe wirkt eine abendliche Gemüsebrühe oft besser als die Zufuhr von Magnesium. Das gilt besonders, wenn das Herz schon schwach ist, die Luft knapp wird und die Beine Ödeme aufweisen!

30 im Gehirn u. a. die Funktionen des limbischen Systems, des Hirnstamms und die Nervengeflechte des Bauchraumes

Manchmal ist es auch nur das Aufwachen aus einem Traum, was neben einem unangenehmen Gefühl morgens noch erinnert wird. Anderen dreht sich alles im Kopf, und das wird später vielleicht vom Hals-Nasen-Ohren-Arzt Lagerungsschwindel[31] genannt. Die Orientierung kann uns vorübergehend schwerfallen, trotz der Erschöpfung und Müdigkeit gelingt oft kein ruhiger Schlaf, egal, auf welche Seite wir uns wälzen.

An der inneren Leinwand tauchen mitunter Bilder des Schreckens mit finsterer Symbolik des Ärgers, Zorns und der Wut auf. Bekannte Personen handeln eigentümlich fremd. Der Film ist schwarz-weiß, in grellen Farben oder das Bild einer ruhigen Landschaft wird plötzlich dunkel. Manchmal sind die Bilder, Szenen und Personen aber auch so lieb, nett und wohltuend, dass wir die Realität des Morgens als herbe Enttäuschung erleben.

Die Filme im Traum werden nicht mit einem Warnhinweis gezeigt. Auch Kinder und Jugendliche spielen nachts mit dem eigenen Erfahrungsschatz ab, was ihnen der Tagesablauf, Ereignisse, Erlebnisse und die Medien zur weiteren Bearbeitung eingespielt haben. Es ist gut, wenn die Erfahrungen im Wachbewusstsein nur geringfügig nachgearbeitet zu werden brauchen, und es ist natürlich ungünstig, wenn nachts Kämpfe ausgetragen werden müssen, für die das Wachbewusstsein am Tag keine Lösung gefunden hat.

Das Unterbewusste erkennt jedoch nicht immer oder nicht sofort den richtigen Lösungsweg. So entsteht ein Ringen um Gefühle, offengebliebene Fragen, ausstehende Entscheidungen. Erinnerungen und erlittene Schmerzen werden deutlicher durchlebt. Im scheinbaren Gefecht werden die Muskeln angespannt, die Kiefergelenke mit knirschenden Zähnen aufeinandergepresst, die Blutgefäße und zum Arm führende Nerven am Schultergürtel zusammengedrückt, sodass die Arme „einschlafen“. Unbewusste Handlungen genießen den Vorteil, dass sich die Verarbeitung im inneren Wissens- und Erfahrungsspeicher nicht verstecken muss und keine Rücksicht auf den Partner, den Chef oder die Eltern zu nehmen braucht.

Wenn die Integration ungünstiger Informationen in der Nacht nicht vollständig gelingt, werden die übrig bleibenden Spannungen in den nächsten Tag getragen und die folgenden Nächte enthalten infolgedessen immer mehr Aufgaben für das unbewusste innere Ordnungssystem. Deshalb kann bei längeren Konfliktverläufen plötzlich ein instinkthaftes Verhalten in den Alltag einbrechen. Die Wahrscheinlichkeit dafür ist umso größer, je härter ein Problem trifft und je

31 häufig in Verbindung mit Reizung der Nasennebenhöhlen, Zahnbehandlungen, Störung der Eustachischen Röhre und so auch Ohrgeräuschen, Zähneknirschen, Kiefergelenkreizung und Störungen der Funktion der oberen Halswirbelsäule im Nackenrezeptorfeld

weniger ein fester Standpunkt des Geistes tagsüber gehalten werden kann. Instinkthafte Handlungen folgen dem Überlebenstrieb und sind notwendige Muster des frühen Kindesalters. Sie fordern Zuwendung, Liebe und Nähe ebenso wie sie mit Wut und Zerstörung einhergehen können. Mit einer unvermittelt aufsteigenden Wut kann es zu Körperverletzungen – auch im familiären Umfeld – kommen.

Eine andauernde krankhafte Körperanspannung verdreht die Wirbelsäule und drückt die Bandscheiben hinaus. Mit einem flachen Atmen wird die Brust gepresst gehalten. Was einem „zu Herzen geht", führt zu Störungen der Herzfunktionen, mitunter bis zum Infarkt. Der „Druck" im Geist setzt sich im Kopf fort, und das „Ventil" macht dann Ohrgeräusche, Hörsturz und Schwindel[32]. Alles kann Ausdruck einer andauernden inneren Verzweiflung sein, die ohne Ausweg scheint.

Wie dem auch sei – der Weg in die Ruhe kennt keine Abkürzung. Schritt für Schritt ist es aber möglich, das eigene Innenleben differenziert wahrzunehmen und sich auf die unendliche Vielfalt der eigenen Gedanken und Empfindungen einzustellen. Die Ruhe des meditativen Zustandes erlaubt eine Betrachtung all dieser Regungen und später auch deren Analyse. Die persönliche Erfahrung – Begegnung und Konfrontation – mit dem unruhigen Geist in der stillen Meditation ist die schwierigste Passage überhaupt. Körper und eigene Lebensgeschichte müssen direkt und ohne wegzulaufen ausgehalten werden.

Menschen entwickeln vergleichbare Gedanken und Gefühle. Eine Meditationsgruppe bietet deshalb einen notwendigen Rückhalt für den Anfänger, aber auch in Lebenskrisen. Alle Wege, die christliche Kontemplation, der Yoga, die buddhistische Zen-Tradition oder ein ganz bewusstes Leben mit der Natur, gehören zu einem inneren Prozess der Annäherung an den eigenen Ursprung.

Bei der Vipassana-Meditation[33], der „Erkenntnis-Meditation", empfiehlt der Lehrer dem westlichen Schüler, mindestens drei Monate lang täglich mehrere Stunden Gehmeditation zu üben, ehe er sich still auf ein Kissen setzt. Vorher sei er noch viel zu unruhig. Gerade diese innere Unruhe in der lauten und hastigen Welt führt gerade viele Menschen zur Meditation hin.

32 Dreh-, Schwank- oder „Fahrstuhl"-Schwindel; kann mit Infekt, Allergie, Durchblutungsstörung, einer Blockierung der oberen Halswirbelsäule viele Bezüge haben; fast allen Formen des Schwindels: Stressreaktion des Körpers; Fachgebiete: Neurologie, Hals-Nasen-Ohren-Heilkunde, Innere Medizin, Orthopädie und die hausärztliche Medizin der Psychosomatik

33 Pali: Einsicht; Einsichts-Meditation mit Ursprung im Theravada Buddhismus

Janwillem van de Wetering[34] beschreibt seine Erfahrungen im Kampf mit der Klosterdisziplin und der Sitzhaltung in der Meditation im Jahr 1958 in dem zenbuddistischen Kloster Daitoku-ji in Kyoto in Japan auf eindrückliche Weise. Ruhe und Einsicht stellten sich für ihn erst nach einem sehr mühevollen, schmerzhaften Weg und mit vorsichtiger Annäherung an die fremdartigen Rituale und Sichtweisen ein.

Ein wacher Geist, der sich in der Familie, in der Ausbildung und vor allem im Beruf in der Regel „nach außen" wenden muss, wird schnell ungeduldig. Er reagiert auf und mit dieser erlebten Außenwelt, und möchte möglichst bald „Ergebnisse" spüren. Alles muss ihm „etwas bringen"! Das macht ihn doch erst erfolgreich. Das Höher-Schneller-Weiter hat I-Phones, Facebook und Hedgefonds entstehen lassen. Klare Gedanken und echte Emotionen scheinen im Gegensatz zu dieser simulierenden lauten Welt eine andere Sprache zu sprechen. Sie fühlen sich an, als entstammten sie einer ganz anderen Epoche, der Zeit der Märchen und Mythen, der Fantasien und der Träume.

Jede Reise, zumal in ein unbekanntes Land, will gut vorbereitet werden. Für die Stille und das Gewahrsein wird ein ruhiger Raum, am besten das sichere Umfeld einer beschützenden Gruppe aufgesucht. Man sitzt ruhig und aufrecht auf dem Boden, auf einem Kissen oder einem Stuhl. Die inneren Bilder erscheinen zunächst unendlich vielfältig und nicht überschaubar. Eine Teilnehmerin äußerte zum Beispiel, dass sie sich in einer Gehmeditation überhaupt nicht konzentrieren konnte. Es seien ihr zu viele Gedanken gekommen. Ein Anderer kritisierte anfänglich, dass sein Sitzkissen vor einer Wand platziert war. Er habe deshalb nichts mehr vom Raum und den anderen Teilnehmern sehen können.

Diese ersten Empfindungen sind sehr wertvoll, weil sie bereits die Berührung mit dem Unterbewussten bewusst erfahren lassen. Urplötzlich wird man für einen kurzen Moment zum Beobachter und gleichzeitig auch Kritiker des eigenen Geisteszustandes. Werden die vielen dann folgenden Eindrücke angenommen, kann es in der Stille zu einem Gefühl der Wärme und des Lichts kommen.

Diese kindliche Vorstellung lässt schöne Bilder vor dem inneren Auge entstehen. Sie sind in dem „kleinen Mädchen mit den Schwefelhölzern" in Hans Christian Andersens gleichnamigen Märchen fantastisch erschienen.

34 niederländischer Schriftsteller; siehe: Literaturliste

Es ist die tragische, lebensnahe Geschichte eines kleinen, armen Mädchens. In klirrender Kälte stirbt es mit bildhaften Vorstellungen einer „heilen Welt" durch das Anzünden der nicht verkauften Schwefelhölzchen. Mit dem Mitgefühl und der Rührung, die wir beim Lesen des Textes verspüren, erreichen wir kurz die „depressive Ebene" unserer Verarbeitung von Gefühlen. Deshalb ist es so wertvoll. Gern kann man für „das kleine Mädchen" auch „einen kleinen Jungen" einsetzen! Es fühlt sich nicht anders an.

Mit bunten Farben, im warmen Raum, in der lebendigen Natur oder zusammen mit lieben Menschen entsteht ein Aufgehobensein, das Gefühl, angenommen, sicher und geliebt zu sein. Die Erfahrung der Einheit mit sich selbst und seiner „ganzen Welt" ist ein wichtiges Ziel der Meditation. Sie beruhigt Gedanken, Gefühle und Muskelverspannungen.

Im Yoga vermindern die Übungen der Atmung und Entspannung die Stressreaktionen im vegetativen System mit einem Ausgleich von „Sympathikus"[35] und „Parasympathikus" – die beiden Gegenspieler im vegetativen Nervensystem des Menschen. Ersterer steht für Handlungen nach Außen, Kampf oder Weglaufen, Erregung, Aufstellen der Nackenhaare und Schmerz. Letzterer steuert die inneren Organe, regelt Ruhe, Regeneration, Ernährung und Verdauung. Der Bluthochdruck sinkt, Unruhe und Störungen der Konzentration nehmen ab. Durch die regelmäßige Praxis entsteht ein Schutzschild gegen Ausbrennen, Erschöpfung und depressive Gedanken. Das Trainieren der Achtsamkeit lindert nachweislich die Schlafstörungen älterer Menschen besser als die üblichen Ratschläge zur Schlafhygiene[36].

In den buddhistischen Klöstern Ladakhs sind in den Meditationsräumen zahlreiche Buddhafiguren an die Wände gemalt, sinnbildlich für die vielfältigen Bewusstseinszustände. Am Eingang finden sich bildhafte oder figürliche Darstellungen von Dämonen. Sie stellen „die Schatten" dar, wie sie C. G. Jung genannt hat, und symbolisieren das Triebhafte und Zerstörende im Menschen. Auch die abendländische christliche Tradition kennt die Dämonen und die Gestalt des Teufels als „vierte Kraft"[37] zur „Dreifaltigkeit". Sie haben es vielleicht selbst schon oft mit Verwunderung gesehen: Dämonen sind die steinernen Wächter an den Portalen mittelalterlicher Kathedralen im Abendland.

35 griech.: Mitleiden, Mitempfindung

36 selbstermächtigte innere Arbeit mit nachhaltiger „Psychohygiene" als weiterentwickelte Fortsetzung äußerlicher Maßnahmen mit herkömmlichen „Mittelchen"

37 C. G. Jung: Zur Psychologie westlicher und östlicher Religionen

Der Weg zur inneren Ruhe führt langsam und auf schmalen Graten vorbei an diesen lauernden Schatten oder Dämonen, den Kräften des Unbewussten. Das Ziel dieser Reise ist das Selbst – das innere unseres Wessens-, in dem alle Gedanken und Empfindungen des Lebens und das Wissen der vielen Generationen davor aufgezeichnet sind. Auf dem Weg, während des Voranschreitens werden die vielfältigen und oft nicht erwarteten Erscheinungen des Unterbewusstseins neugierig erkundet und durchlaufen.

Das innere Speicher-Selbst möchte ich in seiner Funktion diskutieren. Er ist nicht mit dem „absoluten Selbst" zu verwechseln, über das „Absolute" haben Religionen und Philosophien Konzepte und Vorstellungen entwickelt. Die Annahme eines unzerstörbaren und zeitlosen Wesenskerns gehört dazu. Die absolute Ebene des „Jenseits" soll hier aber nicht von vorrangigem Interesse sein.

Das „Selbst" – das Unterbewusstsein oder der „innere Wissens- und Erfahrungsspeicher" – steht im andauernden Dialog mit dem Wachbewusstsein. Der wache Geist kann zum Beobachter der Gedanken und Gefühle werden, die aus dem Unterbewusstsein kommen. Versiegt der Gedankenstrom in der Meditation und wird alles ruhig, so sind Beobachter und Beobachtetes eins. Johann Wolfgang von Goethe lässt uns diese Ruhe in seinem berühmten „Wandrers Nachtlied"[38] fühlen:

Über allen Gipfeln ist Ruh,
In allen Wipfeln spürest du
Kaum einen Hauch;
Die Vögelein schweigen im Walde.

Warte nur, balde
Ruhest du auch.

Die ersten vier Zeilen schwingen im „Hier und Jetzt", scheinbar ohne Anfang und Ende. Die zwei letzten Zeilen hingegen brechen in die Ruhe ein. Sie sind ein Impuls des Unterbewusstseins und drücken die Erkenntnis der Endlichkeit unseres Daseins bedauernd aus.

Das „Ego", welches „ich" zu sich sagt, werden wir folgend als dynamische Kraft des Unbewussten auffassen, es sei der Knoten zwischen dem Bewusstsein und dem leblosen Körper[39]. Das Ego

38 www.goethezeitportal.de

39 Ramana Maharshi, Sei, was Du bist, S. 66

drängt vehement und permanent in das Wachbewusstsein und will zu Handlungen führen. Diese werden vollzogen, wenn mit der Verbindung zum Wachbewusstsein eine Handlungsvollmacht entsteht. Wenn wir krank oder im Stress sind, ist der wache Geist mitunter so geschwächt, dass scheinbar das „Ego“ alle Macht des Unbewussten ausspielt. Dann fehlt die willkürliche Kontrolle über Triebe und Wünsche des unbewussten Selbst, und negative Handlungen können sich ungehindert Bahn brechen.

Das Körperbewusstsein führt zur Entdeckung von Krankheitszeichen, die wir beispielsweise als Gelenkschmerz, Muskelspannung oder gestörte Funktion registrieren. Am Morgen nach einer unruhigen Nacht können wir den Kopf nicht drehen, der ganze Körper scheint schwer und steif wie eingefroren, und die Füße schmerzen bei jedem Schritt. Unser intellektueller Geist, der viel über Erkrankungen gelesen hat, befürchtet nun medizinische Diagnosen am eigenen Körper.

Im Gegensatz dazu wird jedoch bei einer Demenz beobachtet, dass der egoistische Impuls keinen erheblichen reaktiven Einfluss mehr auf die Verspannungen des Körpers nimmt. Diese Entkopplung von Körper und – unruhigem – Geist verlagert den „Schauplatz“ bei Dementen in deren Kopf. Dort herrschen allerdings Unruhe, Angst und mit ihnen ein Bewegungsdrang vor. Arthrose- und Rückenschmerzen werden aber kaum noch im Verhalten oder in typischen Spannungsmustern ausgedrückt!

Die Emotionen Angst und Aggression folgen typischen körperlichen Mustern der Anspannung und Funktionsstörung. Sogar eine entzündliche rheumatische Einsteifung der Wirbelsäule tritt nach der Beobachtung in der orthopädischen Praxis im Verlauf einer Demenz immer weniger in den Vordergrund. Der ganze Körper wird weicher. Die Messmethode ist die typische Untersuchung am Bewegungsapparat mit Bewegungsprüfung, Test der Muskelspannung, neurologischem Befund und eine spezielle Akupunkturdiagnostik des zentralen Nervensystems.

Werden „Rückenpatienten“ der orthopädischen Praxis mit dieser Eigenheit einer Demenz konfrontiert, so antworten sie mit abwehrender Furcht vor einem solchen Zustand. Darum ging es aber nicht, sondern verstanden werden sollte, dass vor allem das „Ego“ aus dem Unterbewussten für Verspannungen und Schmerzen im Bewegungsapparat verantwortlich ist. Seine Wirkung auf den materiellen Körper verstummt langsam mit dem krankhaften organischen Gehirnschaden.

Das „Ego“ ist grundsätzlich vom „Wachbewusstsein“zu unterscheiden. Mit dem wachen Geist nehmen wir im Moment alles wahr. Erst mit der unbewussten Verarbeitung und Bewertung geschieht die Handlung in Verbindung mit dem egoistischen Impuls.

Menschen nehmen zueinander auf eine Weise Kontakt auf, die gleichzeitig wach bewusste und nicht bewusste Wahrnehmungen und Reaktionen einschließt. Der Vorteil liegt in der Multitaskingfähigkeit des Unterbewusstseins, welches viel mehr Informationen verarbeitet, als der wache Geist zur gleichen Zeit berücksichtigen kann. Eine Bindung zu einem anderen Menschen geht immer bewusst und unbewusst mit einem Austausch von Informationen einher. Mimik, Gestik, Haltung, Körperspannung und Stimmlage werden unbewusst passend zur Kontakterfahrung gewählt. Zeitgleich sind die sprachlichen Inhalte der eigenen Aussagen und Entgegnungen abzustimmen. Das Wachbewusstsein und einschießende Gedanken aus dem Unterbewusstsein verbinden sich zu komplexen Handlungen.

Eine Bindung geschieht im Übrigen auch zwischen Ärzten, Therapeuten und Helfern und einem Patienten oder Hilfsbedürftigen. Dessen körperliche oder seelische Krankheitszeichen werden zugleich bewusst – mit dem wachen Geist – und unbewusst empfunden und bewertet. Zusammen mit dem Wachbewusstsein fällt die „egoistische“ Entscheidung, als Patient um Hilfe zu bitten. Der Prozess im Helfer ist vergleichbar, sein „Ego“ verfolgt bewusst und unbewusst die Zielvorstellungen[40] und wägt den eigenen Einsatz darin ab.

Die bewussten Gedanken des Arztes gelten zum Beispiel seinem medizinischen Fachwissen, aber auch Richtgrößen, Budgets und Fallzahlen wirtschaftlicher Pflichten. Unbewusst sind mit ihnen sowohl das Mitgefühl des erfahrenen Patientenleids als auch abwehrende Impulse, um nicht ausgenutzt zu werden, verbunden.

Professionell muss er blitzschnell zwischen Augenhöhe, Interesse und Mitgefühl auf der einen und seinem Wissen, notwendigen Handlungen und Pflichten auf der anderen Seite wechseln. Beide Positionen können nicht gleichzeitig eingenommen werden. Entweder spürt der Helfer – oder aber er handelt. Fühlen und Handeln schließen sich in ähnlicher Weise aus wie Aussprechen und Einatmen. Die vollständige Wahrnehmung gelingt nur ohne intellektuelles Wissen.

Vergiss alles, was du weist und kannst,
wenn du einen anderen Menschen spüren willst!

40 Ansprüche an Einkommen, Selbstbestätigung, Befriedigung eigener depressiver Impulse usw.

Worte und Taten, die einen anderen Menschen beschützen, beruhigen, beraten oder in irgendeiner Weise günstig verändern sollen, schließen das innere Tor, wie wir vorhin gesehen haben. Nicht die positive Absicht – es gut zu meinen – verursacht eine Öffnung in dem Anderen, sondern schlechthin eine pure Absichtslosigkeit, die Neugier des Anfängergeistes oder das staunende Betrachten. Mit der Intention aber weicht die Augenhöhe der Dominanz und das Mitgefühl wird vielleicht sogar zum Mitleid. Das grundsätzliche Interesse kann stoppen. Der Kontakt zwischen Arzt und Patient oder Helfer und Hilfsbedürftigem bildet somit selbst die Beziehungsstruktur von Wachbewusstsein-Ego-Unterbewusstsein ab.

Mitte der 1990er Jahre beschrieben italienische Neurophysiologen[41] in Experimenten mit Tieren im aktiven Bewegungsbereich des Gehirns besondere Nervenzellverbände. Dort lösten Nervenimpulse nicht nur die eigene Handlung aus – was den Erwartungen entsprach – sondern auch die Beobachtung der Bewegungen anderer Artgenossen. Daraufhin vermuteten sie, dass das Verhalten eines anderen Lebewesens im eigenen Gehirn „gespiegelt" wird. Die neu entdeckten Nervenzellverbände werden deshalb Spiegelneuronen genannt. Die Annahme, den Mechanismus von Mitgefühl entdeckt zu haben, bestätigte sich aber bis heute nicht. Die Beziehungen zwischen Menschen werden wahrscheinlich auf vielen Ebenen bewusst und unbewusst wahrgenommen, und die entdeckten Spiegelnervenzellverbände bilden nur eine davon ab. Durch sie werden Handlungen eines anderen Lebewesens erfasst und machen sie nachvollziehbar.

Dieser Mechanismus sollte in uns bei einem heranstürmenden Hund ebenso zu einer angemessenen Reaktion führen wie bei einem tätlichen Angriff in der U-Bahn oder bei der zärtlichen Annäherung des Partners im Halbdunkel des Schlafzimmers. Die Abschätzung der jeweiligen Motivation – das Verteidigen des Territoriums im Falle des Hundes, die sinnlose Gewalt eines Hooligan oder die sexuelle Lust des Ehepartners – legen schließlich einen Grundstein für unser soziales Miteinander. Diese Fähigkeit erlaubt es, aus den Augen des Anderen zu sehen und sich in ihn hineinzuversetzen. Diese Informationen aus dem Erspürten ermöglicht wiederum in der Distanz und zusammen mit Wissen und Erfahrung die Analyse als eine Voraussetzung für professionelles therapeutisches Handeln.

Die im körperlichen und psychischen Befund erkannten Krankheitsbedingungen werden für den Helfenden selbst wie für den Hilfsbedürftigen erfahrbar. Die eigenen Gefühle und Motive der Handlung werden bewusst wahrgenommen. Für den Helfer und den Hilfsbedürftigen sind

41 Giacomo Rizzolatti; Vittorio Gallese; Leonardo Fogassi Nervenze

sie gleichermaßen im unbewussten „Selbst“ versteckt. Der professionelle Helfer unterliegt als Mensch also den gleichen Bedingungen wie der Hilfsbedürftige! Die Fähigkeit zu helfen entsteht deshalb nicht überwiegend aus dem beruflichen Faktenwissen oder Erfahrungen, diese werden bei einem Experten einfach vorausgesetzt. Der Patient oder Hilfsbedürftige ist vor allem jedoch neben der fachlichen Einschätzung auch in seiner persönlichen Eigenart vollständig zu begreifen und anzunehmen. Erst dann gelingt es überhaupt, aus den körperlichen Reaktionen, der Schilderung bereits vollzogener Handlungen, den Wahrnehmungen, Gedanken und Gefühlen ein Lernmodell zu entwickeln – und geduldig anzuleiten.

Eine respektvolle Distanz zu „den eigenen Dämonen“ ist aufgrund dieser Erläuterungen konsequenterweise notwendig. Es sind doch die Triebe nach Macht oder Lust, Zerstörung oder Unterwerfung, welche sich aus der eigenen persönlichen Lebensgeschichte entwickeln. Und mit Dankbarkeit und Wertschätzung für sich selbst und andere kann es gelingen, die allzu oft verschüttete „liebende Güte“ wieder „auszugraben“. Denn diese innere Stärke ist eine entscheidende Hilfe gegen die existenzielle Angst vor Vergänglichkeit und Tod sowie vor Krankheit und allem Versagen in diesem Leben.

Das unbewusste „Selbst“ – der wertvolle Schatz innerer Erfahrungen im Unbewussten – ist uns Menschen zwar sehr nah, aber nicht unbedingt vertraut, außerdem in den Trieben auch befremdlich. Und doch ist das „Selbst“ ein wesentlicher Teil unseres Wesens. Letztlich geht es für uns nach der Phase des Kennenlernens darum, einen Pakt des wachen „Ego“ mit diesem tieferen „Selbst“als Kompromiss im „Koalitionspoker“ zu erreichen.

Sollte uns also das Abstimmen der Interessen des wachen Bewusstseins mit dem Unterbewusstsein nicht gut gelingen, werden wir, die wir uns bewusst sind, wenigstens den Versuch einer respektvollen Koexistenz unternehmen. Gelingt uns auch diese nicht, so wird das Unbewusste keine Ruhe geben, schlimmstenfalls wird es rebellisch. Spätestens dann reichen auch die Hinweise dieses Buches nicht mehr aus, und als Betroffene werden wir einen erfahrenen persönlichen Arzt als inneren „Reiseleiter“ bzw. psychologischen Psychotherapeut aufsuchen.

Das bewegungslose Sitzen in der Stille zum Betrachten von Gedanken und Impulsen aus dem Unbewussten ist natürlich nicht immer der geeignete erste Schritt. Die in der Meditationspraxis angestrebte bedingungslose Ruhe kann nämlich häufig nicht von vornherein sofort und spontan ausgehalten werden. Ein unruhiger Geist fordert also zunächst die Bewegung des Körpers – seine „Emotion“ – um sich in den empfänglicheren Modus des Sitzens hinein zu gewöhnen. Wenn unser Körper die entsprechende Bewegung nicht erhält, dann verspannt er mitunter schmerzhaft. Hinter dieser Muskelverspannung verbergen sich wiederum lebensgeschichtliche Ereignisse und traumatische Erinnerungen, die zusammen mit dem „Ego“ in den Vordergrund drängen.

Im Lebensalltag halten wir sie mit vielen Tricks in einer Schachposition, dazu gehören Ehrgeiz, Konsum, schnelle Autos, exzessiver Sport, regelmäßiger Genuss von Alkohol und Nikotin, Schokolade und Kuchen, Wahnideen, von einer „Umgebungsnorm“ abweichende Wohn- und Lebensformen sowie spirituelle Rituale …

Vor allem in Großstädten wie Berlin sind Peergroups einschließlich politischer oder stilistischer Extreme, wie Rock, Punk, Hippie, Öko, Gothic, Rave, Indie, Hooligan, Skinhead, Metal, Emo usw. anzutreffen. Die Vielfalt umfasst auch Kleidung, Wohnstil, Sozialverhalten (u. a. Fremdenhass), Ernährungsverhalten (u. a. Veganismus) und Konsumverhalten (u. a. Alkohol, Drogenkonsum). Etwas verharmlosend werden solche Merkwürdigkeiten auch als Multikulti-Großstadtgesellschaft aufgefasst, wobei der entstellende Charakter und seine tiefere Ursache aus dem Blickfeld gedrängt wird.

Auf der Reise zum „Selbst“ gibt es sehr viele Fallstricke, Sackgassen und vor allem ein Verwirrspiel der Eindrücke und Empfindungen. Dem Anfänger wird deshalb die beschützende Gruppe mit einem Lehrer empfohlen. Die Praxis der Meditation hat eine ganz bestimmte und bestimmende Ausrichtung, über die ein regelmäßiger Austausch mit anderen sehr zu empfehlen ist, um alle auftauchenden Informationen und Effekte gut zu verarbeiten. Sie – die Praxis – schließt alle Gedanken, Gefühle und sinnlichen Wahrnehmungen ein und beginnt mit der bewussten Absicht, absichtslos zu werden. Nur so öffnet sich das Tor zum Unbewussten auf dem Weg zur inneren Freiheit – gemeint ist die Wahlmöglichkeit des konzentrierten Geistes für eine bewusste Loslösung aus den instinkthaften Handlungsimpulsen des Unbewussten.

Alle Religionen dieser Welt entwickelten Übungen zur Konzentration des Geistes und mit ihren Ritualen auch den Zugang zum Unbewussten. In der Übung der Meditation wird das „Ego“ oder „Ich“ des wachen Geistes im Wechselspiel mit dem „Selbst“, den unbewussten Erfahrungen des ganzen Lebens, beobachtet. Wenn beide ruhig geworden sind, kann das „eigentliche Selbst“ – die Klarheit hinter den Dingen, die Leerheit, der persönliche Gott „Atman“, der christliche Gott oder der eigene unvergängliche, zeitlose Wesenskern – erfahren werden.

Das Verweilen in dieser Ruhe, dem Einssein mit sich und dem Universum, ist die Erfahrung des „Samadhi“ oder des „Erwachens“. Aber auch ohne jegliche Übung können wir diesen tieferen

Zustand oder innigeren Frieden beispielsweise in der Liebe zu einem anderen Menschen oder in dem unmittelbaren Eintauchen in die Natur erleben.

Der so geschulte konzentrierte Geist erkennt den gegenwärtigen Moment im Leben klar und führt „geistesgegenwärtig" alle notwendigen Handlungen aus. Mit einer umfänglichen Freiheit seiner Entscheidungen nimmt er alle Umstände seines jetzigen Daseins wahr. Er ist in der Lage, die Verantwortung für alle Folgen seiner Handlungen zu tragen und sämtliche nicht notwendigen Gedanken loszulassen. Die Meditation ist das Werkzeug des erfahrenen Lotsen auf dem Lebensweg. Sie begleitet den Geübten zu jeder Zeit im Alltag, sodass eine Moment-zu-Moment-Praxis entsteht, die sich auch im Nichtsitzen in einem achtsamen Geist fortsetzt.

In einem weiteren Schritt kann die Praxis in der spezielleren Metta-Meditation auf die systematische Entfaltung von Mitgefühl gerichtet werden. Sie tut einfach gut und ist eines der wirksamsten Mittel gegen Depression und Angst. Denn das Mysterium des Lebens erfahren wir schließlich in freudigem und leidvollem Kontakt mit den anderen Menschen und der Natur. Das Lebendige in uns selbst kennt keinen Stillstand und ist immer im Fluss. In der Ruhe der Meditation lernen wir demgegenüber gezielt, das innere Wesen zu spüren und auszuhalten.

Das Wunder der Veränderung durch die Meditation geschieht innerlich. Es herrscht das Gefühl und die tiefe Überzeugung, im gegenwärtigen Dasein die Trennung von inneren und äußeren Bedingungen aufzulösen und ganz eins zu sein mit der Gemeinschaft der Lebendigen. Äußerlich wird dann ein fröhlicher und in sich ruhender Mensch wahrgenommen, dessen „Aura" bis in seine Lebensumgebung hinein leuchtet[42].

Je nach Tradition erfolgt die Übung entweder in der ruhigen Sitzhaltung oder auch im konzentrierten Gehen. Es gibt – auf die Ausführung und das Ergebnis bezogen – keine „gute" oder „schlechte" Meditation, es gibt lediglich Verschiedenheiten im Zugang und Erleben des Erforschens der Körperwahrnehmung und der eigenen geistigen Innenwelt.

In den folgenden Kapiteln erkunden Sie Erfahrungen des Alltags, die Sie – wie viele andere Menschen auch – schon erlebt haben. Die erinnerten Erlebnisse überraschen Sie buchstäblich in der Stille der Meditation unvermittelt mit auftauchenden Gedanken und hervortretenden Gefühlen. Die Position Ihres inneren Beobachters, mit dem Sie diese zu betrachten imstande sein können, wird deshalb ausführlich besprochen. Mit ihr gelingt Ihnen auch die Untersuchung allgemeiner Lebensziele, wie Glück und Berufung, oder die Bewertung von besonderen Lebens-

42 Ausstrahlung (auch energetisch)

umständen, wie Krankheit oder Krisen. Den vielfältigen Bildern des Geistes werden in praktischen Beispielen typische Eigenheiten des leiblichen Körpers und Charakters gegenübergestellt. Im weiteren Verlauf des Buches treffen Sie dann auf die praktischen Hinweise und Anleitungen zur Übung der Meditation – aus der erfahrenen Perspektive als Yogalehrer.

Verantwortung

Die moderne westliche Welt wird von einem wachen, intellektuellen, nach außen gerichteten Geist beherrscht – er ist dort überaus erfolgreich. Mit dem „Ego“ wird ein konsumorientiertes Leben organisiert, gekauft und verkauft, eine Mobilität in der ganzen Welt erreicht und ein sorgloses Leben möglich.

Der Slogan „the winner takes it all“[43] ist im Grunde der Inhalt jeder Werbung und der Wachstumsidee des Westens, wenn es da nicht noch andere Gefühle in uns gäbe. Wir alle sind Menschen, deren Geist viele Jahre in der Schule, in der Berufsausbildung und oft sogar im Hochschulstudium ausgebildet wird, während unser Herz über eine banale „Eifersucht“ derart stolpern kann, dass alles ins Wanken gerät. Kennen Sie das? Plötzlich wird Ihnen bewusst, dass etwas vorhanden ist und Macht ausüben will, was scheinbar nicht mit einer Exceltabelle erfasst werden kann.

Wie finden wir einen Zugang zu dem Bereich, der „das Unbewusste“ genannt wird? Seine altertümlich wirkenden Inhalte tauchen ja nicht nur bildlich in Fantasyfilmen auf, sie zeigen sich beispielsweise auch in der Angst vor Schlangen oder Spinnen, den Urgewalten des Feuers oder des Wassers, vor Sturm und Gewitter und nicht zuletzt vor Leid und Tod. Sie sind stetige Begleiter am Tag und auch in der Nacht, in wilden Träumen oder wechselnden Gefühlen und körperlichen Reaktionen. Es gibt so viele Schnittstellen zum Unbewussten: Bilder und Filme im Traumschlaf, bunte Fantasien in den Tagträumen. Aber auch unvermittelt ausbrechende Empfindungen am Arbeitsplatz, die wir gegenüber einem Kollegen hegen, kommen aus dem Unbewussten. Im Alltag ist das bedingungslose Spüren wechselseitiger Empfindungen zu unseren Mitmenschen eine wichtige Übung.

Der Yoga – die Verbindung von Körper und Geist in Atemübungen und gehaltenen Asanas – liefert eine gute Voraussetzung, um ruhig in der Stille zu verharren. In der Tradition leitet der Guru oder Meister den Schüler durch das wilde Meer der überschäumenden Gefühle, die das Unterbewusstsein bereithält. Wer aber ist der richtige Lehrer und wo und wie ist er zu finden? Wenn Sie sich dieser Frage öffnen und zulassen, dass der passende Lehrer Ihnen hilft zu lernen, die bislang vorherrschenden Urteile in Ruhe zu betrachten, werden Sie auf den richtigen Menschen treffen und diesen auch erkennen. Er sei bereits da, sagt der Weise.

43 deutsch: „Der Sieger bekommt alles“; Hit der schwedischen Popgruppe Abba

Es geht auf diesem Weg nicht um die Wahrheit, das Absolute oder das Außergewöhnliche! Es mag nicht einfach sein, sich selbst zu genügen, aber wenn wir es lernen, sind wir mit einem „einfachen Leben" verbunden. Unser „Selbst" ist das Ziel der Reise. Gelernt wird aus der eigenen Erfahrung, aus dem Studium von Grundlagentexten und aus Vorträgen. Der persönliche Kontakt zu einem Lehrer und einer praktizierenden Gruppe – Schüler – wird aus traditioneller Erfahrung der spirituellen Praxis stets empfohlen. Aber auch das Aufsuchen und Verweilen in Kathedralen, historischen Tempeln oder auf Kraftplätzen in der Natur bereichern und vertiefen unseren Lebensweg. Vor allem aber findet sich spürbarer Lebenssinn im alltäglichen Einüben jedweder Meditations- oder Achtsamkeitstechnik. Ebenso leuchtet er im engen Kontakt zum Lebenspartner, den Eltern und Kindern wie im Beruf deutlich auf, wenn wir eine gute Präsenz entwickeln. Der beste Reiseführer ist unsere tief empfundene eigene Verantwortung für alles, was uns betrifft und umgibt. An sie erinnert uns der geschichtliche Buddha, Siddhartha Gautama, mit den Worten:

Glaubt nicht an irgendwelche Überlieferungen, nur weil sie für lange Zeit in vielen Ländern Gültigkeit besessen haben. Glaubt nicht an etwas, nur weil es viele andauernd wiederholen. Akzeptiert nichts, weil es ein anderer gesagt hat, weil es auf der Autorität eines Weisen beruht oder weil es in einer heiligen Schrift geschrieben steht. Glaubt nicht an Einbildungen und Visionen, die ihr für gottgegeben haltet. Glaubt nichts, nur weil die Autorität eines Lehrers oder Priesters dahinter steht. Glaubt an das, was ihr durch lange eigene Prüfung als richtig erkannt habt, was sich mit eurem Wohlergehen und dem anderer vereinbaren lässt. (nach Siddartha Gautama)[44]

Nach dieser Auffassung ist jeder für alles, was er denkt und tut, verantwortlich. Eine Handlung fängt mit dem Gedanken an und setzt sich in Worten und letztlich in Taten fort. Ihre Wiederholung schafft die Gewohnheit und prägt den Charakter.

Also handeln Sie nur so, als könnte es allgemeines Gesetz sein! Gehen Sie mit der Natur, allen Lebewesen und Ihren Mitmenschen nur so um, wie Sie es für sich selbst wünschen.

44 aus dem Pali-Kanon, den Lehrreden Buddhas; siehe: Literaturliste

Diese Regeln umfassen Kants kategorischen Imperativ und die gemeinsame ethische Basis aller Religionen. Sie sind auch Teil der Grundidee des modernen westlichen Qualitätsmanagements mit einer eigenverantwortlichen Handlungsfreiheit auf jeder Stufe.

Wie schaffen wir uns aber den Überblick – die Distanz zu uns selbst – die das Unbewusste ebenso einschließt wie die Freiheit zum Handeln? Und wie halten wir es mit der Kehrseite unserer Freiheit, der Verantwortung[45]? Wie kann es uns gelingen zu arbeiten, zu lieben und uns um andere zu kümmern[46], ohne selbst Schaden zu nehmen? Es gibt dazu schließlich keine allgemeingültigen Antworten.

Wenn ein Kind auf einem Blatt Papier einen Baum malt, hat es vielleicht seinen Lebensbaum gezeichnet. Er hat einen großen, hohen Stamm und viele nach oben ragende, zunächst dicke und dann feinere Äste. Er kann alle Möglichkeiten sinnbildlich darstellen, die das Leben ausmachen. Nun gilt es, diesen Baum mit echtem Leben zu erfüllen. Ob der individuelle Weg bis zur Entfaltung der Krone geschafft wird oder sich vorher in einem Seitenzweig verliert oder endet, hängt sicher nicht nur von uns selbst ab. Mit Mut und Verantwortung können wir jedoch bestmöglich darauf hinwirken, uns zu „verwirklichen". Nach C. G. Jung ist diese „Individuation" die eigentliche Herausforderung des Lebens[47]. Auf diesem eigenen Weg erfolge die schrittweise Ablösung elterlicher Prägungen. In seinem biografischen Film „Yaloms Anleitung zum Glücklichsein" wirbt Irvin D. Yalom um Verständnis für das Verhalten unserer Eltern.

Es ist ausdrücklich wichtig, die eigenen Eltern zu verstehen, und das, was sie durchgemacht haben. Auch sie sind bestimmten Eltern ausgesetzt gewesen und viele belastende „Dinge" übertragen sich von Generation zu Generation. Die eigene Aufgabe ist es, alte Muster zu durchbrechen.[48]

Viele spirituelle Traditionen nehmen an, dass das Navigationssystem für diesen Weg in uns bereits vorhanden ist. Alle Religionen der Welt haben dafür ihre eigenen Landkarten mit gut beschilderten Straßen entwickelt. Die Meditation öffnet uns vornehmlich das Tor für den spannendsten Weg überhaupt – in die Tiefen der eigenen Innenwelt!

45 vgl.: Viktor E. Frankl, Psychotherapie für den Alltag

46 vgl.: Kuiper, Piet C., Seelenfinsternis: Die Depression eines Psychiaters

47 im Sinne einer schrittweisen Ablösung elterlicher Komplexe

48 Filmtipp: Yalom. Anleitung zum Glücklichsein; DVD 2014

Alle spirituellen Richtungen und Weltreligionen stellen die Frage nach dem, was Leben wirklich ist und das Dasein letztlich ausmacht. Die organisierte Religion hat diese Fragen institutionalisiert und in ein jeweiliges „Lehr- und Regelgebäude" eingeschlossen, welches als Teil des kulturellen Erbes über Generationen weitergegeben und nach Außen hin gelebt und befolgt wird. Der individuelle – mystische – Weg zu Gott kann dabei für den Einzelnen dennoch völlig verborgen bleiben. Er bleibt meist unentdeckt vor allem hinter abgrenzenden Ritualen, strengen Regeln, Verboten oder sogar dem Kampf gegen fremde Glaubensgemeinschaften. Genau davon wird ein Teil der Menschen angezogen, denn eine äußere regelnde Autorität ist für viele attraktiv und bietet ihnen ein Geländer. Andere jedoch – wohl die Mehrzahl – sind aber verunsichert oder fühlen sich sogar bedroht bzw. überwältigt.

Die Moderne erlaubt es dem Menschen neuerdings, überall selbst nach den passenden letzten Antworten auf die Lebenssinnfrage zu suchen, und so verlassen viele schließlich die ausgetretenen Pfade ihrer religiösen Traditionen. Der grundsätzliche Richtungswechsel begann allerdings schon mit der Aufklärung nach dem 30-jährigen Krieg in Westeuropa. Mit der Formel „Ich denke, also bin ich" erfasste Renè Descartes um 1640 ein sich neu entwickelndes abendländisches Denken, welches mit einer willkürlichen Trennung von Geist und Körper, Fühlen und Denken einherging. Nun zählte das, was mit den Sinnen direkt erfahren, angefasst und im Experiment erforscht werden konnte. Der Fortschritt in Wissenschaft und Industrialisierung brauchte die menschliche Innenwelt nicht mehr, und die sinnlich erfahrene Außenwelt umfasste sogar den eigenen Körper.

Was Ihnen nahe ist, können Sie oft nicht sehen. Ihr Gesicht sehen Sie nur im Spiegel. Auch das Auge kann sich nicht selbst erkennen! Beim Autofahren spricht man in diesem Zusammenhang von einem „toten Winkel" im Rückspiegel. Manchmal sieht man in ähnlicher Weise auch den „Wald vor lauter Bäumen" nicht. Die „selektive", also mit unbewusster Bewertung und Auswahl verbundene Wahrnehmung ist ein Forschungsgegenstand der psychologischen Wissenschaften.

Unser Wachbewusstsein nimmt Krankheiten am eigenen Körper als etwas, das in der scheinbaren Außenwelt stattfindet. Und gemäß der Logik erfahrener gesellschaftlicher Strukturen suchen wir auch im Außen nach einer Lösung für unangenehme Empfindungen, die Schmerz, Funktionsstörung oder Organ-Erkrankung genannt werden. Im medizinischen System gibt es oft nur ein Wort, eine wissenschaftliche Diagnose dafür. In dem Bedürfnis, das Leben äußerlich im Griff zu haben, vermittelt eine konkrete Diagnose den Eindruck, eine etwaige Lösung gleich mitanzuzeigen.

Das ganzheitliche Weltbild einer festen Ordnung und einem Gott im Himmel, der Erde und dem Menschen als Krone der Schöpfung darauf verliert in den Naturwissenschaften an Bedeutung. Mit dieser Entwicklung tritt auch die Annahme zurück, dass wir Menschen nicht nur körperliche, sondern auch geistige Wesen sind. In der Tiefe des menschlichen Geistes wird dagegen – jahrtausendelang – ein Zentrum transzendenter Bewusstheit angenommen.

Transzendenz bezeichnet einen Bereich jenseits und unabhängig von der Sinneserfahrung. Mit ihr wird zum Beispiel das „Göttliche" in uns erfahren, der eigentliche „unzerstörbare Wesenskern".

Das Gegenstück, die „Immanenz", charakterisiert hingegen die innewohnende Eigenheit oder Eigenschaft der Dinge, die mit den Sinnen wahrgenommen werden. Das Gotteshaus wird immanent mit der Institution der Kirche und religiösen Ritualen verbunden. Im Gotteshaus wird beim Abendmahl/der Kommunion Brot und Wein als Leib und Blut Christi „transzendiert" und die Einheit mit Gott erfahren.

Das innere Zentrum sei reines Bewusstsein, Geist oder „Selbst". Es kann auch als der eigene unerschütterliche Wesenskern und nach Klaus-Dieter Platsch als heilendes Feld[49] im Menschen bezeichnet werden. Im Hebräischen wird es als „Neschama" oder „Rùach"[50], von den Christen als „Seele" oder göttlicher Funken, im Hinduismus als „Atman"[51] und im Buddhismus als „Buddha-Natur" bezeichnet.

Die willkürliche Trennung von Körper, Geist und Seele ihrer ursprünglichen Einheit vollzieht sich erst in der Neuzeit, und sowohl die Arbeitsteilung als auch die Industrieproduktion geht modellhaft auch auf die lebendige Welt über. Die Nahrungsproduktion mit der Massentierhaltung und genveränderten Lebensmitteln sind dafür treffsichere Beispiele. Außerdem: Süßwaren mit einem Verhältnis von Zucker und Fett zu etwa gleichen Anteilen hat die Natur nicht in ihrem Programm. Als Industrienahrung in dieser Zusammensetzung führen sie direkt in die Abhängigkeit und nicht selten zu einem krankhaften Übergewicht.

49 „… der innerste Heilkern im Menschen – das, was jenseits von Krankheit und Leiden in jedem Lebewesen stets unversehrt und heil ist …"

50 der Bezug zum Atmen

51 „Ishvara" wird als der persönliche Gott aufgefasst. „Atman" im Sanskrit: Lebenshauch, Atem; Seele; „Selbst"; unvergänglicher Wesenskern

Das naturwissenschaftliche Denken klammert die Religion, Gedanken und Gefühle wohl keinesfalls aus, der Zugang zum inneren Wesen des Menschen – und seine Handhabung – aber wird nun mit den „erfolgreichen" Methoden industrieller Produktion gesucht. Normabweichungen von Gedanken und Gefühlen führen in einer westlichen Gesellschaft zum Einsatz von Psychopharmaka, und zwar vom Kindesalter an. Jedoch spüren viele Menschen mindestens unterschwellig, dass es eine innere Welt in ihnen gibt und die erfahrene äußere Welt allein unvollständig zu sein scheint, ohne dass sie es genau benennen oder begründen können. So sind viele auf der Suche nach dem Inhalt ihrem Daseins.

Das Tor ins Innere öffnet sich dann erst mit einem bedingungslosen Zuhören, Fühlen und Spüren, und es gelingt vor allem, wenn der Mensch nicht unter Zwang, Druck und Leistungsanforderung oder im Wettbewerb steht. Am ehesten ist in der freien Natur, im stetigen Wechsel der Jahreszeiten, nahezu „zeitlos" eine Ursprünglichkeit und unendliche Formenvielfalt erfahrbar. Diese natürliche Außenwelt spiegelt sich auch im Inneren unseres eigenen Wesens. Gerade die Schönheit und sogar die Gewaltigkeit der lebendigen Natur können, wie der innige Kontakt zu anderen Menschen, mit einem Gefühl des Verschmelzens und der Einheit einhergehen.

Sagen Sie zu sich selbst: „Ich bin dabei und nicht allein. Alles hat einen Sinn. Ich erlebe mich lebendig im Wald, auf dem Berggrat, am Arbeitsplatz, in der Familie, im Sportverein oder in der Yogagruppe."

Derartige komplexe Erlebnisse werden „Erfahrungen" genannt. Sie setzen sich aus einer konkreten Erinnerung an äußerliche Umstände in Raum und Zeit, einem bereits vorhandenen Wissen über die erlebten Umstände und den mit ihnen verbundenen neuen und schon zugeordneten Gefühlen zusammen. Werden sie als „lebenswichtig" erkannt und eingestuft, können sie unmittelbar Teil des unterbewussten Erfahrungsspeichers werden, von dem wir bereits sprachen. Leider sind solche Erfahrungen für jeden Einzelnen von uns nicht nur immer angenehm, sondern vor allem auch oft leidvoll. Unser Unterbewusstsein oder „Selbst" hat offenbar eine gewisse unergründlich scheinende „Leidenschaft" für die Dramen des Lebens.

Unentwegt spricht es aus der Tiefe: „Erinnerst du dich eigentlich noch, was du mir damals angetan hast. Mir ist, als ob es gestern gewesen wäre, und deine Worte klingen mir immer noch in den Ohren. Ich glaube, dass ich das niemals vergessen werde können!"

Aus dem Unterbewusstsein heraus greifen unsere Lebenserfahrungen – je nach ihrer Natur – vor allem auch ungefragt und nicht bewusst erinnert in alle Regungen des Geistes ein, die uns berühren. Einem intellektuellen wachbewussten Geist, der die „Scheckkarte" für alles nutzt, fällt es ungleich schwerer, Erfahrungen willkürlich abzuspeichern.

Im Technikmuseum „Phaeno"[52] *in Wolfsburg zeigt ein Modell, wie man sich das Verhältnis des intellektuellen Geistes zum Unterbewusstsein vorstellen kann. Eine Stahlwendel ist an eine sich drehende Kurbel angeschlossen. Diese Drehung ist am Ende der etwa einen Meter langen Wendel aber gar nicht mehr zu sehen!*

Der Alltag ist uns vorstellbar wie diese Kurbel, alles dreht und bewegt sich unermüdlich. In der Fülle der Informationen, Gedanken, Gefühle und Handlungen entgeht uns in der Regel, was tatsächlich Spuren im Inneren hinterlässt. Menschen nehmen wahrscheinlich ohnehin nicht bewusst wahr, was sie real als Erfahrung verinnerlichen. Diese Funktion unterliegt nach der eigenen Auffassung nicht der bewertenden Kontrolle des wachen Geistes und kann demnach auch nicht willkürlich trainiert werden. Scheinbar unvermittelt tauchen deshalb auch die Bilder und Gefühle aus dem „Nebel" des Unbewussten auf und mischen sich in den Alltag des Lebens ein. Der innere Speicher entlässt einen Gedankenblitz wie aus heiterem Himmel, eine unangemessen wirkende tiefe Betroffenheit oder plötzlichen Zorn auf äußere Umstände. Eine Gelassenheit im Umgang mit diesen Meldungen können wir besonders in der Meditation üben, da eben diese Praxis den gewünschten Zugang wahrscheinlich ermöglicht.

Die Betonung der vollzogenen Handlung – welche in der buddhistischen Philosophie „Karma" ist – kann aus westlicher Sicht nach dieser Modellvorstellung mit ihrem nicht willkürlich steuerbaren Einfluss auf das Unterbewusstsein zusammenhängen. Alle Handlungen des Lebens, ob sie gewollt geschehen, ungewollt hereinbrechen oder vermieden werden, sollten deshalb, wenn irgend möglich, bewusst und verantwortungsvoll ausgeführt oder eben unterlassen werden.

Fassen wir kurz zusammen: Ein Anteil der zahlreichen und vielfältigen Erfahrungen – Liebe, Ärger und Freude –, die wir in der Familie, im Beruf und allen berührenden Kontakten zu fühlenden Wesen machen, werden im Unbewussten aufbewahrt. Von dort her gewinnen sie dann Einfluss auf unser Verhalten, sie benehmen sich etwa wie ein Virus oder ein Trojaner, welcher

52 www.phaeno.de

durch eine „verseuchte" E-Mail auf unserem PC auftaucht. Ohne die Firewall – beispielsweise in Form einer geübten Konzentration – entgeht dem Wachbewusstsein dieses hintergründige Geschehen, sodass der entstehende „Schaden" bereits vorprogrammiert ist.

Karmische Prozesse in diesem Sinn sind im Übrigen alle Handlungen, aber uns machen besonders solche Vorgänge Sorgen, die mit Lebensproblemen verbunden sind: Partnerkonflikte, Scheidung, schuldhafte Unfallfolgen und Arbeitsplatzverlust usw. Natürlich schützt sich der Geist mit dieser Arbeitsweise auch vor Datenmüll, den er für uns sonst entsorgen müsste.

Nach dem vierten Kloster auf einer einzigen Tagestour während einer Studienreise in Ladakh – Indien – konnte sich nur noch die Speicherkarte meines Fotoapparates an die Formen und Farben der zahllosen Buddhafiguren erinnern. Man kann 100 Bücher über die Meditation lesen, doch mit dem formalen Wissen allein wäre noch keine einzige Erfahrung geschehen.

Erst mit dem tiefen inneren Gefühl entstehen die Belohnungen, wie sie auch die moderne Wissenschaft für die Meditation nachweisen kann. Ruhe, Gelassenheit, Konzentration, Stresstoleranz, niedriger Blutdruck und verbesserte Infektabwehr zum Beispiel verlangen aber eine lebenslange Übung.

Beschäftigen wir uns sehr intensiv mit einem vorgegebenen Thema, ergibt sich dabei neben dem reinen Inhalt einer Facharbeit – in Chemie zum Beispiel – auch ein komplexerer Prozess. Er umfasst das zugehörige Netzwerk der inneren Verarbeitung von Informationen. Dazu gehören auch die Ermahnungen und Anregungen des Lehrers oder Vorgesetzten, dessen Stimmungslage, die eigene Ungeduld und der Termindruck, der mit der pünktlichen Abgabe verbunden ist. Der Text der Facharbeit entsteht aus dem bewusst angeforderten formalen Wissen zusammen mit unbewusst dazu geladenen Erfahrungen des eigenen Gedächtnisses.

Es kann geschehen, dass im Traumschlaf oder in unvermittelt am Tag auftauchenden Gedanken das Unbewusste Verbindungen knüpft, die mit dem intellektuellen Geist im wachen Zustand bis dahin gar nicht möglich waren. So mag es dem Chemiker August Kekule[53] ergangen sein, dem sich der „Benzolring" in einem Tagtraum erschloss. Eingebungen oder Erscheinungen wissenschaftlicher, emotionaler oder spiritueller Inhalte in Form einer „Intuition"[54] folgen

53 Er habe Kohlenstoff- und Wasserstoffatome vor seinem inneren Auge in Bewegung gesehen, die sich spielerisch zu einem alternierenden Ring schlossen.

54 unbewusste Eingebung

diesem Mechanismus einer Verbindung von Wahrnehmungen mit den Sinnesorganen, der Präsenz des wachen Bewusstseins[55] und der Erinnerung im Unbewussten. Das Ergebnis einer Studie von Elisa Filevich et al zum Forschungsbereich der Entwicklungspsychologie lässt vermuten, „dass Menschen, die in der Lage sind, ihre Träume zu kontrollieren, auch im Alltag besonders gut über ihr eigenes Denken nachdenken können. Es sei aber noch nicht sicher, ob das Klarträumen oder luzide Träumen bewusst trainierbar ist.“[56]

Die Intuition ist aber nicht dem eigenen Willen unterworfen. Das Gedicht springt dem Dichter nicht einfach auf das Papier, und Schreibblockaden quälen so manchen Schriftsteller, der den gewünschten Text nicht erzwingen kann. Johann Wolfgang Goethe sei von Friedrich Schiller um seine Kunst beneidet worden. Goethe selbst beschreibt aber, dass ihm entgegen der Annahme Schillers die Kunst nicht einfach zugefallen sei[57]. Um viele Gedichte und Werke habe er gerungen, sie mehrfach korrigiert und verschiedene Fassungen mit Freunden diskutiert, ehe sie ihre endgültige Form erhielten. Die Eingebung als greifbares Ergebnis vieler unbewusst verarbeitender Prozesse im Gehirn setzt allerdings Interesse, Begabung und nicht zuletzt Fleiß voraus. Ein leeres Bücherregel enthält kein Wissen! .

Jeder Mensch kann lernen, bewusst das Tor zum inneren Speicher der Erfahrungen zu öffnen. Im Zustand der Demenz, im Tiefschlaf oder Vollrausch gelingt es jedoch nicht. Allerdings gibt es kaum Abkürzungen, auch wenn wir uns für besonders geeignet halten, schon ganz viele Bücher gelesen, jahrelang studiert haben und Klassenbeste waren. Langsam – Schritt für Schritt – müssen wir in die dunklen Tiefen des Unbewussten eintauchen.

Am Anfang ist es wie die Eroberung eines Musikinstrumentes oder einer fremden Sprache. Die ersten Annäherungen fallen uns scheinbar leicht, weil Interesse, Neugier und einfach auch Lust eine Rolle spielen. Bevor wir aber ein sicheres Spiel, eine solide Kenntnis und die Beherrschung des „Unbekannten“ erreichen können, ist eine Dünung unruhiger Geistbewegungen zu überwinden. „Solange wir einen Körper haben, gibt es keine körperlose Erfahrung“[58], das macht

55 Präsenz bedeutet hier, alle Gedanken und Gefühle bewusst wahrzunehmen, zuzulassen, also nicht zu bewerten, und sie auch wieder loszulassen.

56 Arbeitsgruppe des Max-Planck-Instituts für Bildungsforschung in Berlin und Psychiatrie in München; 2015

57 nach der Biografie und Beschreibung im Goethehaus in Weimar

58 Beatrice Grimm nach Elisabeth Müller: Personen und Portraits, Kontemplation und Mystik, Jahrgang 15 1/2014 S.47

sich ziemlich schnell in der Übung bemerkbar. In der Sitzmeditation fällt zunächst alles schwer. Die Beine „schlafen ein“ und der Rücken schmerzt am Beckenkamm und zwischen den Schulterblättern. Unangenehme Spannungen treten vor allem dann auf, wenn vor dem ruhigen Sitzen zu viel und zu gut gegessen wurde oder Ärger und Sorgen den Geist in Beschlag genommen haben.

Trotzdem sind auch dann eine gewisse Ruhe und eine Spur Frieden zu spüren. Sie dauern mitunter nur ein paar Sekunden oder wenige Minuten an. Das schmerzende und kribbelnde Bein verliert wenigstens für kurze Zeit die Macht, negative Gefühle und Bewertungen hervorzurufen. Mit der unmittelbaren Erfahrung des inneren Wohlseins wird das vorgefasste Urteil über die eigenartige Sitzhaltung sozusagen entschärft, und die unangenehmen Meldungen der Schmerzrezeptoren werden besser ausgehalten und schließlich auch angenommen. Sie haben wenigstens in diesem Moment ihre Macht über unser Befinden und unsere Selbsteinschätzung verloren.

Oft verbindet sich ein angenehmes Gefühl des Körpers mit der Empfindung von Wärme und Licht. Tatsächlich, die helle Jahreszeit mit Licht und Wärme beschert uns leicht positivere Gedanken, als wir in der Dunkelheit und Nässe im Herbst und Winter in uns vorfinden. Mit der Übungspraxis der Meditation gelingt es immer besser, den Einfluss störender Körperempfindungen auf die Konzentration zu begrenzen und sie letztlich aushaltbar zur machen. Diesem Grundprinzip folgt auch der Umgang mit allen anderen Empfindungen und Gedanken. Diese trainierbare Fähigkeit wird in der therapeutischen Arbeit für die Neutralisierung negativer Gedanken bei einer Depression ebenso genutzt wie für die Therapie chronischer Schmerzen.

Warum aber müssen wir uns den mühsamen Übungen und Ritualen der Meditation, im Yoga oder einer religiösen Tradition unterziehen, wenn wir als Menschen doch innerlich bereits vollkommen sind – also von göttlicher Natur? Für den Lehrer stellt sich hier die Frage, ob der Hinweis an die Schüler, dass es doch nichts zu finden gebe, von der Suche nach der inneren Erfahrung ablenkt.

„Was höchst vollkommene Weisheit genannt wird, beinhaltet, dass wirklich nicht das Geringste vorhanden ist, das erlangt werden kann.“[59] *Oder: „Wir müssen nichts Besonderes tun, sein oder haben.“*[60]

59 Huang Po: chinesischer Zenmeister (ca. 9. Jahrhundert)

60 www.palikanon.com.Vipassana-Meditation 25. Abend

Dogen Zenji[61] *hatte als junger Mönch eine brennende Frage, die ihm niemand zu seiner Zufriedenheit beantworten konnte: „Wenn unser Wesen ursprünglich vollkommen ist, warum ist es dann notwendig, sich zu üben?“ Nach seiner Erleuchtung sagte er dazu: „Dieser Dharma*[62] *ist in allen Menschen vorhanden, aber ohne Übung erscheint er nicht und ohne Erleuchtung wird er nicht erlangt.“*[63]

Christlich übertragen meint diese Aussage, dass wir zwar alle Kinder Gottes sind und das Göttliche in uns tragen, aber erst in der Mühe des Lebensweges können wir das Mysterium des Lebens im Kontakt mit den Mitmenschen und der Natur erfahren. Und dennoch: Die Religionsgründer, Heiligen, Weisen, Gurus und „Erwachten“ beziehen sich mit diesen Aussagen auf die „absolute Ebene“. Deshalb verwirrt es den Anfänger und oft auch den Geübten noch nach Jahren seiner Praxis, wenn seine Anstrengung nicht absehbar, also gemäß eines nachvollziehbaren „Aufwand-Nutzen“-Verhältnisses belohnt wird. Nicht selten kann gerade das Gegenteil der Fall sein, und die erwartete Belohnung der inneren Gelassenheit ohne Angst vor der Endlichkeit des irdischen Daseins stellt sich gar nicht ein.

Die „Verwirklichung“, das „Erwachen“ oder die „Erleuchtung“ zu wollen, entspricht nicht der Natur des Geistes, den es zu erkunden gilt. Er lässt sich nicht willkürlich in seine Karten sehen. Auch mit der größten Motivation, dem besten Willen und vielen Übungen muss nicht automatisch abrufbar etwas Spürbares geschehen. Im schlimmsten Fall werden sogar wahnhafte Ideen geboren, die eine egoistische Macht und Herrschaft über andere Menschen einbeziehen können. Die Lebensangst wird dann komplett hinter religiösen Ritualen, sportlicher Leistung oder persönlichem Konsum versteckt.

Dabei steht es doch jedem Menschen offen, das zu werden, was er in sich trägt, also der zu sein, wer oder wie er ist. Es ist nicht entscheidend, ob der Lebensweg mit jahrelanger Versenkung in der Meditation, der Arbeit, dem Kümmern um andere Menschen, als Mutter oder Vater gegangen wird. Der Weise, der Erleuchtete, der „Arbeiter im Weinberg des Herrn“[64] und auch die Verkäuferin im Supermarkt, sie können alles tun, was getan werden muss. Im biblischen Beispiel wird der Lohn unabhängig von der Arbeitszeit gezahlt[65]. Das scheint befremdlich und wäre im

61 1. Patriarch des Soto-Zen Japan. 1200-1253

62 Gesetz oder Sitte

63 vgl.: www.zensite.de; die Darstellung des buddhistischen Weges

64 Matthäus Kapitel 20 Vers 1

65 Matthäus Kapitel 20 Vers 2-16

neuzeitlichen Tarifkonflikt nicht durchsetzbar. Gemeint ist aber die prinzipielle Unabhängigkeit einer Handlung vom Lohn. Letztlich: Für den oft notwendigen Kompromiss im eigenen Leben gibt es keine klare Anweisung. Jeder von uns ist selbst verantwortlich.

In der Meditation kann das „Absolute" oder die „Klarheit hinter den Dingen" mit der Verschmelzung im „Einssein" mit sich und der gesamten Welt erfahren werden. Es wird in der Yogatradition, im Buddhismus, Hinduismus und Jainismus als „Samadhi" bezeichnet. Im Yoga ist es nach der Meditation die achte und letzte Stufe in den Sutren des Patanjali.

Christliche Mystiker, wie Bernhard von Clairvaux[66], beschreiben als höchstes Ziel die „Unio Mystica" als mystische Liebesvereinigung mit Gott. Von Meister Eckhart[67], Ignatius von Loyola[68] und Johannes vom Kreuz[69] sind Texte überliefert, die den Schöpfungsgedanken mit dieser innigen Zugehörigkeit zu Gott verbinden. Der persische Dichter und Mystiker Rumi[70] zeigt ebenfalls auf die Liebe als Hauptkraft und stärkste Motivation des Universums, in dem jeder Teil – lebendig und unlebendig – mit allen anderen in einer auf Gott gerichteten Liebesbeziehung steht. Über die Liebe ist alles mit allem verbunden.

Die „relative Ebene" täglicher Lebenserfahrung ist im Vergleich keinesfalls banal oder minderwertig. Auch nach der „Erleuchtung" geht das irdische Leben erst einmal weiter[71]. In der Meditation leitet die Konzentration auf den gegenwärtigen Augenblick, auf den jetzigen Moment zur „relativen Ebene" hin. In den folgenden Kapiteln wird diese als Untersuchung der eigenen Gedanken, als Betrachtung, Schau oder Kontemplation aufgefasst. Ihr Inhalt ist das übliche Spielfeld im alltäglichen Leben. Arbeit, Lust und Liebe gehören ebenso dazu wie die Erfahrung von Alter, Krankheit und Tod.

Stellen Sie es sich so vor: In einem unruhigen Meer stetigen Austausches bewusster und unterbewusster Geistzustände schwimmen wir permanent und vor dem leuchtenden Hintergrund

66 Zisterzienser und Mystiker; „moderne" Sicht zur Stressreduktion www.heiligenlexikon.de/../Bernhard_von_Clairvau_Betrachtungen.htm

67 spätmittelalterlicher Theologe und Philosoph; siehe: Literaturliste

68 Jesuit; von Gott auf seinem Lebensweg geführt

69 Karmelit; Barfußorden; naheliegende Verbindung seiner Einsichten und mystischen Dichtung zu den Schriften der Sufis

70 Sufi; spricht von Gott als seinem „Geliebten"

71 Buchtipps: Williges Jäger und Beatrice Grimm, Der Ochs und sein Hirte, Die Flöte des Unendlichen

des lebendigen göttlichen Geistes. Am Anfang der meditativen Praxis gilt es, überhaupt von den verschiedenen Ebenen des Geistes irgendetwas zu spüren. Unser Training besteht darin, die Gedanken und Gefühle überall und jede Handlung des Alltags zu beobachten. Die Herausforderung des Lebens erscheint im Kontakt mit dem Busfahrer und dem Arbeitskollegen. Auch im Streit oder in der Liebe mit dem Partner findet das Leben in diesem Moment statt. Der bewusste Genuss von Eiscreme oder Schokolade auf der Zunge soll intensiv gefühlt werden. Meister Eckart formuliert diese Art der Wahrnehmung vergleichbar, indem er eine Empfindung benennt, die das Göttliche in jeder Sekunde und jedem Gegenstand seiner Lebensumgebung erkennt.

Die Trennung von absoluter und relativer Ebene ist vor allem ein theoretisches Modell. Das Lebendige in jedem Lebewesen ist kein beschriebenes Blatt, wie die Theorie eines Buches. Es kennt vor allem keine Zeit und keinen Stillstand. Leben ist immer im Fluss – und will auch fließend bleiben, es bleibt in einer ununterbrochenen „flüssigen" Bewegung. Der Geist in seinen vielfältigen Erscheinungen fließt darin mit und hält nur im Tiefschlaf oder im Rausch an. Die Geistesebenen schneiden und kreuzen sich, verlaufen parallel oder sogar gegeneinander – gemäß dieser Verläufe ergeben sich harmonische und disharmonische geistige Bewegungen. Das Ziel des Übens ist es, mit all diesen Erscheinungen gleichermaßen auszukommen, egal ob sie angenehm oder unangenehm sind, ob sie das scheinbar Böse oder Gute verkörpern.

In der Yogatradition und in buddhistischen Klöstern wohnen Schüler und Lehrer zusammen. Der Lehrer gibt sein Wissen an die Schüler weiter und lernt gleichzeitig selbst vom Verhalten der Schüler. Der gegenseitige Dank ist deshalb selbstverständlich. In dem Sinne können wir sagen, es „führt auch der Geführte". Der Weg der Übungen leitet in die tief verborgenen Erinnerungen der eigenen Existenz. Stilles Sitzen oder konzentriertes Gehen an einem geschützten Ort erlaubt auf eine sehr deutliche Weise den Abschied vom äußeren Lärm, den Ausstieg aus der unruhigen Außenwelt. Das Ziel ist nichts Gegenständliches, das uns vor die Augen tritt, sondern es ist ein ganz uns ergreifendes „Erwachen", die „Erkenntnis der Leerheit"[72] oder die „Klarheit hinter allen Dingen" – also die Erfahrung des „Selbst", des inneren zeitlosen und nicht zerstörbaren Wesenskernes. Das ist die Welt des Mystikers, der „in sich drin" und nicht von ihm getrennt in allen Dingen dieser Welt „Gott" erkennt[73]. „Yoga" heißt übersetzt das „Joch" und bezeichnet

72 keine autonome inhärente Existenz; keine Eigenexistenz

73 Meister Eckhart: Der Mensch soll sich daran gewöhnen, nicht das Seine in den Dingen zu suchen oder zu nehmen, sondern in allen Dingen Gott zu suchen und zu nehmen.

so passend die „zusammengejochte", also untrennbare Verbindung von Körper und Geist. Der geformte materielle Körper ist stets mit dem formlosen Gedanken verbunden. Die Übung mit gehaltenen Stellungen der Asanas und die Idee der Übung als Fluss und Einheit von Körper und Geist bedingen einander.

Ein Gedanke hat zunächst keine materielle Form. Es wird angenommen, dass er physikalisch eine „elektromagnetische Welle" ist. Die Speicherform eines gelernten Gedichtes beispielsweise geht in unserem Langzeitgedächtnis mit einer anhaltenden Bindung und Bahnung des Informationsflusses vieler Nervenzellen einher, die auch eine Veränderung der Nervenzellstruktur beinhalten kann. Diese Informationen werden aber nicht unabhängig und einzeln, wie in ein Bankschließfach, abgelegt. Vielmehr unterhalten sie auch weiterhin einen Kontakt zu Sinnesempfindungen und früheren Erfahrungen. Der Informationsfluss durchströmt uns sozusagen ständig und bleibt im Austausch mit unseren Lebenserfahrungen. Diese permanente geistig-körperliche Bewegung ist in der Lage, unbewusst unsere Speicherinhalte von Wissen und Gefühlen zu verändern. In uns verblassen oder verfärben sich mit den Jahren konkrete Erinnerungen und Bewertungen von Lebensereignissen – sozusagen nachträglich. Die Redensart: „Es ist nie zu spät für eine glückliche Kindheit"drückt diese Beweglichkeit als positive Fähigkeit aus. „Misstrauen Sie scheinbar todsicheren Erinnerungen" ist somit eine pragmatische Sicht für den Alltag.

Die unbewussten Verknüpfungen von erworbenem Wissen und Gefühlen führen zu einer ganz persönlichen Sichtweise der Lebensumstände. Sie werden für uns selbst für richtig und wahr gehalten. Diese persönliche Sicht stimmt aber nicht unbedingt mit den Wahrnehmungen, Erfahrungen und Überzeugungen unserer Mitmenschen überein. Jeder Mensch besitzt seine ureigene Identität, die ihn einzigartig macht. Wenn wir die Sehnsucht verspüren, vom „Ich" zum „Wir" zu gelangen und in diesem „Wir" verbunden zu sein, stehen wir als Individuen vor der Herausforderung, die eigenen egoistischen Überzeugungen und Machtansprüche über andere Menschen aufzugeben.

Zur Abstimmung gemeinsamer Erfahrungen dient die äußerliche Kommunikation zum Beispiel mittels Sprache oder durch Zeichen. In jedem Fall sind Gedanken und Gefühle keine unveränderlichen und unabhängigen Informationen. Sie sind als feinstoffliche[74] Struktur im buddhistischen Sprachgebrauch insofern „leer", als sie nicht allein für sich existieren. Es gibt sie nur im Zusammenhang mit dem Nervensystem, den Sinnesempfindungen und dem

74 feinstofflich oder subtil; als elektromagnetische Welle gegenüber grobstofflicher Veränderung der Zellstruktur betrachtet

Erfahrungsspeicher. Für Buddhisten ist die „Form“ als Wechselspiel der eigentliche Inhalt eines Gedankens. Und die „Leere“ oder „Leerheit“ als bedingte[75] Erscheinung des Inhalts ist eine Grundannahme über die eigenen Geisteszustände, die in der Meditationspraxis „beobachtet“ werden.

Eine Form ist zum Beispiel das Brot. Es ist aus Weizenmehl gebacken. Das Weizenkorn wächst nach der Saat durch Regen und Dünger. Es wird nach der Ernte des Landwirts vom Müller zu Mehl vermahlen. Mit weiteren Zutaten des Bäckers erlangt das Weizenmehl die Form „Brot“. Das Brot ist nach seiner Entstehungsgeschichte nicht aus sich allein heraus existent, sondern durch alle Prozesse vom Korn bis zum Backvorgang „bedingt“. Also ist auch Brot „leer“.

Form und Leere bezeichnen also den bedingten Zustand eines materiellen oder geistigen Gegenstands. Sie werden als „bedingt“ angesehen, weil sie in ein Netzwerk von Umständen eingebunden sind und nicht allein existieren können. Sie unterliegen wechselseitigen Bedingungen. Die Komplexität biologischer Systeme können wir wahrscheinlich nur mit dieser kybernetischen[76] Überlegung untersuchen. Vom näheren Verständnis des Lebendigen ist die Wissenschaft allerdings noch ganz weit entfernt. Es werden Arbeitsüberlegungen angestellt, um das untersuchte Material begreiflich zu machen, und es wird auch auf die Überlieferungen alter Schriften zurückgegriffen. Wahrscheinlich existieren also einerseits der materielle Körper, den wir anfassen können, und andererseits der Geist, mit dem auch Funktionen des Körpers hervorgerufen werden, zu jeder Zeit miteinander. Eine Trennung ist nicht möglich.

In einem einfachen „linearen“[77] Zusammenhang von Ursache und Wirkung ist zum Beispiel eine Wassermenge von der Häufigkeit des Schöpfens abhängig. Wasser ist da oder nicht da. Die Reparatur eines Brunnens oder einer Wasserleitung ist einfach möglich. In „komplexen“ Systemen wird die Wassermenge, wie im Toilettenspülkasten, durch die Meldung des Schwimmerstandes begrenzt. Oder ein Heizungsthermostat reguliert die Wassermenge im Zusammenspiel verschiedener Messgrößen. In komplexen Systemen nimmt der Austausch von Informationen Einfluss auf die Steuerung.

75 nicht allein für sich existent

76 regulativ; in der Steuerung rückgekoppelter Prozesse

77 in einer Ebene verlaufend

Lebendige biologische Systeme sind noch vielfältiger vernetzt und deshalb „hoch komplex“ zu nennen. Alles ist im Fluss des Informationsaustausches und nahezu unbegrenzter Einflussnahmen, die sowohl Regeln als auch Form und Inhalt des Systems verändern können. Aus dem System heraus entstehen wiederum neue Informationen durch die Art und Weise des Austausches von Meldungen und ihrer Wirkungen. Hoch komplexe Systeme sind demnach sogar „lernfähig“.

Die Redensart „Was kümmert es mich, ob in China ein Reissack umfällt“ ist nach dieser Überlegung naiv. In vielen alten buddhistischen Geschichten werden Ursachen und Wirkungen hoch komplex dargestellt und in einer Analogie von Geistesstruktur und Lebensalltag angenommen. Danach führt der Aufschlag des Reissacks mit äußerst niedriger Wahrscheinlichkeit zu einem Erdbeben in den Vereinigten Staaten. Die Wahrscheinlichkeit ist in vernetzten Systemen aber eben nicht Null. Alles hat Einfluss. Eine Krankheit ist zum Beispiel ein Zustand der Unordnung – griechisch: „Chaos“ – mit gleichzeitig ablaufenden zerstörenden und reparierenden Vorgängen in dem hoch komplexen Geist-Körper-System Mensch.

Wir können bei einem Knieschmerz – linear – von einem Meniskusschaden ausgehen. Auf der gleichen Ebene – linear – wird eine Operation vom Arzt vorgeschlagen. Mit dieser Entscheidung tritt der innerlich vernetzte Bezug der Schmerzen zum Stoffwechsel, Trainingszustand sowie zu Stress und Anspannung im Beruf möglicherweise in den Hintergrund. Die Einsicht, das Kniegelenk nicht als Einzelorgan, sondern im Verbund des ganzen Körpers anzunehmen, verlangt aber vielleicht gar keine Operation und führt ohne Risiko in vielen Fällen auch zu einer erfolgreichen Behandlung der Schmerzen. Mit dem umfassenderen Konzept mag sogar eine Nachhaltigkeit der Genesung auch für andere reduzierte Funktionen des Körpers entstehen.

In diesem Lernmodell versuchen wir zunächst, einfache lineare Zusammenhänge der Geisteszustände zu den körperlichen Funktionen zu erkennen. Die willkürliche Trennung von Körper und Geist folgt dabei dem Bedürfnis nach der Erkenntnis einer Ordnung und widerspricht insoweit der hoch komplexen lebendigen Struktur. Ob der Geist auch ohne Körper existieren kann, bleibt jedoch ein Thema der Religionen und wird in diesem Buch nicht verfolgt.

Meditation ist unter anderem Nachdenken und Überlegen und reicht als eine Erkundung des Unbewussten über den Denkvorgang des wachen Geistes hinaus. Sie widmet sich der Erfahrung von „innerer Stille“, „Einssein“, dem „Sein im Hier und Jetzt“ oder dem „Sein, frei von Gedanken“ und ist die bewusste Wahrnehmung des bewegten Gedankenstroms im Augenblick.

Der Beobachter

Ein Gedanke kann erkannt und bewertet werden, ist aber nicht auf die Hand zu legen und anzusehen. Er ist seiner Form nach „feinstofflich", eine elektromagnetische Welle oder das Aufblitzen eines Leuchtturms. Das Gleiche gilt für Empfindungen, wie Glück oder Schmerzen. Eine aufmerksame Instanz des Bewusstseins achtet aber auf den Inhalt und beobachtet ihn getrennt vom Gedächtnisspeicher, aus dem er gekommen ist. Mit dieser Fähigkeit entsteht ein innerer Dialog zwischen dem Beobachter des Wachbewusstseins und dem „Ego". Es gibt also zumindest zwei unterscheidbare Instanzen im Geist. Einmal sind es die Gedanken selbst, und zum anderen ist es die Position des Beobachters der Gedanken·

G. Roth meint, dass wir nicht nur „ein Ich", sondern mehrere „Ich-Zustände" sind, die sich aufeinander beziehen. Er nimmt sie als Qualitäten der Wahrnehmung an, die wie das Denken und Erinnern, Hungerhaben oder Müdesein sich weder gegenseitig ausschließen noch zwangsläufig bedingen. Diese Ich-Zustände werden allesamt von einem Beobachter in dem Moment wahrgenommen, in dem sie bemerkbar erscheinen[78].

Bin „ich" der Beobachter?

Beobachter und Gedanke sind zu jedem Zeitpunkt zusammen vorhanden, sie bedingen einander. Der Beobachter kann eine Verbindung mit dem erkannten Gedanken eingehen, und daraus entsteht eine Idee, die den Inhalt des Gedankenstroms beeinflusst. Das Körpergefühl Hunger beispielsweise in Verbindung mit dem Blick auf einen Kuchen führt zur Planung und Ausführung der Kaffeerunde am Nachmittag.

Bin „ich" der Gedanke?

Der Gedanke ist das Endprodukt aus vielen verarbeiteten Meldungen, Bewertungen und aus Wahrnehmungen der Sinnesorgane im stetigen Vergleich mit bereits vorhandenen Gedächtnisinhalten.

78 vgl.: Gerhard Roth, S. 72

„Ich" bin nicht einfach nur mein Gedanke. „Ich" kann als Beobachter dem erkannten Gedanken folgen und eine Verbindung mit dem Gedanken eingehen. „Ich" kann mich aber auch weiterhin konzentrieren und vom erkannten Gedanken getrennt bleiben.

In einer plötzlich eintretenden Gefahrensituation wird das „Ich" unbewusst dem „Fluchtreflex" folgen – wir werden also weglaufen. Die Signale von Angst und Wahrnehmung, der Schatten oder ein Geräusch hinter dem Rücken bestimmen unsere Handlungen. Oder das „Ich" wird kämpfen, wenn jemand uns angreift. Im „Affekt"[79] handelt das „Ich" nicht nach Wissen und Abwägung, sondern mit allen verfügbaren, sogar auch unangemessenen Mitteln. In jedem Fall entsteht eine Handlung – „Karma".

Wir können aber auch bewusst wahrnehmen, dass der Schatten sich bewegt und das Geräusch unheimlich klingt. Eine wache Konzentration ohne spontane Verbindung zum Gefühl aus dem Unterbewussten verschafft auf jeden Fall Zeit. Der panische Gedankenstrom schlechter Erfahrungen, die wir gespeichert haben, kann möglicherweise gelöst werden von dem Einfluss der gleichzeitig auftretenden Ausschüttung von Stresshormonen oder einer Trugwahrnehmung. Dann folgt das „Ich" weder dem Flucht- noch Kampfreflex automatisch, in der Konsequenz entsteht keine Handlung.

Vor etwa 2.300 Jahren ist in dem indischen Heldenepos „Bhagavad Gita"[80] diese wechselseitige Dynamik der Geisteszustände treffend charakterisiert worden:

„Wer Handeln im Nichthandeln und Nichthandeln im Handeln erkennt, ist ein Weiser unter den Menschen und ist ein Yogi."

79 hier am besten mit „spontaner, unbewusster Emotion" aufgefasst

80 Sanskrit: Lied, Gedicht; „Gesang des Erhabenen" Kapitel 4 Vers 18 siehe Literaturliste: Swami Sivananda

Ganz genau betrachtet, ist schon ein Impuls des Unbewussten als Gedanke, dem der „Beobachter" anhaftet, eine Handlung. Ein ausgestoßener Fluch oder ein gut gemeintes Lob sind Handlungen. Das „Sündigen" ist in Gedanken, Worten und Werken möglich – wie wir in der christlichen Tradition vor allem die Beschaffenheit unseres Herzens, seiner Intention und Motivation zu untersuchen gewohnt sind. Handlungen geschehen also schon in der feinstofflichen Phase, und nicht erst dann, wenn mit den Händen getan wird oder Worte über die Zunge den Mund verlassen. „Handeln" meint die Tat. Dazu reicht der erkannte Gedanke, an den der Beobachter anhaftet, ihn nicht weiterziehen lässt und so das – karmische – „Fass aufmacht". Wenn sich der Beobachter in uns also an einen Gedanken dranhängt, bekommt dieser entsprechende „Kinder und Kindeskinder", die ihn ausdehnen, ausfüllen, vermehren und letztlich umsetzen – in die Tat.

Da ist mein Nachbar, ich kann mich ständig aufregen über ihn. Jetzt bohrt er schon wieder. Und wie der gestern wieder eingeparkt hat, ist wirklich unglaublich. Schon wenn ich ihn sehe, bin ich genervt … und was mir da noch alles dazu einfällt!

Sie kennen das auch? Wenn Sie bewusst erkennen, dass Sie gerade handeln, haben Sie den Fuß schon auf der Bremse. Erst gar nicht „auf den Zug aufzuspringen", wäre wohl weise, gelingt aber nicht immer. Sie können jedoch wenigstens noch aussteigen, ehe Sie den Nachbarn gedanklich „völlig zerpflückt" haben. „Nichthandeln im Handeln" meint die konzentrierte Tat, ohne dass sich der Geist und mit ihm oft ein egoistischer Impuls an ein Ergebnis bindet.

Im Idealfall des Lernens geistiger Konzentration werden wir die Umstände so hinnehmen, wie sie sind. Eine Sichtweise, die den Inhalt betont statt die Verpackung und den Gewinn, ist vor allem die beste Grundlage eines nachhaltigen Lebens. Sie bringt auch der Gemeinschaft einen Nutzen, ohne die individuelle Leistung zu behindern, weil wir nicht nur mit dem „Dollarzeichen" im Auge handeln, selbst wenn es um ein Geschäft geht.

In der Meditation wird das enge Zusammenspiel des Wachbewusstseins mit den gedanklichen Impulsen des Unterbewusstseins genutzt. Bewusst wird die äußere Ablenkung vermindert. Im Sitz oder langsamem Gehen bleibt jeder bei sich selbst und im Moment seiner Wahrnehmung. Wenn die Konzentration auf dem Atemfluss liegt und Ruhe in den Körper einkehrt, erhält das Unterbewusstsein immer weniger Impulse der Sinnesorgane.

Die Meditation geschieht, wenn der Strom von Bewusstsein und Unterbewusstsein langsam versiegt und schließlich verschmilzt. Der Gedanke und die Aufmerksamkeit gehören zu jedem Schritt – im Sitzen wie auch in der Gehmeditation – und eilen nicht über Stunden oder Tage voraus. Verliert sich die Präsenz in der Zukunft oder in der Vergangenheit, dann wird die letzte Treppenstufe nicht bemerkt: „Aua!"

Gibt es eigentlich noch mehr als Gedanken, Gefühle, Meldungen der Sinne und den Beobachter? Diese Frage führt uns hinter die mit den Sinnen erfahrbare Realität. Es ist die Suche nach der eigenen Existenz, dem Sinn des Lebens und nach uns selbst. „Wer bin ich?" Das „Göttliche" oder die gemeinsame Grundlage des Lebendigen muss zwingend in die Frage eingeschlossen werden. Menschen können zwar aus einem Aquarium eine Fischsuppe machen, aber die Umkehrung ist auch mit den besten Tricks nicht möglich.

Der Bauplan des Lebendigen ist zwar entschlüsselt, aber das Funktionsprinzip nicht so verstanden, dass es nachzubauen wäre. Der „unbewusste" innere Wissens- und Erfahrungsspeicher, das „Selbst", das „Ego", das Wachbewusstsein und das göttliche Prinzip des Lebendigen – die „Seele" – gehören zusammen. Sie werden nur zum besseren Verständnis mit trennenden Worten bezeichnet. Wahrscheinlich tauschen sie sich mit Lichtgeschwindigkeit und hoher Frequenz aus. Sie sind im Menschen[81] der „Geist", das „Feinstoffliche" und „Nichtanfassbare".

Der erste sowjetische Kosmonaut, Juri Gagarin, hat im ersten bemannten Raumflug 1961 Gott im Weltall nicht gesehen. Er folgte in der Aussage der damaligen atheistischen Sowjetideologie. Genauso wenig aber entdeckt der Radiologe in der Magnetresonanztomografie des Gehirns den Geist. Sogar bei erheblichen Störungen der Aufmerksamkeit, der Wahrnehmung und der Sprache, wie bei der Schizophrenie, bildet sich zwar eine gestörte Hirnentwicklung ab[82], aber die Persönlichkeit eines Menschen versteckt sich hinter vielen noch unbekannten Funktionen.

Die funktionelle Magnetresonanztomografie weckte in der modernen neurologischen Forschung euphorische Erwartungen über die bildhafte Darstellung und Entschlüsselung von Emotionen und Gedanken. Die komplexen Beziehungen der Geistes- und Körperzustände sind aber noch längst nicht aufgeklärt und und für die Forschung gegenwärtig noch ein weitgehend unbekanntes Land geblieben. „Ich" bin also auch nicht meine Magnetresonanztomografie, mein Volumen grauer oder weißer Substanz oder meine elektrische Aktivität im Gehirn.

81 vgl.: Jean-Pierre Crittin, Ayurvedische Psychologie – Wege zum Selbst und das Energieprinzip im Ayurveda

82 vgl.: Goncharova. T./Lanzenberger, Rupert

Es gibt deshalb nur Annahmen und Überlegungen, wie es sich verhalten könnte. Das Unbewusste mit seinen möglichen Instanzen, Gewissen, Trieben und all den Erfahrungen des Lebens ab der Geburt – und vielleicht sogar davor – kann als der umfassende Teil des geistigen Körpers aufgefasst werden. Er ist mehr als nur die „Software". Stellen Sie es sich besser als Software und Hardware zusammen mit einer Enzyklopädie des bisherigen Lebens vor.

Das Ich-Bewusstsein, also das Ich, das sich empfindet und „ich" zu sich sagt, erscheint als „Ego" im Dialog des Wachbewusstseins mit dem Unterbewusstsein. Das „Selbst" begleitet auf dem Lebensweg und wächst mit allen gemachten Erfahrungen weiter. Der unzerstörbare Wesenskern oder das unvergänglich „Göttliche" bleibt vor allem dem intellektuellen Geist des Wachbewusstseins in der Regel verborgen.

Von „Gott" sollen sich die Menschen nach Maßgabe des mosaischen Gesetzes[83] „kein Bild machen", denn es sei nur die gewünschte Vorstellung, aber nicht das Abbild des Absoluten möglich. Dennoch sind in der christlichen Tradition, dem menschlichen Bedürfnis nachgebend, viele Darstellungen Gottes erschienen. Die Muslime lehnen Bilder Allahs und des Propheten ab. Ihre Moscheen sind reich verziert und ästhetische Bauwerke mit vielen Ornamenten im „goldenen Schnitt", enthalten aber im Gegensatz zu christlichen Kirchen keine abbildenden Kunstwerke. Die drastische Mahnung im Zen gegen die Vorstellung des Absoluten lautet: „Wenn du Buddha triffst, dann erschlage ihn". Da ein besseres Wissen über das Lebendige fehlt, wird der „Atem Gottes" als Geheimnis und Mysterium angenommen.

Folgen wir weiter Meister Eckhart, kann auch vermutet werden, dass „Gott" schlicht und ergreifend in allem ist, was den Menschen umgibt. Die folgende Ausführung des Buches gilt aber nicht dieser „absoluten Ebene", sondern sie folgt weiterhin dem beschränkten Zugang zu den eigenen Geisteszuständen in dieser Welt. Hier werden die komplexen Beziehungen zwischen dem Sehenden und dem Gesehenen[84] untersucht.

Drei grundlegende Zustände des Bewusstseins können in Wachzustand, Traumschlaf und Tiefschlaf unterschieden werden. Der Traumschlaf rechnet zum Wachzustand. Tenzin Wangyal Rinpoche leitet zur Meditation im Schlaf und im Traum an[85]. Die Wirksamkeit der „Übungen

83 2. Buch Mose Kapitel 20 Vers 2-17

84 P. Y. Deshpande in Patanjali, Die Wurzeln des Yoga, S.40

85 siehe: Literaturliste

der Nacht" in ihren verschiedenen Stufen der Versenkung hat die moderne wissenschaftliche Forschung auf ihre Weise mithilfe der Magnetresonanztomografie festgestellt[86].

Rauschmittel verändern die Verbindung von Geist und Körper und entspannen ihn wohltuend, interessanterweise auch in Phasen mit grundlegenden Lebensproblemen. Wie wir gesehen haben, wird als Ursache einer geringeren Anspannung des Körpers bei einer Demenz ein organischer Hirnschaden angenommen. Alles in allem aber: Erst im Tod löst sich die Verbindung von Körper und Geist endgültig auf. Das „Ego" stirbt. Was zeitlos „überlebt", beschäftigt den im irdischen Leben schon Erleuchteten[87] genauso wie die Religionen und Philosophen seit Jahrtausenden. Im Austausch der Informationen werden zwar keine Einbahnstraßen im Körper vermutet, die moderne Wissenschaft nimmt aber „besonders ausgetretene Pfade" an und kann sie auch technisch nachweisen. Unser Bauch zum Beispiel sendet mehr Informationen aus dem Bauchnervengeflecht – dem „Solarplexus"[88] – aufsteigend in das zentrale Nervensystem als umgekehrt. Nicht nur sprichwörtlich fällen wir viele Entscheidungen „aus dem Bauch heraus", anstatt alles Für und Wider sorgfältig nach bestem Wissen gegeneinander abzuwägen. G. Gigerenzer[89] zeigt die Wirkung der inneren Eingebung, Bauchentscheidung oder Intuition anhand von vielen Beispielen der psychologischen Forschung. Oft würden mit intuitiven Entscheidungen bei Sportwetten, in der beruflichen Karriere oder der Partnerwahl die besseren Ergebnisse erzielt.

Das Unterbewusstsein ist auch der universelle Speicher der persönlichen Biografie. Sinneseindrücke und komplexe Wahrnehmungen, wie etwa die Laune des Lebenspartners, nehmen wir bewusst und stets auch unbewusst auf. Auf diese Weise wird der Strom der Gedanken nach Inhalt und Intensität bewertet und gelenkt.

86 siehe u. a.: Elisa Filevich

87 Sanskrit: Jivan-Mukta

88 Sonnengeflecht; Sitz des „Dritten Chakra"

89 siehe: Literaturliste

Wer bin „Ich"?

„Ich", das sind also nicht oder nicht nur unsere Gedanken, denn diese entstehen aus den vielfältigen Verbindungen zwischen den Aufgaben des Wachbewusstseins und den helfenden und ergänzenden Funktionen des Unterbewusstseins. „Ich, der ich will" und das „Selbst" wissen, bewerten und organisieren die Handlung im Wechselspiel. Bis zum nächsten Impuls kann auch mal ein Intervall entstehen, in dem scheinbar nichts geschieht. Im Hintergrund rattert der PC, wie bei einem Windows Update. Der Bildschirm ändert sich aber nicht.

Die meisten Meldungen der Sinnesorgane werden unterbewusst verarbeitet. Die Erfahrung sortiert den interessanten Anteil aus, er wird ohne äußeren Zugriff redaktionell aufbereitet und zum Bestaunen und für Handlungsimpulse meist in Fragmenten freigegeben. Die Auswahl ist nicht willkürlich und mit der Lebensumgebung und den gerade anstehenden Aufgaben verbunden. Dennoch können „Geistesblitze" scheinbar ohne jeden Zusammenhang in angeforderten Meinungen und Bewertungen auftauchen. Es ist schon mehr als ein erster Schritt, diese ganz bewusst als innere Nachricht wahrzunehmen. Wenn Sie wollen, können Sie daraus ein System von Frage und Antwort für sich selbst entwickeln. Ihr Wachbewusstsein stellt dann die Frage und wartet in der Position des Beobachters auf die Antwort. Dieses einfache Schema ist aber nur ein Gerüst für die Übung.

Mit der Konzentration auf ein Problem stehen plötzlich ganz viele Informationen zur Verfügung. Bei einem Sturz ins Wasser beispielsweise muss das dann nötige Schwimmen nicht dauernd vorher geübt worden sein. Es ergibt sich einfach automatisch. So funktionieren wir auch, wenn wir das Fahrrad reparieren oder uns im Streit mit dem Partner befinden. Im Hintergrund arbeitet der Wissensspeicher in allen seinen Verknüpfungen. Auch mit „Fabulieren" und einem „Brainstorming" können wir allein oder zusammen mit Freunden kreative Ideen entwickeln.

Die bewusste Beobachtung der Gedanken und Gefühle erlaubt uns, diese konzentriert und aus einem Abstand heraus zu betrachten. Gefühle drücken sich dabei auch in körperlichen Reaktionen aus, wie einer Spannung im Hals, einem Druck in der Brust oder im Oberbauch.

Also ist „ich" der Geist, der in der Lage ist, die Gedanken zu betrachten, zu deuten und mit ihnen und der Erfahrung Handlungen zu begehen? Ja und nein. Ja, weil der Geist eine Entscheidung für oder gegen einen aus der Distanz erkannten Gedanken oder eine Emotion treffen kann, was ihn zunächst unabhängig erscheinen lässt. Nein, weil das Wachbewusstsein zu jeder Zeit von der Verbindung zum Unterbewusstsein abhängig ist und nur in der Funktion zusammen mit dem „Selbst“ Handlungen begehen kann. Der Verstand, der versteht, braucht also die Informationen des Unterbewussten, weil ihm sonst die Bewertungsgrundlagen fehlen. Er wüsste alleine nicht, dass Spannungen im Nacken stören, der Bauch grimmt oder die Kränkungen am Arbeitsplatz nicht zum ersten Mal vorgekommen sind.

Es fehlen dem „Beobachter“ also die strategischen und körperlichen Mittel, um Handlungen sinnvoll und zielgerichtet auszuführen. Der, der versteht, ist komplex immer auch mit dem gesamten Informationssystem seines Körpers und unbewussten Gedächtnisspeichers verbunden. Das Ego ist „der Knoten“ zwischen wachem Bewusstsein und dem Körper. Die elektromagnetische Welle, das „wache Bewusstsein“ darf alleine überall hin und alles erkunden. Für das Handeln hat sie (es) als „Beobachter“ aber sozusagen keine Vollmacht! Nur mit dem „Ego“ zusammen gelingt dem Beobachter in uns der Zugriff auf die komplexen Steuerungsfunktionen des Körpers. Für die Handlung wird der Beobachtungsposten verlassen, ihr Ablauf hingegen ist wieder aus der Distanz des Beobachters heraus zu überwachen.

Wenn ich lese, dann lese ich, und wenn ich schreibe, dann schreibe ich. Das Verrichten mehrerer Aufgaben nebeneinander – Multitasking – ist eine besondere Fähigkeit des Unbewussten. Mit dem Wachbewusstsein allein vergesse ich schon mal die Milch auf der heißen Herdplatte, während ich konzentriert die Zeitung lese. Plötzlich kann mich aber ein Impuls vor der Katastrophe am Herd aufschrecken lassen, denn das Unterbewusstsein hat die vorausgehende Aktion des Aufsetzens der Milch nicht vergessen.

Der Wechsel der Positionen von Unterbewusstsein, Ego und Wachbewusstsein geschieht mit der Lichtgeschwindigkeit elektromagnetischer Wellen. Blitzschnell ist der Wechsel zwischen den verschiedenen Ebenen möglich. Eine bildhafte Beschreibung verlangsamt hier im Text den Vorgang nur zum besseren Verständnis: Das Wachbewusstsein ist der Autoschlüssel, aber nicht das Auto. Ohne ihn startet es nicht, und allein kann der Schlüssel nicht fahren.

Gibt es denn kein „Ich“, welches psychisch gestört werden kann und deshalb gestärkt werden muss? Warum sollten wir einerseits als Yogi oder Buddhist unser Ego verlassen, während andererseits der psychologische Psychotherapeut versucht, es wieder zu stabilisieren?“

Die scheinbaren Widersprüche in dieser Fragestellung ergeben sich durch die verwendeten Begriffe. „Ego" wird als dynamische Kraft des Unterbewusstseins beschrieben. Im „Ego" stecken auch die Erfahrungen der Vorfahren genauso wie „das Feld", zu dem das Haus oder die Wohnung, in der sich das Leben abspielt, gehört. Auch der Arbeitsplatz und alle Menschen des Umfelds sind einbegriffen. Zum „Feld" gehört die ganze lebendige, fühlende und auch nicht fühlende Natur des Lebensraumes. Mit ihm besteht eine andauernde Beziehung, auch wenn sie oft nicht zu spüren ist.

Auch Tiere werden als fühlende Wesen angesehen. Steine – als „Handschmeichler" – haben wie das Wasser keine fühlenden Eigenschaften, sind aber auch nicht „tot" im Sinne absoluter Reaktionslosigkeit.

Das „Ego" enthält darüber hinaus die Erfahrungen der Erziehung, Prägungen des Elternhauses, der Schule und Ausbildung, das Erleben im Beruf und in der Partnerschaft, dazu kommen Vorlieben und Begabungen. Mithilfe des „Egos" werden Kunst und Kultur entfaltet, Gedichte geschrieben, ferne Länder entdeckt, Sehnsucht nach den Bergen oder dem Meer entwickelt, an Gott oder die Buddhanatur oder beides geglaubt. Es ist die dynamische Kraft in jedem fühlenden Lebewesen. Mit dem „Ego" wird auch die Persönlichkeit und deren Charaktermerkmale unterschieden.

Viele spirituelle Führer und Autoren, die zum Thema der Bewusstseinsentwicklung schreiben, mahnen den modernen Adepten – Schüler, Übenden – an, sich des „Ego" zu entledigen.

Wenn man ihre Texte liest oder ihnen zuhört, ist oft sehr viel von ihrer Persönlichkeit und ihrem Charisma zu spüren – griechisch: Gnadengabe, durch den Geist Gottes bewirkte Gabe oder Befähigung – und auch diese „Ausstrahlung" ist eine Funktion des „Ego"! Allerdings betrachten manche ihr „Ego" als heilig und von den weltlichen Dingen unberührt. Das gilt es zu unterscheiden und abzuwägen. Denn Missbrauch geschieht überall da, wo er grundsätzlich möglich ist. Die alte Weisheit: „Zuviel Weihrauch schwärzt den Heiligen" weist uns somit wieder zurück auf den „Mittleren Weg".

Ein Mensch, der ausschließlich zum eigenen Vorteil handelt, wird als „Egoist" bezeichnet. Erkennbar ist sein unstillbares Verlangen nach immer mehr Gewinn. Materiellen Erfolg teilt er nicht gern, oder er verletzt sogar andere Menschen bzw. deren Rechte, um einen persönlichen Gewinn durchzusetzen. Unser hier behandelter Beobachter hat nichts gemein mit solchen ungünstigen Handlungen, die begangen werden könnten. Im Gegenteil, seine Unabhängigkeit erlaubt es ausdrücklich, dass wir uns über die Beweggründe unserer Handlungen immer klarer werden. Deshalb können wir davon ausgehen, dass spirituelle Lehrer wahrscheinlich mit dem „Ego", von dem es sich zu lösen gilt, etwas anderes meinen. Es betrifft wohl vor allem die instinkthaften und emotional betonten Handlungsweisen, die unter einer nicht bewussten Führung von Angst und Aggression – willkürlich – geschehen.

Hinter diesen kindlich zu nennenden Emotionen verbergen sich jedoch in der äußerlichen Welt sehr erfolgreiche Vorstellungen, insofern sie alles andere als harmlos wirken. Gewinnstreben, Umsatzerwartungen, Börsenspekulation, Nord-Süd-Konflikt und Verfügung über Rohstoffe drücken neben der Gier ein echtes Bedürfnis wie auch existenzielle Ängste aus. Politik und Medien schüren aber oft nur die Ängste in ihren Statements und Schlagzeilen!

Eine „gerechte" Aufteilung der „Früchte" der Erde, die sich nach den Bedürfnissen und nicht den Ansprüchen richtet, müsste einem anderen Verteilungsmuster folgen. Aggression und Angst gehören zum Raubtierinstinkt, der das Überleben sichern soll. Er aktiviert alle verfügbaren Mittel – bis hin zur Vernichtung anderen Lebens.

Das „Ego" will sich als dynamische Kraft des Unbewussten vehement in das Wachbewusstsein drängen und kann in allen Farben und Formen erscheinen. „Es irrt der Mensch, solange er strebt", lässt J. W. Goethe seinen Dr. Faust sagen. Wir wollen nicht übersehen: Auch nach der Erleuchtung verbindet sich nicht selten einerseits ein scheinbar günstiges Verhalten, wie „Vegetarismus" und gesunde Lebensweise, mit einem unbereinigten Streben nach Geld und Macht. Dieses Streben und seine Begleitmuster sind das eigentliche Problem, nicht die Inhalte. Deren Auswahl und Bearbeitung birgt häufig das Risiko, sich darin völlig zu „verfahren".

„Maya" heißen diese „Fallen" des eigenen Geistes und seiner Vorstellungen bei den Hindus und Buddhisten. Dem Mayageist wird auch bei scheinbar „heiligen Handlungen" nicht auf den Leim gegangen, wenn die Position des Beobachters geübt wurde. Mit ihr sind alle Impulse, die aus dem Unbewussten kommen, streng zu überprüfen. Wenn wir die Landschaft westlicher spiritueller Gruppen anschauen, dann wird dort oft im Wettbewerb um die Achtsamkeit verloren oder gewonnen. Das „Ego" wird auch wie beim Schattenboxen verteidigt, ohne dass es tatsächlich angegriffen wurde. Oder es wird eitel, indem es „jugendlichen" Aktivitäten im Sport nachgejagt, die sich später bitter im Schmerz der Gelenke rächen.

Kommen wir noch einmal zurück: Die Entscheidungen für Handlungen werden mit der Verbindung des Wachbewusstseins zu den gedanklichen Impulsen des Unterbewusstseins getroffen. Sie folgen der erkannten Pflicht und den gespeicherten ethischen und moralischen Regeln.

Demokratische Gesellschaften und spirituelle Gemeinschaften erstellen Regeln in umfangreichen Gesetzeswerken, angefangen von den Zehn Geboten der Christen bis zum „Achtfachen Pfad“ des buddhistischen Weges.

Die Konzentration des Wachbewusstseins kann durch Erkrankungen gestört werden. Erlittenes Unrecht, Gehirn-Erkrankungen, Angst, Medikamenteneinnahme oder Chemotherapie sind Beispiele dafür. Oft wird dann die Unterstützung eines Arztes oder psychologischen Psychotherapeuten benötigt. Der Arzt wird den Betroffenen über die Ernährung und den Stoffwechsel beraten und geeignete Kräuter und Medikamente empfehlen. Der psychologische Psychotherapeut oder spirituelle Lehrer entwickelt parallel dazu aus den vielen vorgetragenen Erfahrungen und Empfindungen ein Lernmodell für eine bessere Konzentration und den Umgang mit Geist und Körper.

So entsteht im Kontakt zu mitfühlenden Menschen eine Wachstumsoption, welche ungünstige Lebensumstände, körperliche und seelische Bedrängnisse integrieren kann. Das wiederum hat zur Folge, dass kindliche oder zerstörende unbewusste Muster ihren Einfluss auf die Lebenshandlungen verringern. Auf diesem Weg wird das egoistische und triebhafte Verhalten bewusst „abgewöhnt“, reduziert und vermieden, und das ungünstige Ego sozusagen „verlassen“. Der konzentrierte und wertschätzende Umgang mit sich und der Lebensumgebung erfährt eine Stärkung und übernimmt die Führung.

Allerdings können wir nicht darauf schließen, dass wir bewusst ins „Unbewusste“ eingreifen, um Triebe einfach zu löschen. Eingangs sprachen wir von einem „Kompromiss im Koalitionspoker“. Schauen wir also noch einmal die Grundfrage an: Goethe lässt seinen Mephisto die Ambivalenz guter und schlechter Impulse ausdrücken. „Ich bin der Geist, der stets verneint“ und „der immer das Böse will und doch das Gute schafft“.

Der Yoga und die buddhistische Lehre gehen über diesen therapeutischen Ansatz hinaus. Nach ihrer Auffassung trennen Handlungen, die nur auf den eigenen Vorteil bedacht sind, den Einzelnen von der menschlichen Gemeinschaft, jedoch wird diese Trennung ohne ein egoistisches Verhalten aufgelöst – das ist die Mentalität des Teilens. In Indien wird in der ärmeren Bevölkerungsschicht fast alles – besonders aber Essen und Trinken – wie selbstverständlich geteilt. In der Familie und und unter Freunden ist es völlig normal, allen anderen vom eigenen Essen abzugeben, im Restaurant gemeinsam zu bestellen und nichts für sich allein zu kaufen und zu essen.[90] Im Hintergrund gemeinsamer Handlungen steht der Glaube, innerlich im „Selbst"[91] von göttlicher oder Buddhanatur zu sein, was alle fühlenden Wesen eint. Die Erfahrung der Einheit bleibt dem westlichen Menschen im Lebensalltag aber oft verborgen. Sie kann jedoch auf dem Lebensweg mit der Erfahrung von Freude und vor allem auch Leid spontan wiedererkannt und gelebt werden.

In den Schriften wird immer wieder auf die besondere Bedeutung leidhafter Erfahrungen für das persönliche „Wachstum" hingewiesen. Allgemein sind spirituelle Erfahrungen nicht an die Struktur einer Religionsgemeinschaft gebunden und können in allen Kontakten und Verbindungen mit der Lebensumwelt geschehen. Für viele Menschen ist daher nicht nur das Feld der zwischenmenschlichen Beziehungen, sondern auch – oder gerade – das Erleben der lebendigen Natur eine „spirituelle Erfahrung". Die Wertschätzung und Dankbarkeit sich selbst, den Mitmenschen und allen anderen fühlenden Wesen gegenüber ist eine universelle Erfahrung, egal ob in Ost oder West.

Alle Religionen und spirituellen Gemeinschaften entwickeln Vorstellungen für diesen Weg mit ihren ganz eigenen Lehren und Ritualen. Die Fähigkeit, das Ego zu lenken, also mit gelassener Aufmerksamkeit zu betrachten und mit dem Erkannten Entscheidungen zu treffen, ist eine besondere Gabe der „höheren Intelligenz" des Menschen. Der Begriff „Intelligenz" steht für die Fähigkeit, Wissen, Gefühle und Gedanken für ein optimales Handeln zu verknüpfen.

Je länger und häufiger wir den konzentrierten Wachzustand einhalten können, desto mehr entwickeln wir die Fähigkeit, abstrakt und vernünftig zu denken. Im Ergebnis begehen wir notwendige Handlungen, gehen gelassen mit negativen Gedanken und Emotionen um und ernten zur Belohnung die Fähigkeit zu arbeiten, zu lieben und uns um andere Menschen zu kümmern. Die Übung erfolgt in jedem Moment des Lebens, und die Meditation ist ein intensives Training dazu.

Die Freiheit zur oder gegen eine Handlung entsteht aus der grundsätzlichen Möglichkeit, Gedanken und egoistische Impulse aus dem Unterbewusstsein ungerührt zu betrachten und sich bewusst für oder gegen sie zu entscheiden. Mit der Entscheidung zur Verknüpfung werde „ich", mein „Ego", vom Nichthandelnden zum Handelnden und trage alle Konsequenzen der Handlung. Die Verbindung zum „Unbewussten" öffnet sich und „ich" erhalte alle Informationen, um

90 Tipp: jolienindien.blogspot.de; Berichte über Erfahrungen als Physiotherapeutin in einem freiwilligen sozialen Auslandsjahr 2014/2015

91 Atman; Seele oder individuelles Selbst

meine Absicht planvoll zu verwirklichen. Die Muskulatur spannt an, Atmung und Herz werden ebenso angepasst wie Stoffwechsel und Sinne. Für das Vorhaben reduziert das Unterbewusstsein alle Meldungen, die nicht das Thema der Aufgabe betreffen, bleibt aber selbst weiterhin für alle Informationen empfangsbereit.

Wir haben immer 20-30 Sekunden Zeit, um unsere Gedanken vor einer Entscheidung zu betrachten. Diese Zeit geben wir als Zuhörer einem Vortragenden unbewusst, ohne uns zu langweilen. Im Konflikt mit dem Partner reichen vielleicht bewusst auch nur 10 Sekunden. In diesem kurzen Zeitraum kann ein körperlicher Impuls oder ein Gedanke erkannt und benannt werden. Diese Markierung von quälenden Gedanken oder Schmerzreizen mit einem „Namen" macht in dem endlosen Gedankenstrom etwas kenntlich. Dadurch kann es uns gelingen, eine aktive Entscheidung für oder gegen Bewertungen der Gedanken oder eines Schmerzes zu treffen. Körper und Geist geben sich gegenseitig Ruhe.

Benennen Sie die Gedanken über den Streit mit Ihrem Chef mit dem Namen: „Chef", die Sorge über die Gesundheit des Kindes mit dem Namen des Kindes, die Vorladung zum Gericht: „Zeuge", die Bedenken um den Kauf des neuen Autos: „Auto", den schwelenden Streit und die Eifersucht mit dem Namen des Partners. Benennen und erkennen Sie aber auch die Freude über den Gewinn, die Zuwendung des Partners, das neue Handy, die bestandene Prüfung oder das Geschenk zum Geburtstag. Geben Sie allem einen Namen.

Mit der bewussten Markierung wird oft erst bemerkt und deutlich gemacht, was tatsächlich im Hintergrund des Geistes abläuft, also „wo die Musik spielt". Erkannte Umstände lassen vielleicht etwas befürchten, weil noch keine Strategie im Umgang mit ihnen entwickelt wurde. Die Angst als unwillkürliche Anspannung mit innerem Unbehagen nimmt aber in der Position des ruhenden Betrachters ab. Wird gegen den beobachteten Gedanken entschieden, kann er ohne Bewertung wieder davonziehen. Der nächste Gedanke kommt sicher 2-3 Sekunden später.

Die emotionalen Bewertungen aus unterbewussten Erfahrungen lassen vor allem quälende Gedanken als dunkle Regenwolken hängen bleiben. Sie haften auch an Glücksgefühlen, deren Verschwinden mit übler Laune beantwortet wird. Wir sollten uns also Zeit nehmen, um die eigenen Gedanken bewusst wahrzunehmen. Mit einer Entgegnung in einem Streit mit dem Lebenspartner verhält es sich nicht anders als mit der Notwendigkeit für einen Vortragenden, sein Manuskript zu ordnen, bevor er referiert.

Glück und Vergänglichkeit

Die unendliche Tiefe eines klaren Bergsees, die Weite des Ozeans, der strahlend blaue Himmel, die Umarmung eines geliebten Menschen – all` das sind glückliche Erfahrungen des Geistes. Manche sind so schön, dass wir sie dauerhaft wünschen. Andere Erlebnisse, wie die Dunkelheit der Nacht, Einsamkeit oder akute Schmerzen erschrecken und machen uns Angst.

Wo ist das Glück? Was ist „Glück"? Oft ist es nicht zu fassen und noch viel schwieriger festzuhalten, wenn wir es scheinbar erfahren. Es kann sich im Zusammenklang des Lebens und im eigenen Dasein überall verbergen. Glück ist ein Zustand der Harmonie, in dem wir uns im Einklang mit der Welt erfahren. Es erscheint alles wie nach einem Plan geordnet, als fänden wir es im Außen nach dem Bild, das wir im Inneren tragen. Wir fühlen uns umsorgt, erkennen die Welt um uns herum und erfahren so die Freiheit wie ein Kind, das mit dem Blick auf die Eltern den Gestaltungsraum für sich spielerisch erweitert. Licht, Farbe und Freude erfüllen den ganzen Körper und führen zu einer intensiven Erfahrung des Lebendigen. Die Zeit bleibt stehen oder hat keine Bedeutung. Schwerelos wird die ganze Welt wahrhaft und ohne Schleier erfahren. Es stimmt einfach alles.

Kennen Sie das auch? Körper und Geist sind verbunden, Ihre Haltung ist aufrecht, Sie müssen sich vor niemandem beugen oder verstecken. Ihr Gesicht ist entspannt und freundlich, die Haut ist geschmeidig, die Muskulatur dehnbar und die Gelenke bewegen sich gut. Der Nachtschlaf ist erholsam, die Träume sind anregend. Der Rhythmus des Tages und der Sinn Ihres Seins – Sie erkennen alles wieder und Ihre Konzentration erlaubt Ihnen ein ausgewogenes Handeln in Achtsamkeit – in jedem Moment des Lebens. Glück ist die Qualität des Einklangs mit dem ganzen Leben.

Ist Glück nicht auch etwas, das sich anfühlt wie Verliebtheit oder wenn wir etwas Schönes bekommen? Von Swami Vishnu Devananda[92] wird berichtet, dass er zur Belehrung über das Glück oft die folgende Geschichte erzählte:

92 Gründer der Sivanandayoga Tradition im Westen; www.sivananda.org

Zum Leben einer berühmten amerikanischen Schauspielerin gehören viele Ehen. Sie findet einen Mann und sie lieben sich. Zu jeder Hochzeit bekommt sie nicht nur den Mann, sondern auch jeweils einen Diamanten. Das gehört für sie dazu. Bei jeder Hochzeit spielt auch das Glück eine Rolle – oder zumindest der Wunsch, glücklich zu sein. Aber was geschieht dann? Es bleibt der Frau in jeder Ehe der gleiche Mann, doch das Gefühl für sich selbst und wahrscheinlich auch zum Partner verändert sich mit der Zeit. So scheint der glückliche Moment nicht sehr lange anzudauern, vielleicht nur Monate oder wenige Jahre.

Die Sehnsucht nach Glück wird bald wieder größer und die Suche nach Momenten des Glücks fängt von vorne an. Die Frau wiederholt die Geschichte mit einem neuen Partner. Was aber wird aus dem Diamanten? Der ist sehr hart und verändert sich nicht. Diamanten scheinen ihren Wert zu behalten, die Männer aber nicht. Es sind wahrscheinlich große Diamanten. Doch glücklich wird die Frau damit nicht.

Das Glück in den äußerlichen Dingen ist offensichtlich nur von begrenzter Dauer. Es enthält nicht die „Schwingung des Lebens“ und lässt uns zwei leidvolle Erkenntnisse formulieren: Ein erfüllter Wunsch, der vorübergehend ein Glücksgefühl liefert, führt zu weiteren Wünschen. Und Besitz ist mit der Angst verbunden, den Gegenstand und damit auch das Glück wieder zu verlieren.

Gegenstand des Glücks kann alles sein, was zu kaufen oder zu besitzen ist. Das eigene Ideal der Jugendlichkeit, die aktuelle Mode, der Partner, die Partnerin, das Auto, ein Haus, eine Stellung oder eine besondere Anerkennung gehören dazu. Alle Religionen betonen ausdrücklich deren Vergänglichkeit. Wirkliches Glück kennt aber keine Zeit, denn es ist den Veränderungen der materiellen Welt und der manchmal schmerzlichen Erfahrung, immer älter zu werden, nicht unterworfen.

Ein 60 Jahre alter Mann fährt seit Jahren in den Skiurlaub. In den früheren Jahren nimmt die ganze Familie teil, später genießen ihn die Ehepartner ohne die Kinder. Sie werden älter und trotzdem bleibt ihnen der Spaß erhalten. Es ist für beide ein Ritual geworden und erinnert sie an alle Umstände des Lebens. Schöne und weniger schöne Zeiten wechseln, dieser Urlaub ist für sie auch die Belohnung für die Lebensleistung. Mann und Frau gönnen sich etwas.

Im September – lange vor der Skisaison – knickt der Mann beim Wandern mit dem linken Kniegelenk ein. Nach einer Behandlung mit Salben, Tabletten vom Hausarzt, einer Vorstellung beim Ortho-

päden wird schließlich ein Meniskusschaden festgestellt und eine Operation am Knie vorgenommen. Zunächst tritt eine Besserung ein, mit einer Krankengymnastik gelingt auch fast eine normale Bewegung und Belastung. Allerdings bleiben die Schmerzen und die Schwellung hält an.

Die Buchung für den Skiurlaub im Februar ist längst erfolgt. Weihnachten sieht es aber noch nicht danach aus, dass überhaupt jemals eine Verbesserung eintreten könnte. Im Gegenteil – alles wird immer schlimmer! Das belastet den Mann und die Familie. Er denkt an den Februar und wünscht sich im Stillen: „Das linke Knie, das linke Knie – wenn es doch einen Zauber oder einen besonders guten Arzt gäbe, der es mir wieder ganz macht!“

Nichts bleibt, wie es ist. Alles ist vergänglich oder geht vorbei. Das gilt auch für das linke Kniegelenk und den Skiurlaub. Kann der Mann sie loslassen, ohne zu trauern? Es ist wohl nicht wahrscheinlich, und erst die Trauer wird langsam die seelische Qual lindern, die mit dem Verlust verbunden ist.

Mit der Trauer ist es möglich, die Sichtweise langsam zu verändern. Dann bringen Bewusstsein und Unterbewusstsein das neue Handicap „Knie“ als eine erkannte Schwäche in den übrigen Körper ein. Manchmal gelingt der Prozess nur mit einer professionellen Anleitung. Der überwiegende Teil des Körpers ist gesund geblieben. Aber die egoistische Sicht unbewusster Verletzungen und Kränkungen aus der persönlichen Lebensgeschichte kann beispielsweise hinter einem verletzten Körperteil stecken. Solche hintergründigen Empfindungen werden nicht selten wie unter einer Lupe verzerrt und riesengroß im körperlichen Empfinden abgebildet. Diese Fata Morgana, eine Luftspiegelung und Täuschung der Wahrnehmung, kann aber erkannt und schließlich innerlich verarbeitet werden.

Der Blick fällt nun auch mal auf das gesunde rechte Bein. Es ist gut belastbar, die Hüftgelenke bewegen sich normal und der untere Rücken schmerzt nur morgens. Der Bauch ist nicht zu dick, der Brustkorb kann tief durchatmen, das Herz schlägt regelmäßig und der Kopf wird aufrecht getragen. Das Essen schmeckt und der Wein bleibt nicht nur im Regal liegen. Der Perspektivwechsel ermöglicht so eine positive Sichtweise der neuen Lebenslage.

Ist ein solches Denken aber nicht nur ein Selbstbetrug? Nein, denn der Wechsel der Sichtweise erlaubt dem linken Bein, aus der „Opferrolle“ herauszutreten. Es muss nicht mehr gesund werden, es darf sogar so bleiben, wie es ist. Der Druck lässt nach, der überwiegend gesunde Körper kann das Handicap gut aushalten. Andererseits: Sorge und Ärger haben möglicherweise zu einer Anspannung geführt, die auf weitere Körperteile, ein gekränktes Ego und vielleicht auch die Beziehung zur Partnerin Einfluss genommen hat. Das linke Kniegelenk ist verletzt und hat möglicherweise eine Arthrose. Wenn jetzt „alles schlechter" ist, prägen das Handicap und die Stimmung wesentlich stärker den Lebensalltag des Ehepaares.

Schauen wir dieses Tiefenbeispiel noch genauer an: Das Handicap wird als „Seismograf" des ganzen Körpers zu einem wertvollen Instrument, weil es am empfindlichsten darüber wacht, dass alles im Gleichgewicht ist. Ein unvermittelt anhaltender Knieschmerz auf der linken Seite lässt vor allem auch an ungünstige Bewertungen, den Bauch und seine Funktionen sowie an das Herz denken lassen. Die Opferrolle ist eine Position im Leben der meisten Menschen, die nur sehr schwer zu verlassen ist, je mehr tatsächlich nicht selbst verschuldete Umstände zu einem Handicap geführt haben. Der dadurch entstandene Schmerz ist mit dem verbliebenen Schaden andauernd zu spüren und zu sehen. Er wirkt sich auch auf die Arbeitsfähigkeit, den Beruf und das Einkommen aus. Und die scheinbare Verbindung von „fremder" Ursache und „eigener" Wirkung kann nur sehr schwer akzeptiert werden.

Ein sehr gewissenhafter Mitarbeiter eines Betriebes wird als Fahrradfahrer von einem PKW angefahren. Beim Sturz verletzt er sich ein Hüftgelenk, es muss sogar operiert werden. Die Wunde heilt nicht gut und so verbleibt eine hässliche Narbe, aber die Bewegung erreicht fast einen normalen Umfang. Der Mann traut sich aber nicht mehr zu, an seinem alten Arbeitsplatz zurechtzukommen, an dem er viel zu Fuß gehen muss. So vergehen Monate im Krankenstand und schließlich nimmt er stundenweise seine Arbeit wieder auf.

Die Gewissenhaftigkeit des Mannes war vor dem Unfall eine viel beachtete Qualität. Dieser Vorteil kehrt sich nun ins Nachteil um, weil er dem hohen Anspruch in seinem Beruf auch dann noch genügen möchte, als die Einschränkung nach der Operation eine Schonung nahelegt. Anspannung und Scham – die oft unbewusste Angst, nicht zu genügen – legen sich wie eine Mauer um sein Herz und seinen Geist.

Erst das bewusste Annehmen des Handicaps befreit ihn schließlich aus dem Gefängnis der eigenen Bewertungen. Er lernt für sich „neu" dazu, sich auch unvollkommen als wertvoll zu empfinden. Neben der seelischen Verarbeitung achtet der Mann darauf, den verletzten Bereich des Körpers auch zu pflegen, denn über ihn verläuft immerhin das Schmerzgedächtnis. Als der Patient drei Monate später wieder in die Arztpraxis kommt, ist er nahezu schmerzfrei, arbeitet und berichtet von der guten Wirkung der Massage in der Physiotherapie.

In fast allen Medien wird neuerdings auf die Therapieerfolge der modernen Medizin hingewiesen, und eine oft diskutierte Frage lautet: „Was kann ich tun, um fit zu bleiben?" In der Meditation geht es genau um das Gegenteil: „Nichtstun". Erinnern Sie sich? Nur im stillen rezeptiven Lauschen öffnet sich das Tor zum Unbewussten.

Eine etwa 70 Jahre alte Patientin hat ihre Tochter drei Jahre zuvor an eine Krebs-Erkrankung verloren. Sie kommt in die Praxis des Orthopäden, weil ihre Schulter schmerzt. Die Muskelsehnenhaube ist eingerissen, sodass sowohl Schmerzen wie auch eine Schwäche der Schulterbewegung eingetreten sind. Mit beiden käme sie sicher gut zurecht, mithilfe einer Physiotherapie und Medikamenten gegen die Schmerzen wäre es auszuhalten. Darum geht es in ihrem Fall aber nicht, denn die Schulter erlaubt ihr nicht mehr, so zu schwimmen, wie sie es über Jahrzehnte ihres Lebens konnte. Es geht der Frau nicht darum, ob sie das Schwimmbad noch besuchen könne, sondern was sie sehr vermisst, ist die ganz eigene Art des Schwimmens, wie es ihr nun nicht mehr gelingt. Auch ohne den Schmerz über die verlorene Tochter kann es leidvoll sein, etwas aufgeben zu müssen. Aber die Trauer um die Tochter tritt durch den weiteren persönlichen Verlust noch deutlicher an die Oberfläche.

„Der Spatz in der Hand ist besser als die Taube auf dem Dach." Diese Sichtweise lässt Handicaps integrieren und ist wahrscheinlich keine schlechte Lösung. Sie ist nur nicht einfach zu erreichen. In der Stille der Meditation gilt es, tiefer nachzuspüren, welche vielfältigen Bedingungen sich im Geist verknüpfen, an die Oberfläche treten und deshalb erkennbar werden. Es wird gewahr, welche Spannungen des Körpers eintreten können, wenn mit den Erlebnissen der Gegenwart oder aus der Erinnerung leidvolle Gedanken auftauchen.

Mit zunehmendem Lebensalter werden immer mehr Handicaps bemerkt. Die Kunst des Alterns besteht darin, einen achtsamen Umgang mit ihnen zu pflegen und diese nicht zu bekämpfen. Letztlich kann jedem von uns täglich etwas zustoßen oder durch unsere Einwirkung können andere Menschen verletzt werden.

Die Übungspraxis der Meditation nutzt uns grundsätzlich in jedem Fall. Sie kann aber leider nicht immer erst gelernt werden, wenn wir sie dringend brauchen, um die eigenen Gedanken und Gefühle bewusst wahrzunehmen. Eine geänderte Sichtweise, die Rücknahme eines Anspruchs oder der Verzicht auf etwas, was wir uns einmal sehr gewünscht haben, kann zu einer erstaunlichen Entlastung führen. Darin liegt eine seelische Flexibilität, die sich der unvorhersehbaren Beweglichkeit des Lebens mit all seinen positiven und negativen Überraschungen anzupassen vermag. Wenn wir ein Thema berühren – beispielsweise einen Erbschaftsstreit –, sind wir nicht mehr automatisch mit negativen Emotionen und körperlichen Verspannungen verbunden, während wir versuchen, eine Lösung mit den Erbkonkurrenten zu verhandeln. Als neue Erfahrung bleibt uns dann, dass wir uns möglicherweise das nächste Mal nicht auf einen vergleichbaren Handel einlassen möchten, weil es unseren Herzensfrieden belastet. Wir sammeln unbewusst das zeitlebens erworbene Wissen und Lebenserfahrungen, die auch die Emotionen umfassen.

Die angenommene Arbeitsweise des Verstandes wird anhand der Forschungsgruppe „Wahlen" verdeutlicht. In der„Kanzlerfrage" zum Wochenende will der Demoskop wissen, wer jetzt gewählt würde. Ganz klar ist in den Ergebnissen ein aktueller Einfluss zu erkennen. Die zeitnahen Probleme, Sorgen und Freuden geben den Ausschlag für das Kreuzchen. Es gibt aber auch eine Grundstimmung der letzten Jahre, zum Beispiel mehr konservativ oder ökologisch zu wählen, was sich gegenseitig nicht ausschließen muss.

Eine Grundstimmung prägt ziemlich weitgehend das persönliche Gefühl zu politischen Entscheidungen und erhält deshalb mehr Gewicht als die Wetterlage am Sonnabend zum Beispiel. Sie enthält die Verbindung zu dem, was wir „sind". Die darin verankerten Gefühle und Einstellungen haben wir schon in der frühen Kindheit erfahren. Einmal abgespeichert, sind sie – wie ein nicht mehr löschbares Programm – auf dem Computer „eingebrannt". Kindliche Gefühle des Ärgers, der Wut, der Angst, verlassen zu werden oder sogar „nichts wert zu sein", haben einen direkten Einfluss auf das menschliche Stresshormon- und Immunsystem. Deshalb erreichen sie einen erheblichen Einfluss auf die körperlichen Funktionen und langfristig verändern sie sogar die Struktur des materiellen Körpers. Die Suche nach besonderen Ereignissen in der Kindheit führt aber oft zu weit, und wir verlieren uns womöglich. Vor allem gilt es deshalb zu erkunden, welche Bedingungen des gegenwärtigen erwachsenen Lebens die Emotionen wieder wecken konnten und vor allem auch anhalten lassen. Hier ergibt sich ein Feld, auf dem wir bewusst dort einwirken können, wo aus dem Unterbewusstsein Grundgefühle hochgespült werden.

In allen Kulturen gibt es Märchen, die die Suche eines Menschen nach einem Sinn seines Daseins beschreiben. So wird zunächst das Glück oft in der äußeren Welt der Sinne und Leidenschaften gesucht. „Der Fischer und seine Frau“ ist ein bekanntes Beispiel.

Drei Wünsche sind frei, nicht selten will der Mensch eine Million im Lotto gewinnen. Aber wie geht es dann weiter, wenn offensichtlich alles möglich ist? Im Märchen wird schnell ein erster Wunsch ausgesprochen und zu schnell folgt ein zweiter Wunsch, möglicherweise aus Wut nach einem Streit. Der dritte Wunsch muss am Ende herhalten, um etwa den Ausgangszustand wiederherzustellen. So werden Lebenschancen zu Nullsummenspielen. In seinem Buch „Der Alchimist“ lässt Paulo Coelho den Jüngling in die Welt hinausziehen und viele Erfahrungen sammeln. Den Schatz findet er allerdings dort, von wo er ausgegangen war.

Im Märchen des Fischers zeigen sich Gier und blindes Begehren im Wunsch nach äußerlichen Werten. Was wirklich zählt, wird nicht erkannt, weil Wichtiges nicht von Unwichtigem getrennt wird. Die Geschichte Coelho`s nährt dagegen die Erkenntnis, dass eigentlich alles schon da ist!

Ein bekanntes Gebet[93] *über die „Gelassenheit“ umschreibt genau dieses Wissen mit den Worten: „Gib mir Gelassenheit für die Dinge, die ich nicht ändern kann. Gib mir den Mut, die Umstände zu ändern, die ich ändern kann. Gib mir die Weisheit, beides zu unterscheiden.“*

Auch in der täglichen Arbeit wird eine Verbindung zwischen Bewusstsein und Körper erfahrbar. Das Ziel ist eine solche Lebensweise, die sich der inneren Vorstellung von Gott permanent annähert. Unsere Gedanken und Handlungen sollen so beschaffen sein, dass eine Nähe zum Göttlichen entsteht. Rituale oder mystische Handlungen können dabei nur vorübergehend die Empfänglichkeit für die „Botschaften“ der Seele oder die Empfindlichkeit für immer feinere Wahrnehmungen verbessern. Sie sollten aber nicht Selbstzweck und keinesfalls Konsumobjekt werden. Hingabe meint im Yoga die Liebe zu Gott. Mit Gott ist aber nicht eine entfernte Allmacht im Himmel gemeint. Es geht nicht um Lohn, Strafe, Schuld oder die Veränderung der Lebensumstände unter der Maßgabe einer höheren Gewalt. Das Bindeglied – der Yoga – ist die Hingabe, wie sie Jesus auf seinem Leidensweg mit den Worten ausdrückte: „Dein Wille geschehe“. Ein bedingungsloses Loslassen bzw. Zulassen, ohne eine Wertung, ist vergleichbar.

93 Friedrich Christoph Oetinger; neuzeitlich nach dem Theologen Reinhold Niebuhr

In der Meditation erlaubt uns die Konzentration des Beobachters die Betrachtung unserer Gedanken und gleichzeitig eine Distanz zu ihnen. Wir müssen keine Verbindung oder Identifikation mit den Gedanken eingehen. Dann entsteht auch keine Handlung, mit der der äußerliche Ausdruck einer Muskelspannung, sprachlichen Erwiderung oder Tat einhergeht. Unser „freier Wille" kann sich nun ausdrücken:

Sie – der achtsame Beobachter – sind in der Lage, sich mit den Gedanken zu verbinden, müssen es aber auch nicht. Ihre Gedanken können vorbeiziehen, sodass der Impuls zur Verbindung schwächer wird. Wenn Sie sich aber mit dem erkannten Gedanken verbinden wollen, dann handeln Sie. Am besten handeln Sie in jedem Fall für Ihren Nächsten, zu Ihrem und aller anderen Wohl – und nicht im Widerstand gegen die Welt in oder außerhalb Ihrer selbst.

Das „Ego" des Unterbewussten handelt in dieser Vorstellung zusammen mit dem Wachbewusstsein in der Verbindung zum erkannten Gedanken!

Was geschähe denn unachtsam, ohne Konzentration? Wenn nicht bemerkt wird, dass der egoistische Impuls die Handlung bestimmt. Der unbewusste Gedanke führt direkt ohne Kontrollinstanz der Beobachtung zur Handlung, zum Beispiel als Gegenrede in einem Streit. Das Unterbewusstsein kann natürlich auch alles allein regeln. Es speichert dafür genügend Gebote, Wissen und Erfahrungen neben den animalischen Trieben. Die unbewusst herrührenden Handlungen bleiben aber oft sprunghaft, sind mit innerer Unruhe verbunden und wenig zielgerichtet. Dazu kommt, dass der mediale Lärm, wie Actionfilme, Dauerrhythmen aus MP-3-Playern und die stetige Erreichbarkeit über Mail, Facebook oder Twitter die inneren Impulse übertönt. Wenn das „geistige Fass" überläuft, wird wahrscheinlich ein Ausweichen nötig, nicht selten in Form von Betäubung durch Alkohol, Nikotin und anderen Partydrogen. Wer in dieser Rasanz versucht, einfach mal stehen zu bleiben, wird überrollt und ist nichts wert. Gelingt uns die Konzentration mal und mal nicht, ist sie also eher ein zufälliges Produkt der Abläufe des Tages, und das Leben muss trotzdem erfolgreich gestaltet werden.

Oftmals werden aber „Hintergrundinformationen" mit einer Verdrängung unangenehmer Gefühle der Angst, Sorge, scheinbarer Schuld oder eines Ärgers nicht bewusst wahrgenommen. Die Hals-Nacken-Region ist beim Menschen das häufigste Projektionsfeld solcher Emotionen. Die eigentlichen Ursachen von Muskelhartspann und vegetativen Reaktionen bis zum Schwindel werden dem Betroffenen oft nicht bewusst. Er nimmt sie ja in seinem leiblichen Körper wahr – den er für seine „Außenwelt“ hält. Körper und Geist werden unabhängig voneinander angenommen, sodass auch geschlussfolgert wird, für die „Normabweichung“ der Körperspannungen und Störungen anderer Funktionen seien dann medizinische Behandlungen und das Kümmern anderer Menschen notwendig.

Die unbewussten Impulse werden nur über den Schmerzausdruck des Körpers – also bereits „übersetzt“ – bemerkt, und die Symptome werden als Erkrankungen der „eigenen Maschine“ gedeutet. Äußeren Projektion folgen dann Schuldzuweisungen und bald schon entstehen daraus Feindbilder. Ich denke, wir kennen das alle gut: Wir sehen den „Splitter im Auge des anderen“, den „Balken im eigenen Auge“ aber nicht[94]. Wir werfen den „ersten Stein“, ohne die eigenen Bedingungen erkennen zu wollen[95]. Ohnehin sind wir geneigt, den weisen Impuls des Gebets „Vaterunser“[96] zu verdrängen, in dem es an der brisantesten Stelle heißt: „Vergib uns unsere Schuld, wie auch wir vergeben unseren Schuldigern.“

Als stets wachsamer „Autopilot“ bleibt das Unterbewusstsein auch im kritischen Fall der umfassende Speicher aller Informationen des Lebens und steuert unsere körperlichen Funktionen. Aus seiner Quelle sprudeln, gemeinsam mit den äußeren Anregungen des Lebensalltags, alle Gedanken und Gefühle. Die Gegenwart assoziieren wir gedanklich mit allen gespeicherten Bildern der Vergangenheit. Als dynamische Kraft drängen egoistische Impulse aus unserem Unterbewusstsein in das Wachbewusstsein. Es stimmt zu oder lehnt ab, will haben oder geben, kämpfen oder weglaufen. Vom Gewissen wird es gebremst und von den Trieben nach Macht und Sexualität angeregt. Entweder befinden wir uns im Widerstand, essen und trinken oder schlafen. Die Verdauung nach dem Essen wird zum Beispiel von einer beruflichen Auseinandersetzung gestört, denn die notwendige Verdauungsruhe kann den Stress einer Konfrontation nicht gut brauchen. Die Zustands-Regeln für „Kampf“ und „Verdauung“ sind fest im Menschen angelegt, sie haben sich in Jahrtausenden bewährt.

Einen besonderen Einfluss auf unser Verhalten übt das Empfinden von Angst aus – sie ist wissenschaftlich betrachtet die irrationale, also nicht durch Vernunft oder Einsicht begründete Erwartung zukünftigen Übels. Angst begleitet unser Leben, ist notwendig in ihrer Warnfunktion und lässt uns viele Gefahren „aus dem Bauch heraus“ umgehen. Im krankhaften Verlauf sind Lebensereignisse, wie der Tod eines nahen Angehörigen, Verletzungen der eigenen Gefühle oder

94 Matthäus Kapitel 7; Reaktionsweise heute: „Projektion“

95 vgl.: Johannes Kapitel 7; Römerbrief Kapitel 2 Vers 1

96 Matthäus Kapitel 6 Vers 9-14

des Körpers eingetreten. Sie bestimmen weiterhin die Reaktionen von Geist und Körper, obwohl ihr eigentlicher Ursprung schon lange zurückliegt. Jede Angst kann uns lähmen und sich immer weiter ausdehnen. Schließlich kann sie krankhaft werden, wenn sie uns sozusagen „nicht mehr leben" lässt.

Daher sollte uns die Frage beschäftigen: Wie fühlt sich Angst an? Viele Menschen haben keine Körpererfahrung der Angst, weil sie diese zum Geistbewusstsein rechnen und fragen spontan: Wovor habe ich Angst. Die Angst kennt aber kein „Wovor". Sie ist der Alarmzustand des Körpers. Das Rauschen des Windes kann sie ebenso „anschalten" wie das Klingeln des Telefons in der Erwartung eines beunruhigenden Anrufs aus dem Krankenhaus. Furcht ist der Ausdruck für einen begrenzten Lebensumstand, dem es zu begegnen gilt. Menschen sind oft auch nicht in der Lage, die Bezüge zu Ereignissen ihres Lebens herzustellen, weil sich zum Beispiel ein Schmerz am Rücken oder Knie in den Vordergrund ihrer Wahrnehmung drängt. Für sie findet die Erkrankung am leiblichen Körper statt, den sie als bewusst und lebendig empfinden.

Die Angst, oder besser die konkrete und nicht unbestimmte Furcht vor einer Prüfung, einer Flugreise oder einer neuen Erfahrung ist uns allen sehr bekannt. Magen und Darm reagieren darauf und führen uns häufiger zur Toilette. Der Volksmund nennt es deshalb: „Schiss haben". In der traditionellen chinesischen Medizin wird der Durchfall als eine Schwäche der inneren Organfunktionen von Magen und Milz-Pankreas sowie des Dünn- bzw. Dickdarms angesehen. Bindegewebige Schwächen, wie Krampfadern, werden ebenso wie die Verdauungsleistung dem Milz-Pankreas Funktionskreis zugeschrieben. Angst und Furcht lähmen also nicht nur die Handlung, sondern auch vor allem die Bauchorgane. Sie wirken „aus dem Bauch" heraus und hören erst dann auf, wenn wir die Prüfung bestanden haben oder das Flugzeug am Bestimmungsort gelandet ist. Die Furcht ist ein endlicher Impuls.

Eine andere Variante der Angst geht viel tiefer. Es ist der Schauer, der uns eiskalt über den Rücken läuft – die existenzielle Angst vor dem Unbekannten, welches sich bedrohlich anfühlt, ohne dass wir es bereits erkannt haben. Es ist die Vorahnung des vermeintlich Schrecklichen. Viele Autoren von Kriminalromanen und Filmen nutzen szenische Mittel, wie Kälte, Nebel und Dunkelheit mit Geräuschen, die den beschleunigten Herzschlag nachahmen sollen. So wird Angst in Szene gesetzt.

In den Filmen „Die toten Augen von London" oder „Das Wirtshaus an der Themse" nach den Romanen von Edgar Wallace sind der Nebel und die Schatten der Nacht in schwarz-weiß allein schon Auslöser „kindlicher" Angstkomplexe.

Es ist eine Angst, die bedrohlich ist und bis in die Tiefe der menschlichen Seele und die Lebensenergie hineinreicht. In der traditionellen chinesischen Medizin – TCM – wird sie mit dem Funktionskreis[97] „Niere" verbunden. Wenn uns etwas sogar „an die Nieren" geht, hat es uns tief berührt, Energie geraubt und stark geschwächt. Menschen mit der Erfahrung des Todes von Freunden oder nahen Angehörigen, insbesondere aber des Lebenspartners, leiden oft an dieser Form der Angst. Sie kann zum unendlichen und oft unbewussten Begleiter des weiteren Lebens werden.

Nach Irvin D. Yalom[98] ist sie auch die „Todesangst". Mit ihr wird ebenso allgemein die Angst vor der Vergänglichkeit angesprochen. Sie kann uns ganz banal durch die ersten grauen Haare und Falten im Gesicht erstmals berühren und braucht nicht zwangsläufig spektakuläre Unfälle, Krebsleiden oder tödliche Unglücke.

Für die meisten Menschen genügt ein wenigstens kurzes Aufblitzen dieser Empfindung, um von einer Erfahrung des Alterns zu sprechen, die sich infolgedessen vollständig abspeichert. Viele Patienten spüren ihre eigene Todesangst gar nicht erst als solche. Oft sagen sie sogar, dass sie „damit durch seien" oder sie hätten in den letzten Jahren schon eine Psychotherapie durchgemacht, sodass das Thema ausreichend bearbeitet worden sei. Zweifel kommt in der ärztlichen Praxis aber spätestens dann auf, wenn sich nach dramatischen Lebenserfahrungen anhaltende körperliche und seelische Leiden einstellen. Auch Kinder und Jugendliche können Symptome der „Todesangst" zeigen, wenn leidvolle Erfahrungen eingetreten sind.

Angst drückt sich immer in den Funktionen des Bauchraumes aus. Blähungen, Sodbrennen, Verstopfung oder Durchfall – oft im Wechsel – sind meist das Ergebnis einer menschlichen Erfahrung von Endlichkeit allen Daseins. Dann heißt es: „Das Leben geht ja weiter." Denn es gibt noch den Partner, die Kinder und vielleicht sogar die Eltern oder einen von ihnen, Freunde und den Beruf oder das Hobby nach der Arbeit. All` das soll möglichst von der gemachten Erfahrung unbehelligt bleiben und sich unverändert fortsetzen. Allerdings geht die Rechnung nicht ganz auf, denn es knirschen nachts die Zähne und ein erhöhter Blutdruck ist nur mühsam mit

97 zusammenhängende Funktionen von Organen, ihre komplexe Vernetzung mit den Energiebahnen des Körpers – Meridiane – und ihre Entsprechung; hier die Niere: Energie; Ausscheidung

98 siehe: Irvin D. Yalom, In die Sonne schauen

Medikamenten einzustellen. Es herrscht ein latentes Gefühl, angespannt zu sein, etwas tun oder unternehmen zu müssen, und vor allem bleibt die Stimmung getrübt.

Nach I. D. Yalom sind die folgenden philosophischen oder persönlichen Erklärungsmodelle denkbar: Die Logik des griechischen Philosophen Epikur erscheint klar. Er nahm nicht an, dass es irgendetwas Göttliches, Außerirdisches, eine Seelenwanderung, ein Paradies oder eine Hölle gibt.

Seine Symmetrieregel klingt ähnlich: „Wo ich bin, da ist der Tod nicht, oder wo der Tod ist, da bin ich nicht." Die Zeit nach dem Tod ist nicht anders als die Zeit vor der Geburt. Existent ist nur das Leben, nichts davor und nichts danach. Warum also vor dem Tod oder der Vergänglichkeit Angst haben?

Irvin D. Yalom verweist auf häufige Illusionen, die die Angst vor der Vergänglichkeit reduzieren sollen: Das betrifft beispielsweise die Vorstellung eines „letzten Retters", wie der Psychologe und Autor das Heilsversprechen der Religionen nennt. Das sei die ewige Seligkeit im Paradies, der Eingang ins „Nirvana"[99] oder eine günstige Wiedergeburt – vielleicht sogar als Mensch. Auch die unbewusste Annahme eigener Unverletzlichkeit passt in dieses Schema. Mit ihr kann ich auch als 80-Jähriger sportliche Leistungen erbringen, Fernreisen unternehmen und „immer aktiv" sein. Die genährte Illusion projiziert die verleugnete Endlichkeit auf andere.

„Es trifft nur die Anderen – aber nicht mich!"

Zu dieser Vorstellung gehört auch die manische[100] Form der Angstverarbeitung. Kaufen, Haben, Besitz, andauerndes Streben nach Macht und Reichtum, Ansehen und Einfluss füllen das Leben. Es ist auch der Rausch der Walpurgisnacht, mit der der ganze Tag in Aktivität verbracht wird. Andauernd ist alles in Bewegung, nie kehrt Ruhe ein, und Gedanken über die Vergänglichkeit erhalten möglichst keinen Raum. Im nächtlichen Traum sind wir dann aber häufig auf der Flucht. „Ich bin ein Bewegungsmensch", ist dann der Erklärungsversuch des Wachbewusstseins, ohne das tatsächliche „Ich" wirklich zu begreifen.

99 Austritt aus dem Kreislauf des Leidens und der Wiedergeburt

100 altgriech: Raserei, Wut, Wahnsinn

Auf dem depressiven Weg spüren wir die Trauer des Herbstes, sehen uns und die Blätter welken, können die Wärme und das Licht der sommerlichen Sonne und die Energie des Frühlings nicht festhalten. Drogen, Alkohol, Nikotin oder Schokolade und Kuchen helfen, den angespannten oder alternden Körper und ungünstige Gedanken auszublenden.

Der christliche und buddhistische Weg sieht hingegen in der nicht verdrängten unausweichlichen Endlichkeit des menschlichen Daseins die Chance, jeden Tag bewusst und dankbar zu leben. Diese Sichtweise ist nach eigener Erfahrung die wirksamste Angstabwehr.

Die Botschaft eines nicht ausgehaltenen Lebensereignisses, wie einem Missbrauch in der Kindheit oder der frühe Tod der Mutter, behält seinen Platz im inneren „Regal". Der anhaltende Prozess der Angst will auch nicht im Wachbewusstsein bemerkt werden. Aktuelle unangenehme oder sogar traumatisierende Erfahrungen können die Angst aber wieder ans Licht zerren. Zum Beispiel wenn eine Operation im Erwachsenenalter notwendig wird und mit ihr in der Vorstellung Schmerzen und Schwäche erwartet werden. Unbewusst durchstreift der innere Wächter die Speicherregale und wird natürlich fündig. Die alte Akte wird entstaubt, sie ist auch nicht mehr vollständig, aber enthält noch genügend „Sprengstoff" für das Stresshormonsystem. Dem Wachbewusstsein gegenüber wird dieser Vorgang dabei verschwiegen. Das Unterbewusste hat nur seine Pflicht getan. Es bewertet nicht. Dafür ist ja der wache Geist zuständig.

Auch die schwere Geburt eines Kindes, ein Verkehrsunfall oder die schwere Erkrankung des Lebenspartners kann zum „Starterkit" lang anhaltender Schmerzen werden. Zeichen eines unbewussten Konflikts sind häufige „Verspannungen", immer wieder Rückenschmerzen oder sogar Albträume. Es kann vorkommen, dass der Partner sich über ein „Vermeidungsverhalten" oder „Anklammern und Festhalten" beschwert. Oder ein „Reizdarm" als „Verspannung im Bauch" wird in der ärztlichen Praxis häufig beobachtet. Diese komplexe Funktionsstörung des Bauchraumes setzt beispielsweise die akute Störung: „Schiss haben " in einem lang anhaltenden Verlauf fort.

Vorübergehend können mit der zeitnahen Erfahrung einer bedrängenden Lebenssituation Ärger, Zorn und Wut in den Vordergrund treten. Diese Emotionen führen zu einer Erschöpfung und im körperlichen Ausdruck oft zu Magen-Darm-Beschwerden. Ein Reizdarm hat aber weit mehr Konsequenzen als nur eine vorübergehende Störung der Darmfunktionen, wie Verstopfung, Durchfall oder Blähungen. Mit der Entzündung im Darm entsteht oft auch eine entzündlich-rheumatische Reaktion der Wirbelsäule. Sie wird nahezu typisch am Brust-Lenden-Übergang in Höhe von Zwerchfell, Magen, Leber und der Bauchspeicheldrüse angetroffen. Mit ihr sind oft Bandscheibenschäden verbunden.

Oft entwickelt sich nach meiner eigenen Beobachtung in der ärztlichen Praxis zeitgleich eine entzündliche Erkrankung der Schilddrüse und mit ihr weitere Störungen der inneren Funktionen[101]. Zu diesem Zeitpunkt ist die „körperliche Antwort“ nicht mehr harmlos und braucht eine schulmedizinische Aufklärung und Behandlung, daneben aber eben auch eine passende Therapie der Angst.

Wir könnten uns jetzt fragen: Ist die Angst überhaupt therapierbar? Im Gedicht über den Erlkönig von Johann Wolfgang von Goethe werden die Fieberfantasien eines todkranken Kindes über Licht und Schatten im Moor lyrisch beschrieben. Diese inneren Bilder der Sinnesorgane können sich also mit dem Gefühl existenzieller Bedrohung verbinden.

Wir geben uns vernünftige Erklärungen, aber die Herzfunktionen beruhigen sich nicht und der Druck auf dem Brustkorb lässt nicht nach. Er nimmt uns den Atem und schnürt uns die Kehle zu. Wir können nicht mehr laut sprechen. Letztlich haben wir den dringenden Impuls, andauernd weglaufen zu müssen.

Deshalb fragen wir weiter: Was steht hinter dieser Angst? Eine generelle Ursache liegt in mangelndem „Urvertrauen“[102]. Normalerweise entwickelt es sich bei jedem Menschen in der Kinderzeit. In der Traumaforschung wird angenommen, dass der Kontakt nur zu einem unvoreingenommen liebenden Erwachsenen dafür genügt. Alleinerziehende Mütter oder Väter und auch eine Patchworkfamilie können diesem grundlegenden Anspruch menschlicher Entwicklung genügen. Die meisten Menschen haben diese ursprüngliche Bindung erfahren und werden von ihr durchs ganze Leben „getragen“. Auch wenn Sie auf eine Kindheit zurückblicken, die von Verletzungen des Körpers und der Gefühle gezeichnet war, vermögen Sie es, ein Vertrauen zum eigenen Wertsein und Lebenssinn wiederzugewinnen[103]. Die Zuversicht für die eigene Existenz ist überdies auch auf einem spirituellen Weg oder durch die persönliche Begleitung in einer Psychotherapie sozusagen nachträglich zu entwickeln.

101 Marleen Oonk-Fabisiak und Dr. med. Reinhard Fabisiak, Reizdarm und Rheuma: Die 6er Regel

102 Erikson: Der Säugling erwirbt im ersten Lebensjahr ein Grundgefühl, welchen Situationen und Menschen er vertrauen kann und welchen nicht.

103 vgl.: Ursula Nuber, Lass die Kindheit hinter dir

Häufiger geschieht es aber, dass ungünstige Lebensumstände eintreten, die als Schicksalsschläge „aus heiterem Himmel“ in normale Verhältnisse eingreifen. Manchmal sind ein schwerer Unfall, eine bedrohliche Krankheit oder die unerwartete Trennung vom Partner kaum in ihren Folgen auszuhalten. Wenn uns solcherlei wiederfährt, müssen wir weiter funktionieren, die Frau oder den Mann stehen und uns um Verpflichtungen kümmern, oftmals die Kinder auch allein weiter betreuen. Dann schleicht sich Angst durch die Hintertür ein und breitet sich wie ein Virus in unserer Lebensumgebung aus. Die Menschen in unserer unmittelbaren Umgebung – Mutter oder Vater, die Kinder – werden davon ebenfalls direkt erfasst, jeder auf seine Weise und mit eigenen Bildern dazu im Kopf.

Angst und Anspannung verbrauchen unsere Energie, die im längeren Verlauf immer mehr im Alltag und Berufsleben fehlt. Zu den negativen Gedanken treten nicht selten auch noch körperliche Krankheitszeichen hinzu. Über Jahre und manchmal auch Jahrzehnte anhaltende Rückenschmerzen sind somit nur mit einem entsprechenden Angsthintergrund zu verstehen. Aber wie können wir dem begegnen?

Eine warme, gemüsereiche Vollkost, Yoga oder eine andere regelmäßige Körperbewegung sind beispielsweise Mittel der notwendigen eigenen Fürsorge für den Körper.

Im Unterricht zur Verteidigung gegen die dunklen Künste erfährt der Zauberlehrling Harry Potter, wie er mit dem „Patronuszauber“ sein rettendes, magisches Tier herbeirufen kann. Das Beispiel kann durch selbst gewählte andere Mythen, Sagen, biblische Texte, Gebete oder spirituelle Rituale ersetzt werden. Die Erfahrung innerlicher liebender Güte ist das Qualitätsmerkmal für die bildhafte Vorstellung.

Stellen Sie sich aus Ihrem ganzen bisherigen Leben die Momente des Glücks vor, in denen von Ihren Eltern, einem Freund oder Verwandten eine grenzenlose unvoreingenommene Liebe spürbar war. Für die meisten Menschen ist es die liebevolle Fürsorge der Mutter oder des Vaters. Diese Erfahrung wird mit dem Ort des Herzens verbunden. Die Vorstellung von Wärme, goldenem Licht und innerer Geborgenheit führen zu einer wohltuenden Entspannung und Dankbarkeit für diese Zuwendung. Vielleicht erscheint mit der berührenden Vorstellung Ihr Lieblingstier oder ein Fabelwesen aus einer erinnerten Geschichte. Es beschützt Sie, sorgt für Sie und fördert Sie.

Führen Sie diese Übung[104] *so oft durch, bis es Ihnen leicht gelingt, Wärme und Licht mit der Konzentration auf Ihr Herz und der Vorstellung von Geborgenheit und Liebe zu empfinden.*

104 Imagination oder Visualisierung

Auch ein positiv bewertetes Bild der Natur, eine Freundschaft zu einem Menschen und das Gefühl, zu einer Gruppe zu gehören, kann wunderbar wirken. Den eigenen Lebenspartner wird es allerdings überfordern, wenn er allein die Vater- oder Mutterrolle immer wieder einnehmen soll, um ein verlorenes oder vermisstes Geborgenheitsgefühl „nachzunähren". An diesem Anspruch scheitern außerordentlich häufig Beziehungen, ob es den beiden Partnern nun bewusst ist oder nicht!

Je nach unserer eigenen Grundüberzeugung ist es möglich, dass uns die engeren Freunde, das Miteinander in einer Gruppe von Menschen, die Nachbarschaft oder eine spirituelle Gemeinschaft die unverzichtbare bedingungslose Wertschätzung und Dankbarkeit erfahren lassen. Das pure Anfassen und sinnliche Fühlen der Natur bildet ebenfalls ein „Schutzschild", wenn wir eine grundlegende Bedürftigkeit verspüren.

Die bildhafte Vorstellung ist ein wichtiger Bestandteil der Therapie von Angststörungen, in der Eindrücke des Erschreckens durch Vorstellungen der Liebe und des Friedens ersetzt werden. Manchmal helfen auch Ironie und Witz, wenn wir uns vermeintliche Gegner, also zum Beispiel ein Kriechtier oder eine Spinne mit einem roten Häubchen oder Schlittschuhen vorstellen können. Mit einer Portion Humor sind wir immer in der Lage, Spannungen aufzulösen.

Die Konzentration in der Meditation erlaubt die Sichtweise auf die vergänglichen und nicht konstanten Bilder des Geistes. Die Zuversicht wächst, dass sie unbeständig sind. Eine Identifikation ist nicht mehr notwendig und sie können bewusst losgelassen werden. Ihr Blick zurück in Ihre Kindheit ist bei jeder Form der Angst sinnvoll, auch wenn in der Regel die Aufbereitung der Kindheit nicht das Ziel ist. Ihre Lebensgeschichte aber spielt für Ihre eigenen emotionalen Reaktionen immer eine Rolle.

Wenn eine Prüfung oder Veränderungen beim Partner drohen oder einfach unangenehme Entscheidungen anstehen, werden Störungen des Schlafs oder ein häufiger Toilettengang besser verständlich. Das negativ erwartete Lebensereignis ist zeitlich begrenzt, es reicht in der Regel nicht, um den Körper in einen anhaltenden Alarmzustand zu versetzen. Im Unterbewusstsein werden aber frühere Erlebnisse mit den aktuellen Erfahrungen verglichen. Das Ergebnis kann mehr zum Kampf oder einer Beruhigung führen. Die körperliche Reaktionsbereitschaft stellt sich darauf ein. Wird der Schutzgedanke hinter der körperlichen Antwort akzeptiert, kann eine Verspannung der Nackenmuskulatur zum Beispiel viel besser ertragen werden. Wenn Sie diese angenehmen und unangenehmen Reaktionen Ihres Körpers besser verstehen, ist auch Ihr Zugang zu den ursächlichen Gedanken und Lebensumständen viel einfacher abzuleiten.

In dem psychotherapeutischen Verfahren des „Focusing"[105] *wird geübt, Emotionen in ihrer Körperprojektion zum Beispiel im linken Knie zu spüren. Diese innere körperliche Aufmerksamkeit – „Felt Sens" genannt – ordnet Empfindungen etwaig einem Beziehungskonflikt mit der Mutter zu.*

Mit dem Zulassen aller Gedanken, ohne sie zu bewerten und ohne an ihnen anzuhaften, öffnet sich das Unterbewusstsein in der Meditation. Der Einblick erlaubt aber noch längst keinen willkürlichen Zugriff auf die Inhalte der Bibliothek. Das reine „Schauen" und „Spüren" hält das Tor immer offen. Eine derartige Gelassenheit führt mit der Zeit zu der Einsicht, dass nichts getan werden muss – und alles geschehen kann.

Sind zum Beispiel Magen und Darm über Nacht empfindlich, rast das Herz und stockt der Atem, merken wir, dass uns eine Stressreaktion beherrschen will. Es kann auch eine ungünstige Mahlzeit am falschen Ort oder zur falschen Zeit der Grund dafür sein. Mit der Erfahrung aus der Meditation kleben wir aber nicht mehr am Symptom. Es gelingt uns sogar, eine Distanz zum Unwohlsein und den Schmerzempfindungen aufzubauen. Sie sind nicht unser „Ich".

Für die Beschwerden gibt es vom Arzt entsprechend sinnvolle Empfehlungen zur Ernährung, Bewegung oder ein Medikament gegen zu viel Luft im Bauch. In der Wahrnehmung, ohne sofort zu handeln, nehmen wir zusätzlich die Position des Beobachters ein, und das Tor zur Freiheit aus den unbewussten Klammern der Angst, aus den negativen Erfahrungen und kindlichen Prägungen öffnet sich uns. Ruhe und Übersicht stellen sich ein, die mehr ermöglichen als die Befolgung der Ratschläge.

Unsere innere Ausgewogenheit drückt sich für Mitmenschen in einer aufrechten Haltung aus. Wir tragen den Kopf frei, die Augen fixieren, nehmen Blickkontakt auf und halten ihn vor allem aufrecht. Unser Brustkorb dehnt sich weich und weit aus und das Atmen fällt uns leicht.

Mitunter wird aber situativ eine beherzte Handlung erforderlich. Jetzt gilt es zu entscheiden, entweder wegzulaufen, zu kämpfen, zu retten oder zu helfen. Mit einem konzentrierten Bewusstsein erfassen wir die Gedanken und Gefühle im Moment. Die Energie für den Lebenskampf stellen die „inneren Kraftwerke" des Oberbauchs, wie – die Leber – zur Verfügung. Dort lauern aber auch „sauertöpfische Stimmung", Ärger und Wut.

105 Begründer: Eugene T. Gendlin; Psychologe und Philosoph

Spannungen der Schultern und im Nackenhals treten oft ein, wenn etwas „zu Herzen geht". Die „Herzangst" zeigt sich vor allem in der Anspannung des Brustkorbs. All diese Körperzeichen können erforscht, differenziert und erkannt werden.

Was haben aber Erlebnisse und Erfahrungen aus unserer Kindheit mit der aktuellen Prüfung, der anstehenden Flugreise, dem Konflikt mit dem Partner oder einer Diagnose beim Arzt zu tun? Die Eltern sind doch schon alt oder schon verstorben. Wir verstehen uns seit Jahren gut oder eben nicht gut. Den Kontakt halten wir regelmäßig oder vermeiden ihn. Gedanken und mit ihnen verbundene Gefühle ordnet unser Unterbewusstsein vermutlich nicht nach der Zeit, wie es die Regeln der äußeren Lebenswelt erwarten lassen. In ihr ist Vergangenes lange vorbei, und es zählt eigentlich nur, wo jetzt die Musik spielt. Unterbewusst werden uns dem aktuellen Ereignis vergleichbare Erfahrungen zur Verfügung gestellt. Dem aktuellen Ärger am Arbeitsplatz wird so zum Beispiel durch den schon lange schwelenden Konflikt mit dem Partner oder der Mutter Öl in das Feuer gegossen. Wir kennen diese kleineren Folgen alle.

Unbewusst werden dazu auch die vegetativen Funktionen geregelt. Der Blutdruck lässt sich nicht gut medikamentös einstellen, der Nachtschlaf gelingt nur mühsam und im Bauch wechseln Verstopfung und Durchfall. Mit den vielen einströmenden Gedanken ist der Alarm andauernd aktiviert. Unangenehmes liegt nahezu in der Luft und der Angriff auf einen Selbst kann in jedem Moment losgehen. Schon eine geringe Zurückweisung des Lebenspartners führt jetzt „zur Explosion". Im Moment der scheinbaren oder tatsächlichen Kränkung erkennen wir dann nicht, dass unsere Gedanken und Emotionen im Unterbewusstsein überhaupt nicht zu dem eher lapidaren Anlass passen.

Zur Analyse unbewusster Erfahrungen werden nicht erinnerte oder unbewusst vermiedene, verdrängte Erfahrungen im Rahmen einer „Sprechkur" ins Wachbewusstsein aufgerufen. Ein Geschehen der Vergangenheit, dass aufgrund seines traumatischen Charakters nicht bewältigt werden konnte, wird dabei in Worte gefasst und wieder erfahrbar gemacht[106]. In einer Partnermeditation kann ein vertraulicher Raum durch ein mitfühlendes Zuhören geschaffen werden. Angeregt durch den Impuls, sich zum Beispiel an Ereignisse zu erinnern, die besonders mit Kummer und Sorgen verbunden waren, wachen bislang verdrängte Ereignisse und Gefühle wieder auf. Sie offenbaren sich umso mehr, je achtsamer, mitfühlender und präsenter ein Zuhörer

106 Hans Henning Studt, Ernst Petzold, Psychotherapeutische Medizin: Psychoanalyse-Psychosomatik-Psychotherapie, S. 57

im nahen Kontakt zu spüren ist. Nur diese Haltung des jetzt äußerlichen „Beobachters" zählt. Sie entspricht der aufmerksamen Wahrnehmung der eigenen Gedanken und Gefühle in der stillen „Single-Meditation".

Es ist wahrscheinlich egal, ob uns ein Freund oder ein Fremder lauscht, wenn wir den folgenden Regeln entsprechend verfahren. Im engen Kontakt entstehen sekundenschnell Vertrautheit und Nähe, eine Intimität, die über einen sexuellen Kontakt zum Beispiel weit hinausgeht. Werden Sätze in einer derartig offenen, weiten und mitfühlenden Beziehung formuliert, bleibt das Tor zum Unbewussten geöffnet. Bevor die eigenen Worte die mechanischen Sprechwerkzeuge erreichen, rühren sie im unbewussten Gedächtnis Gedanken und Gefühle an, die zum Thema passen. Der Prozess der Spracherzeugung verläuft ohnehin schon unbewusst bis zur Produktion des hörbaren Wortes. Erst die aufmerksame Qualitätssicherung durch das Hören der eigenen Sprache erkennt gelegentlich eine „Freudsche Fehlleistung". Bei diesem ungewollten Versprecher wird hinter der Fehlaussage eine unbewusste Absicht zum Beispiel als verhüllte Begierde vermutet.

Es ist schon sehr peinlich, wenn im Vortrag die Anrede „Sehr begehrte Frau Kollegin" statt „Sehr verehrte Frau Kollegin" ein geheimes Verlangen offenbart. Der genaue innere Ablauf – der Algorithmus – bleibt allerdings in der Wissenschaft ebenso wie dessen Bedeutung umstritten.

Die angeregte sprachliche Offenbarung eines emotionalen Gedächtnisinhaltes greift wenigstens teilweise auf unser Unbewusstes zurück. Die ebenfalls unbewusste oder automatisierte Sprachausgabefunktion vertieft wahrscheinlich die Wirkung des Zugriffs auf unbewusste Speicherinhalte.

Real Erlebtes und vor allem die verbundenen Gefühle können wir mit diesem „Trick der Verstärkung" unbewusster Impulse mitunter am ganzen Körper in Anspannung vor allem im Schlund, Nacken und Brustkorb, einem Gefühl der Kälte oder Wärme spüren.

Zur Erfahrung gehört auch der mit dem intellektuellen Geist erinnerte konkrete Ablauf eines lebensgeschichtlichen Ereignisses. Die „innerliche Bombe" zündet aber erst, wenn die abrufbaren Bilder mit den unbewusst verdrängten Gefühlen und körperlichen Reaktionen von Angst und Anspannung verbunden werden können. Die aktive Sprachäußerung einem mitfühlenden Zuhörer gegenüber verstärkt also erheblich die Kopplung bewusster und unbewusster Erinnerung im Vergleich zu einem Tagtraum. Dort können wir stumm – wie im Kino – einfacher Zuschauer der kleinen Lebensgeschichten bleiben, die wir uns selbst erzählen.

Ein spontaner mündlicher Bericht über die eigenen intimen Lebensdetails aus uns herausbrechender Gefühle schaltet hingegen den inneren Schutzwall, die „Firewall" des PCs, ab.

Frühkindlich erlernte Sprache schöpft aus dem unbewussten Prozess der Verarbeitung von Gedanken und Gefühlen. Die gesprochenen Sätze drücken unsere Absichten, Gedanken und Gefühle gleichermaßen aus und gehen fast von selbst – oder aus dem Selbst – über die Zunge. Der innere Impuls und Befehl für die Mundwerkzeuge und Atmung werden zeitnah sozusagen „just in time" organisiert. Wer staunt da noch über seine außerordentliche Fähigkeit, Gedanken und Gefühle in verständliche sprachliche Signale umzusetzen? Die unbewussten Handlungen geschehen uns so nah und automatisch, dass wir sie in der Regel nicht bewusst wahrnehmen. Mit der aufsteigenden Spannung im Oberbauch, der Enge in der Brust, dem Zuschnüren der Kehle oder mit dem Tränenfluss und versagender Stimme bemerken wir den inneren Impuls am Körper. Bislang nicht beachtete Erinnerungen und Gefühle erhalten Wegmarkierungen. Diese Erfahrung, in der uns berührende Emotionen, ihre körperliche Wirkung und der hergestellte Bezug zu lebensgeschichtlichen Ereignissen zusammenwirken, ist eine Belohnung. Oft hätten wir sie so überhaupt nicht im Entferntesten vermutet - sie tarnen sich wie „der Wolf im Schafspelz" oder der Täter, der in der Nachbarschaft wohnt, und den man nicht als Verursacher bemerkt hat.

Der Zuhörer hört und spürt vor allem und vermittelt als verlässlicher Partner Vertrauen und Sicherheit. Seine wichtigste Aufgabe ist die mitfühlende Präsenz. Der eigentliche Prozess findet im Erzähler statt, jede Aktivierung im Zuhörenden muss dabei eine „Nebensache" bleiben. Der Zuhörer sollte keinesfalls mit Ratschlägen stören, zu denen er nicht aufgefordert wird! Sein mitfühlendes Lauschen und Vertrauen öffnet im Sprecher das Tor zum Unbewussten. Ähnlich funktioniert unser innerer Beobachter in der eigenen stillen Meditation, das Prinzip ist das Gleiche.

Die Teilnehmerin eines Retreats wies allerdings darauf hin, dass eigene Erfahrungen als Voraussetzung für ihre Rolle als achtsame Zuhörerin notwendig seien. Sie wollte sich nicht unvorbereitet den Problemen eines anderen aussetzen und vor allem auch Lösungen anbieten können.

Anmerkung: Es kommt hier aber gerade nicht auf Lösungen an. Nur die wache und mitfühlende Aufmerksamkeit des Zuhörers ist gefragt!

Der persönliche „Schutzschild“, den wir als Erzählende ausgebildet haben, wächst mit jeder Erfahrung verdrängter Gedanken und Gefühle. In uns gespeichertes Unheil, Trauma- oder Unfallfolgen und der Verlust anderer Menschen nehmen nun weniger Einfluss auf unsere Emotionen und körperlichen Reaktionen.

Die Vergänglichkeit von Gedanken, Gefühlen und körperlichen Reaktionen werden für uns – als Praktizierende – ohne Bedrängnis im beschützenden Raum einer Meditationsgruppe erkannt. Im Licht solcher Erkenntnis verlieren sie ihre Macht über die körperlichen und vegetativen Funktionen der Angst und Anspannung in der Nacht und in unserem Lebensalltag.

Versuchen Sie einmal folgende Übung: Setzen Sie sich entspannt einem Partner gegenüber und kommen Sie dann zur Ruhe, wie Sie das in der stillen Meditation kennen. Sitzen Sie mit Ihrem Gesprächspartner nah voreinander, aber berühren Sie sich nicht. Beachten Sie den Blickkontakt, der mal angenehm und mal unangenehm oder auch als zu intim empfunden werden kann.

Sie – als Erzähler – erhalten nun die Aufgabe, sich an ein besonders angenehmes oder auch furchtbares Ereignis in Ihrem Leben zu erinnern. Ihr Zuhörer bleibt wach und aufmerksam und folgt Ihren Worten. Nehmen Sie sich dafür ungefähr acht Minuten Zeit – es wird gesprochen und geschwiegen. Dann werden die Rollen getauscht, nun hören Sie Ihrem Gegenüber aufmerksam zu.

Im Anschluss an diese Kommunikationsphasen sprechen Sie beide über ihre Erfahrung, die abschließend in der Essenz auch einer größeren Gruppe mitgeteilt werden kann.[107]

Wie in der stillen Meditation gibt es also ein Selbst und den Beobachter, in diesem Fall „Zuhörer“. Achtsamkeit, Präsenz und Weite bzw. Raum gelten jetzt für zwei Personen im „gleichen Feld“. Die Rollen sind klar definiert. Auf der einen Seite ist der achtsame Beobachter gleichzeitig der schweigende Zuhörer. Auf der anderen Seite redet das innere Selbst des Erzählers in hörbaren Worten. Die Rollen können jederzeit getauscht werden. Die Voraussetzungen des Wahrnehmens, Fühlens und Nachdenkens verändern sich nicht.

Vertrauen und Mitgefühl sind ebenso die persönlichen Voraussetzungen in einer Psychotherapie. Wenn sich im längeren Verlauf Ihrer Lebenskonflikte die seelischen und körperlichen Kräfte aufzehren, ist wahrscheinlich ein professionelles medizinisches Handeln notwendig. Mit

107 Übung aus „Mitgefühl und Präsenz – Fortbildung in Achtsamkeit, Meditation und Mitgefühl“; Rigpa Zentrum Berlin

der Übung der Partnermeditation wird Ihnen vielleicht schnell offensichtlich, was bislang an „Unaussprechlichem" ebenso zu Ihrer eigenen Persönlichkeit gehört wie alle anderen Lebensleistungen. Diese Erfahrung und Erkenntnis vermindert häufig die Schwelle zur Entscheidung für eine psychologische oder ärztliche Psychotherapie. Ihre offenere Sicht auf den eigenen Körper vermag nun, die Verspannungen, Funktionsschwächen und Schmerzen mit dem Eingeständnis mangelnder allgemeiner Selbstfürsorge zu quittieren. Das wiederum ist die wichtigste Voraussetzung dafür, sich nun explizit einer Hilfe von außen zu öffnen.

Wolfgang Maly[108] entwickelte aus eigener guter Erfahrung eine Heilmeditation, die „Maly-Meditation". Begleitet von Atem- und Entspannungsübungen wird in einer bildhaften Vorstellung Gott um Hilfe und Heilung gebeten. Der Partner oder auch Angehörige können in den spirituellen Prozess einbezogen werden. Für Patienten mit einem schweren körperlichen Leiden wird dieses meditative Gebet mit dem heilenden Ritual „aufgelegter Hände"[109] verbunden.

Die Meditation übt, alle Gedanken, ihre emotionale Färbung und Verbindung zum Körper bewusst wahrzunehmen, zu spüren und wieder ziehen zu lassen. Das stille Sitzen oder Gehen trainiert die Fähigkeit, Ruhe zu bewahren und gelassen zu bleiben. Die Konzentration auf den Atemfluss ist das rettende Ufer vor den Turbulenzen der Flut von Gedanken und Gefühlswellen. Der stete Atem macht uns erst lebendig und lässt uns nicht vor einem anstrengenden inneren Szenario erstarren. Es gehört zur Übung, den Atem auch einmal vollständig anzuhalten und den Fokus auf die Pause zwischen den Atemzügen zu legen. Die nächsten Atemzüge werden dann tiefer sein. Auch trägt es natürlicherweise zur Beruhigung des Geistes bei, wenn wir das Mantra „OM" oder ein persönliches Gebet sprechen, oder uns einen „Kraftplatz"[110] in der Natur vorstellen, ggf. sogar physisch aufsuchen.

Es gibt aber Situationen im Leben, in denen wir nicht nur eine Prüfung oder einen Partnerkonflikt zu bestehen haben. Lebenskrisen sind Teil unseres Daseins. „Leben ist Leiden" oder „das Leben ist ein Jammertal" sind sprachlich ausgedrückte Empfindungen genau dieser Lebensrealität. Sie offenbaren eine Erfahrung der bewussten Menschheit über die Endlichkeit ihrer Existenz. Eine Trennung vom Partner, der Verlust des Arbeitsplatzes, die schwere Erkrankung

108 www.wolfgang-maly.de

109 Heilen mit bloßen Händen im Bibelbericht: 1. Buch Mose Kapitel 48 Vers 17; vgl. auch: Reiki-Praxis; das Segnen mit aufgelegter Hand; die Krankensalbung u.v.m.

110 Ort mit positiver psychischer oder physischer Ausstrahlung; manchmal: geografische Orte mit besonderer „Erdenergie"; Gebets- bzw. Ritualplätze; Gebäude, welche durch eine oft Jahrhunderte anhaltende Praxis „aufgeladen" worden sind

eines Kindes, das Sterben der Eltern oder eine Krebsdiagnose – all das verändert urplötzlich unsere Sichtweise im Leben. Es ist dann nichts mehr wie vorher.

Urkräfte des unbewussten Geistes erscheinen plötzlich in einem Menschen. Wie ein Mühlrad dreht sich in seinem Kopf alles um die Dramatik seiner Empfindungen und deren Bezug. In der körperlichen Untersuchung kann der Arzt eine Störung der Rechts-Linkskoordination, die Schwäche einer Körperseite, Verspannungen von Angst und Aggression und einen geblähten Bauch finden. Der Betroffene weiß nicht, „wo ihm der Kopf steht". Er ist sich noch weniger als vorher der Funktionen und Meldungen seiner Sinnesorgane sicher. Sein Körper steuert scheinbar, wie er will. Mitunter drückt er eine Schwäche in den Beinen und Armen aus. Es werden „ihm die Beine durch eine schlimme Nachricht unter dem Rumpf weggezogen" und „der Boden geht scheinbar unter seinen Füßen verloren". Himmel und Erde sind nicht mehr zu erkennen. Die Atmung ist flach, das Herz schlägt unregelmäßig, der Bauch enthält zu viel Luft. Entweder kommt es zum Durchfall oder zur Verstopfung. Nichts funktioniert mehr richtig. Wenn er keine Freunde hat, also „allein ist", spürt er im Allgemeinen das Bedürfnis nach menschlicher Nähe wie einen zusätzlichen Verlust.

Mitfühlende Menschen der Lebensumgebung eines solch Betroffenen nehmen spätestens jetzt eine Beziehung zu ihm auf. Alle Bedingungen seiner Betroffenheit sind von den Helfern zu erfassen und Sicherheit herzustellen. Günstig ist es, wenn die Gruppe der Helfenden vergrößert werden kann, um gemeinsam an Lösungen zu arbeiten.

Die Teilnahme an der Metta-Meditation in einer beschützenden Gruppe, deren Fokus auf liebender Güte des Herzens liegt, kann sehr gut helfen. Sie lässt Angst, Kummer und Trauer etwas besser ertragen. Wut und Ärger hingegen sind ein andauernder Konflikt, den wir mit uns und der Welt aufrechterhalten – d. h. im Widerstand sind. Eine kleine Geschichte aus einem Seminar[111] von C. G. Jung beleuchtet diese Wirkung der Emotionen:

Der Weise fragt: Wer kann eher aus dem Rad des Lebens und Leidens andauernder Wiedergeburten ins Nirwana eingehen? Ist es derjenige, der Gott liebt oder der ihn hasst? Die Antwort lautet: Derjenige, der Gott liebt, tritt nach fünf Zyklen ins Nirwana ein. Wer ihn aber hasst, wird schon nach drei Zyklen befreit.

111 Kundaliniyoga, C. G. Jung, Zürich 1932

Die Erklärung überrascht nicht. Derjenige, der hasst, denkt viel häufiger an den vermeintlichen Feind als derjenige an den Freund, den er liebt. Die scheinbaren Gegensätze von Liebe und Hass erlauben den Vergleich mit Körper und Geist. Eines ist in diesem Leben ohne das andere nicht von Bestand. Hass macht die Liebe sichtbar wie ein Meißel, der den überflüssigen Stein von der anmutigen Skulptur entfernt. Hass und Liebe verstärken also den gegenseitigen Kontrast. Beide sind deshalb offensichtlich auch notwendig – wir könnten das eine nicht abschaffen, ohne das andere ebenfalls zu verändern. Aggression aktiviert alle körperlichen Kräfte und die Fähigkeit zur Durchsetzung eines erkannten Zieles. Liebe ist die positive Energie, welche Flügel verleiht. Ein „Zuviel“ davon gibt es eigentlich nicht. Ein Mangel an Aggression geht auch mit einer geringeren Lebenskraft einher und kann ein Zeichen allgemeiner körperlicher Schwäche sein. Im Gegensatz zur Liebe gibt es also ein Optimum.

Im Ayurveda wird die Aggression dem Feuer – Pitta – zugeordnet und in der traditionellen chinesischen Medizin dem Funktionskreis der Leber. Ohne Zuwendung und Liebe auskommen zu müssen, kann sich für ein Kind sogar tödlich auswirken, und einen Erwachsenen macht es häufiger, als wir es uns eingestehen, richtiggehend krank.

Erziehungs- und Glaubenssysteme religiöser Gemeinschaften belegen Abweichungen von ihren Regeln häufig mit der Zuweisung von Schuld. Die rechtsstaatlichen Ordnungen folgen diesem Muster. Nach einem Verstoß fordern sie die Beichte, das Bereuen der Tat sowie eine Bestrafung und Wiedergutmachung als Sühne oder Buße. Die häufigen Aggressionen gegen sich selbst finden also auch eine Erklärung in den westlichen Lebens- und Erziehungsstilen. Zorn, Wut und Ärger wirken auf den Körper so, als wäre ein tatsächlicher Kampf in der Außenwelt notwendig.

Die Konzentration in der Meditation lässt gut spüren, in welchem Umfang der Angriff dem eigenen Körper gilt und wo er gerade stattfindet. Oft wird er nicht als Aggression empfunden. Er versteckt sich viel subtiler in Gedanken, Träumen und Tagträumen. Oft fühlt sich jemand klein, hässlich und dumm gegenüber anderen oder meint, immer 120 Prozent leisten zu müssen, um Liebe und Aufmerksamkeit zu erhalten.

Im Grunde denken wir alle, das unverdienterweise keine Zuwendung zu erwarten ist. Spüren Sie einmal in sich hinein und forschen nach den Indizien, weshalb sie das letzte Mal gelobt, belohnt oder umarmt worden sind …

Es sollte uns auch misstrauisch machen, wenn in Entscheidungen das „Rechthaben" oder an Lebensereignissen „Schuldsein" häufiger im inneren Dialog auftauchen. Es handelt sich um sehr wirksame Illusionen des eigen nicht bewussten Geistes. Im wachen Zustand der Ruhe können wir oft wiederkehrende Gedanken und Gefühle erkennen, gerade wenn sie „Schlechtes" oder „Böses" über uns selbst oder unsere Mitmenschen enthalten und sogar schmerzen. Sie sind dann als Vorstellungen des nicht bewussten Geistes zwar zu entlarven, aber keinesfalls müssen wir ihnen folgen. Ohne unsere Anhaftungen können sie sich von allein und ohne Handeln auflösen, das gilt sogar für einen körperlich empfundenen Schmerz.

Schmerz ist ein unangenehmes und notwendiges Signal des Körpers. Taub zu sein und keine Empfindung zu haben, erschreckt aber bei Weitem mehr. In Hauffs Märchen „Das kalte Herz" spürt sich der Köhler Michel nicht mehr, alles Gold der Welt kann ihm diesen Verlust nicht wettmachen. Beide Umstände – sich entweder mehr und unangenehm zu empfinden oder den Körper gar nicht mehr wahrzunehmen – begleiten uns im Alltag. Arme und Beine „schlafen ein", Finger werden taub und kribbeln, Gelenke „ziehen" schmerzhaft. Nach einer Operation kann ein ganzer Körperabschnitt seine oberflächliche Empfindung verlieren. Heftiger als vorher „brennt" er am Tag und in der Nacht.

Auch beim Sitzen in der Meditation schlafen oft – besonders am Anfang der Praxis – die Beine und Füße ein. Nacken und Rücken spannen an und drängen sich so sehr in den Vordergrund, dass sie alle Gedanken ablenken können.

Im Selbstversuch können Sie beide Arme seitlich am Körper um 90 Grad abwinkeln und einfach spüren, was dann geschieht. Erst geht es ganz gut. Dann meldet sich der Rücken, es folgt der Nacken, aber es ist auszuhalten, weil die Empfindung wechselt. Dann werden die Arme schwerer und schwerer, spätestens nach einer Minute. Die Finger fangen an zu kribbeln, und langsam schleicht sich auch ein etwas unangenehm brennender Charakter in die Empfindung der Schwere ein. Schließlich überwiegt der Schmerz gegenüber dem Ehrgeiz, der Impuls zum Absenken der Arme wird immer stärker. Wenn Sie bis hierher tapfer durchgehalten haben, können Sie nun anfangen, Ihre Empfindungen zu untersuchen.

Zuerst beachten Sie die Stimmen, die alles unangenehm und schlimm finden. Oft mahnen diese zum Abbruch der Übung und wollen partout nicht verstummen. Vielleicht gelingt es Ihnen nun noch für ein paar Sekunden und Atemzüge lang, den Schmerz aus der Position des Beobachters zu betrachten. Zeitgleich nehmen Sie auch alle anderen Meldungen des Körpers wahr. Es ist die Haltung der

Wirbelsäule und des Kopfes, der tiefen Atmung und die Auflage der Füße zum Beispiel. Jetzt spätestens bemerken Sie, dass sich der Schmerz Ihrer Arme überhaupt nicht mehr verschlimmert. Es ist ein Gleichgewicht eingetreten. Es wird Ihnen sogar wieder etwas leichter …

Mit einer bewussten Distanz zur eigenen Wahrnehmung verändert sich der Charakter der Empfindung nahezu unabhängig von einer körperlichen Belastung. Diese Beobachtung ist jahrtausendealt und führte wahrscheinlich schon sehr früh in der Menschheitsgeschichte zum Zweifel an der Qualität und Ausdauer der sinnlichen Wahrnehmungen des Menschen.

Diese Erkenntnis nutzt uns auch etwas im Alltag. Bevor eine unangenehme Empfindung abgewehrt wird – was diese in der Regel verstärkt – wird eine kurze „Verschnaufpause" eingelegt. Jetzt ist der ganze Körper mit seinen verletzten und vor allem auch überwiegend gesunden Bereichen wahrnehmbar. Ein stetiger Wechsel im Fluss des Lebens und die Vergänglichkeit gelten aber nicht nur für die schmerzhaften Körperteile, die sich einfach in den Vordergrund gedrängt haben.

Mit der inneren Ruhe öffnet sich erst der Raum. Wir gewinnen Gelassenheit gegenüber äußerlichen Einflüssen, die uns sonst vielleicht geängstigt oder verärgert hätten. Dieser Weg steht auch zur Verfügung, wenn tatsächlich Verletzungen und Erkrankungen die Struktur des Körpers verändert haben. Nervenschäden, Lähmung und Gefühllosigkeit nach Unfällen können dazu führen. Es gibt Lebensereignisse oder Erinnerungen daran, die uns bewusst oder unbewusst nicht mehr atmen oder den Mund öffnen lassen. „Unaussprechliches" kann geschehen sein und wird exakt in den aktuellen Lebensumständen erinnert. Oder unbewusst – mit kindlicher Prägung – als „unrein" bewertete Körperteile, wie der Unterleib, bleibt nach einer Operation und Verletzungen spontan „gefühllos". Es ist zu befürchten, dass das erinnernde „Auftauen" zu den gleichen Schmerzen führe, wie wir diese schon einmal traumatisch erlitten haben.

Bindungen aus der Erziehung und schlechte Erfahrungen, wie Gewalt im Zusammenhang mit diesem Körperteil, oder auch äußerliche und innerliche Narben verstärken die Reaktion. Der innere Autopilot schaltet den Körperteil scheinbar auf „blind". Ein ungünstiger Einfluss von Spannung, Schmerz und gestörten Funktionen wird damit vom übrigen Körper ferngehalten. Die unbewusste Toleranz eines Handicaps erfolgt wie im „geschützten Modus von Windows" nach einem Absturz des Programms. Sie hat aber erhebliche Konsequenzen im Lebensalltag und für unsere persönlichen Beziehungen. Angst verschließt die Augen und macht taub für die Lebensumgebung. Wie bei einem plötzlich eintretenden Schwindel können wir uns nur noch um uns selbst kümmern, wir fallen aus einem bisher lebendigen Zustand heraus. Bei „Windows“ reicht oft der Neustart, wie aber kommen wir nach einem schicksalhaften „Weckruf“ zu einer anderen Sicht, einem Perspektivwechsel und einem echten Neuanfang?

Hinter den verdrängten, weil nicht auszuhaltenden Gefühlen steht prinzipiell ein Schutzgedanke. Sie sind also keine Willkür des Unbewussten, um uns oder anderen irgendwie zu schaden. Im Vergleich dient das Bild der auftauenden Hände nach einer Erfrierung im Winter, es ist zwar sehr schmerzhaft, wird aber danach mit wohliger Wärmeempfindung belohnt. So einfach ist es natürlich mit manchen komplexeren Lebensumständen nicht immer.

Eine Meditation kann auch mit Schmerzen einhergehen. Grundsätzlich ist jegliche angenehme Körperhaltung möglich, denn ihre Wirkung beginnt schon damit, dass mit der Konzentration auf den gegenwärtigen Moment die Gedanken temporär beobachtet werden können. Auch in der Yogastunde, im Sport und der Gymnastik gelingt es vorübergehend, den eigenen Körper von außen zu betrachten. Besonders unangenehme Empfindungen fallen dann auf und sind gut zu verfolgen. Im Reflex reagieren wir sonst unmittelbar auf den Schmerz mit einem Schmerzlaut, stärkerer Muskelspannung und einer ausweichenden Bewegung.

Das unwillkürliche Aufstöhnen ist eine unbewusst tiefe und lautierte Ausatmung. Mit ihr gehen Bewertungen aus dem unbewussten Lebenserfahrungen einher, die unter anderen die Flucht organisieren. Der Fluchtreflex ist als Reaktion auf Gefahr fest im Nervensystem verankert und wird nach abklingender äußerlicher oder innerlicher Erfahrung auch wieder abgeschaltet.

Menschen mit lang anhaltenden Schmerzen lassen den Fluchtreflex jedoch „angeschaltet“! Die Erregung zieht sich nicht mehr zurück, wenn die Gefahr vorbei ist. Die Vielfalt der eigenen Empfindungen rufen Bewertungen und Gedanken hervor. Sie öffnen „ein inneres Fass“ und der Redeschwall ist im Überschwang der Empfindungen kaum zu bremsen oder es bleibt beim Rückzug in ein persönliches Versteck.

Die langsamen Körperübungen im Yoga und eine bewusste Atmung erweisen sich auch als nützlich, um den Schmerz in seiner Vielfalt zu untersuchen. Gedanken und Empfindungen werden sehr aufmerksam, interessiert und mit Distanz betrachtet. Natürlich kostet das konzentrierte Überwachen grundsätzlich Energie. Mit der Zeit wächst aber die Fähigkeit, sich aus den Meldungen und Bewertungen des unbewussten Speichers zu lösen. Im Gleichklang der inneren gedimmten Stimmung verebbt möglicherweise der übliche Gedankenstrom, der von sich aus gern alle unangenehmen Empfindungen des Tages und manchmal des gesamten Lebens immer und immer wieder erzählen möchte. Er kann derart in schlechten Erinnerungen schwelgen, dass ihm sogar eine Verminderung der aktuellen Schmerzen des Körpers entgeht. Unsere Bewusstheit führt unsere Gedanken also zurück zur Stille und Körperwahrnehmung.

Ein unglücklicher Sturz führt zu einem Gewebeschaden am Schultergelenk. Sofort schmerzt es und der Arm wird in einer Schonhaltung an den Körper gepresst. Der übrige Körper erstarrt wie bei einer Angstreaktion. Wird diese Anspannung mit einer liebevollen Zuwendung oder einer Reflextherapie, wie der Akupunktur, vermindert, verbessern sich sofort vor allem die Funktionen des nicht direkt betroffenen Körpers. Der „Unfallschock" klingt ab, und erst jetzt kann auch die verletzte Schulter deutlich weiter bewegt werden.

Nach einem traumatischen Ereignis beeinträchtigt die Stressreaktion den ganzen Körper und nicht nur das verletzte Organ. Die Bergung, der Erhalt der lebenswichtigen Funktionen und eine medizinische Therapie der unfallbedingten Strukturveränderungen des Körpers sind zunächst selbstverständlich. Ohne die möglichst zeitgleiche Behandlung der emotionalen und seelischen Wunden wird eine Verletzung aber nicht gut ausheilen.

Die Meditation ist geeignet, Empfindungen, Wahrnehmungen und Gedanken unter einem anderen Licht zu betrachten. Scheinbar objektive Tatsachen sind in ihrem Wahrheitsgehalt nach dem eigenen Empfinden zu überprüfen. Der Weg führt von den alltäglichen Erfahrungen zu den speziellen Eigenheiten der eigenen Persönlichkeit. Im Unbewussten verankert, sind sie in der Lage, das Denken, Fühlen und Handeln erheblich zu beeinflussen.

Selbsterfahrung

Eine vollständige Wahrnehmung der Gedanken und Gefühle im aktuellen Moment führt zur eigenen Selbsterfahrung. Dass wir uns selbst tief empfinden, ist eine unersetzliche und nicht austauschbare Kontur oder Routenbeschreibung auf der Landkarte unseres Lebens. Selbsterkenntnis vermag uns über die Maßen genau zu orientieren und zu führen.

Situation A: Der Rücken spannt gerade hinten am Beckenkamm an, während Sie sitzen. Es ist ziemlich heiß, und am liebsten würden Sie jetzt gar nichts tun. Da ist aber noch diese Überweisung zu tätigen. Die Hausaufgaben Ihrer Tochter wollten Sie sich auch noch ansehen. Aha - jetzt sitzt es sogar im Nacken. Sie können froh sein, dass wenigstens kein Besuch vorbeikommt.

Situation B: Gut, Sie müssen ihre kranke Mutter besuchen! Es ist ja nichts weiter zu tun, Sie müssen nur da sein und ihr ein wenig zuhören. Werden Sie später etwa auch nur noch so daliegen? Würden Sie sich selbst besuchen? Eigentlich wollen Sie doch gar nicht, dass Ihre Kinder Sie so sehen.

Situation C: Sie müssen es ihm doch endlich sagen. So geht es einfach nicht weiter. Die meiste Arbeit haben Sie ja schon gemacht. Er müsste sich überhaupt nicht besonders anstrengen. Aber nichts geschieht. Sie ärgern sich ja eigentlich schon lange nicht mehr. Soll er doch sehen, wie weit er damit kommt. …

Für Ramana Maharshi[112] liegt der einzige direkte Weg zum „Selbst" in der Verfolgung der Frage: „Wer bin ich?" Der Begriff „Maharshi" bedeutet „Großer Weiser". Den überwiegenden Teil seines Lebens verbrachte er am 980 Meter hohen Berg Arunachala im indischen Bundesstaat Tamil Nadu. Er wird als der bedeutendste indische Heilige des 20. Jahrhunderts angesehen, seine Lehren sind aus Gesprächen mit vielen Ratsuchenden überliefert.

Mit dem „Selbst" meint er den Wesenskern, Gott, den Guru oder das Göttliche im Menschen. In seiner Methode der Selbsterforschung – Atma Vichara[113] – wird immer wieder die Frage gestellt: „Wer bin ich?" Sie zielt auf den Ursprung des Ich-Gedankens mit einer Konzentration auf das „spirituelle Herz "auf der rechten Seite der Brust"[114].

112 lesenswert; zum Verständnis seiner Untersuchungsmethode unerlässlich: die Dialoge mit spirituell Suchenden; siehe: Literaturliste

113 Atma = Seele und Selbst; Vichara = Erforschung

114 nach Ramana Maharshi

Nach 22:00 Uhr ist Nachtruhe. Ich liege im Bett, mich stören die Musik und vor allem die Stimmen. Warum müssen sich manche um diese Zeit immer noch etwas erzählen? Sie haben den ganzen Tag für ihr sinnloses Geschwätz. Und sie lachen dabei. Auch das noch. Sie haben keinerlei Skrupel, obwohl ihretwegen ein anderer nicht zum verdienten Schlaf findet. Da fährt ein Auto vorbei. Ein Hund aus der Nachbarschaft bellt. Aber die Stimmen sind am schlimmsten. Welche Verbindung führt so sehr in mich hinein, dass die Stimmen mich stören, aber nicht das Auto oder der Hund? Die Stimmen lösen offensichtlich eine Antwort in mir aus, die mich nicht zur Ruhe kommen lässt. Wer wird gestört?

Ramana Maharshis Sichtweise ist radikal, weil sie die gewachsenen und erlebten Überzeugungen des individuellen Selbst missachtet. Ich, der „ich" zu sich sagt, der versteht und handelt, erscheine ihm völlig unwichtig. Für ihn spielt es keine Rolle, was im Leben bislang erfolgreich erreicht worden ist. Beruf, die Familie, das Einkommen, der Besitz, die Gelehrsamkeit oder regelmäßige Übungen in der Yogastunde, eine vegetarische Kost oder das Kümmern um Kranke und Bedürftige gehören auch dazu. Wahrscheinlich fällt es sehr schwer, diese Erkenntnis eines Weisen, der uns doch scheinbar alles wegnehmen will, auch noch als Trost und Wegweiser anzusehen. Seine Sichtweise wäscht aber konsequent die mit dem Leben entstandenen „Hüllen" der äußeren Lebenswelt ab. Sie befreit von den Vorteilen und Pflichten des Besitzes genauso wie vom Ansehen in der Gesellschaft.

Maharshi geht von einem göttlichen Wesenskern aus, der in der äußereren Lebenswelt mit ihren „Sachzwängen" nicht zu finden ist. Seine Sicht erlaubt in strenger Art und Weise, alle Menschen als absolut gleichwertig anzusehen, weil sich ihr ursprünglicher Wesenskern – das „Selbst" – nicht unterscheidet. Die Trennung entsteht nur mit allen äußeren Lebensumständen, die der Vergänglichkeit unterliegen. Der egozentrische Geist klammert sich ängstlich an die Vorstellung der eigenen Jugendlichkeit, der Gesundheit, an das Wissen und an das Vermögen, das Haus und den Garten, die Wohnung, sogar die eigenen Kinder, natürlich auch den Partner und die Eltern, das Auto und ein neues Smartphone.

Im Westen dieser Welt ist mit der Aufklärung im 17. Jahrhundert ein getrenntes Körper- und Sinnesbewusstsein entstanden. Die Gegenwart wird in den äußerlichen Umständen des Daseins erkannt und nach dem Eindruck der Sinnesorgane und den gespeicherten Erfahrungen aus dem bisherigen Leben bewertet. So entsteht auch das eigene „Selbst". Man könnte es das „Relative Selbst" nennen, während das „Selbst" von Ramana Maharshi als das „Absolute" gilt. Zum besseren Verständnis wird in diesem Buch vom „Selbst" des westlichen Menschen gesprochen. Es deutet nicht auf die göttliche Ebene des Weisen, sondern auf das Unterbewusstsein mit all seinen guten und weniger guten Lebenserfahrungen. Eine wertvolle Verbindung des Unterbewusstseins mit der göttlichen Ebene ist nicht Thema dieses Buches, sondern der Weisen und Mystiker, und dort sollte es auch nachgelesen und erforscht werden.

Hier geht es um die neuzeitliche Denkweise, nach ihr werden unbewusste Regungen des Geistes nur vermutet. Den Ausschlag in der Wissenschaft geben aber die äußerlich untersuchbaren Eigenschaften der Materie. Die Trennung von „äußerlichem" Körper und „innerem" Geist wird für den Westen in langsamen Schritten und mit der Erfahrung der Einheit – beispielsweise in Meditation oder Kontemplation – wieder aufgelöst.

In der hier vorgestellten Methode zur Untersuchung bislang unbewusster Erfahrungen – der Selbsterfahrung – geht es zunächst um eine Materialsammlung. Schritt für Schritt wird das Unterbewusstsein erkundet. In ihm sind Erfahrungen der ganzen Welt, angeborene Eigenschaften, der Erziehungsstil der Eltern, das bisherige Dasein mit Partnern und Kindern und die eigene Lebensweise anzutreffen.

Mit der Meditation können Sie mehr Zufriedenheit[115] und Gelassenheit, Gleichmut und innere Ruhe im Leben gewinnen – das wohltuende Gegenteil von Unruhe, Nervosität und Stresserfahrung. Ihre körperliche Belohnungen sind u. a. ein normaler Blutdruck, ein Leben ohne Magen-Darm-Störungen, Verspannungen und „Burn-out". Die Konzentration Ihres Geistes gelingt Ihnen besser und Ihre Lebenskraft wird nicht vorschnell verbraucht.

Setzen Sie sich ruhig und gelassen hin und sehen sich an, welche Gedanken aufkommen. Wenn Sie in der Lage sind, Gedanken zu unterscheiden, sind Sie der Beobachter. Der aktuelle Tagesablauf erscheint am inneren Monitor und mit ihm z. B. der Ärger, den Sie eben noch auf der Straße beim Einparken empfunden haben: So ein Idiot! Steht auf zwei Parkplätzen mit seinem Geländewagen. Wehe, wenn da eine Schramme an meiner Tür ist! Die Kaffeemaschine ist doch sicher schon aus. Aber den Backofen sollte ich heute Abend vorwärmen. …

115 Sanskrit: Santosha

Stunden später kann das immer noch so weitergehen. Mit der Konzentration auf die Atmung, der Stille im Raum und in der Gruppe kehrt Ruhe ein. Der verlangsamte Gedankenstrom führt zur Gelassenheit. Alle zwei bis drei Sekunden erscheint ein Gedanke aus dem Unterbewusstsein als Antwort auf eine sinnliche Wahrnehmung der erfahrenen Lebensumgebung. Themen und Inhalte der Gedanken werden bewusst und unbewusst vorgegeben. Der Antrieb der themenorientierten Gedanken ist die Verbindung mit dem Wachbewusstsein. Mit der Konzentration wird gleichzeitig der passende unbewusste Speicherinhalt festgehalten. Diese Fähigkeit des Geistes ist im Alltag wichtig.

Es gibt ein Organisationsproblem mit der Lieferung am Freitag. Offene Fragen führen blitzschnell in die vielfältigen Verzweigungen der inneren Bibliothek. Nun „googeln" Sie gezielt und offen zugleich im Gedächtnisspeicher nach Fakten, Erfahrungen und erleben die Gefühle dazu. Sie sind wie ein Geruch, der aus einer Kiste aufsteigt, die schon lange nicht mehr geöffnet wurde. Das Erkannte lassen Sie dann zwischen „Bauchgefühl" und „Kopf" unbewusst und bewusst hin und her pendeln. Es erscheint eine Eingebung aus dem unbewussten Gedächtnis. Das Wachbewusstsein wird sich über die Lösung des Organisationsproblems plötzlich klar. Die „klare Fensterscheibe", durch die Sie bislang geschaut haben, erhält einen Kontrast und wird mit einem Bild sichtbar. Der Gedankenstrom aus dem Unbewussten ist zunächst nicht stabil, er bleibt nur durch die Verbindung mit dem Wachbewusstsein bei einem bestimmten Thema. Dadurch wird ein konzentriertes Arbeiten möglich. Es fließt in Ihnen bis zur nächsten Störung: Blöder Klingelton! Der schon wieder! Ich habe Hunger! …

„Untersuchen" meint eine besonders aufmerksame Wahrnehmung aller Gedankeninhalte. Erst mit der Distanz zum Gedanken wird ein Erkennen, Benennen und bewusstes Zulassen möglich. Die Freiheit, eine Verbindung mit dem Erkannten einzugehen, ist das „Werkzeug" – die Methode – in der Meditation. Im Alltag steht plötzlich ein Begriff im Raum oder eine Entscheidung muss getroffen werden. Die notwendigen Informationen erhalten wir in Bruchteilen von Sekunden aus dem eigenen unbewussten Speicher.

Der Brötchenkauf beim Bäcker wird blitzschnell mit dem Wissen über Weißmehl, Zucker, Glutenunverträglichkeit und besonderen Vorlieben der Kinder oder des Partners verbunden. Es erleichtert die Entscheidung für einen bestimmten Kuchen oder ein überbackenes Käse- oder Sesambrötchen.

Die nicht bewusst angeforderte Hintergrundinformation erinnert an das Betriebssystem „Windows“. Es geschieht sehr viel mehr im Hintergrund, als wir konkret wahrnehmen können oder sollten. Es werden Gedanken untersucht, die sich ungefragt in den Vordergrund drängen. Die innere „Analyse“ wird zum praktischen Werkzeug, mit ihr können wir alle spontanen Gedanken, Gedächtnisinhalte, Empfindungen und Sinneseindrücke in diesem Moment ansehen. Das verlangt von uns allerdings ein Multitasking, wie wir es am Computer, in der Arbeitswelt und beim Kochen auf vier Herdplatten meist als selbstverständlich betrachten.

Um einen Blick in den unbewussten Speicher zu werfen, ist ein Moment der Ruhe notwendig. Der nächste Gedanke, der auftaucht, wird kurz angehalten, dann verweilen wir bewusst bei diesem, benennen und betrachten ihn. Die konzentrierte Aufmerksamkeit, die auf diesem Gedanken liegt, macht ihn zum Schlüssel für uns. Die Vorgabe eines Themas führt nun zum Öffnen des inneren Tores. Nachdem das Thema angestoßen ist durch diesen einen Gedanken, nehmen wir wieder die Position des Betrachters ein. Wir haben nun ein konkretes Motiv für die Untersuchung vor dem inneren Auge. Es entstammt aktuellen und vergangenen Lebensumständen, und es betrifft alles, was dazu schon einmal gedacht und gefühlt wurde. In der stillen Untersuchung wird das Objekt der Konzentration – ein Gedanke oder eine schon vollzogene Handlung – aus unterschiedlichen Perspektiven geduldig betrachtet.

Für eine Pause in diesem Prozess reicht eine kurze Konzentration auf den Atemfluss. Danach steht das gewählte Motiv wieder im Fokus. In einer kurzen Folge wechselnder Bindungen und Lösungen von einem Objekt verstärken wir – wie ein Echo – die Antwort des Unterbewussten.

Stellen Sie sich vor, Sie würden einen Berg umrunden, der sich auf diese Weise immer wieder in einer anderen Perspektive darstellt. Künstler empfangen auf diesem Wege Gedankenströme von nahezu unbegrenzter Kreativität aus ihrem inneren Speicher. Mathematikern verknüpfen sich mühelos Formeln und Zahlen. Schon Kindergartenkinder kombinieren wahrscheinlich mit dieser Fähigkeit Backformen und Bauwerke im Sandkasten.

Die Zeitform in der Meditation ist immer die „Gegenwart“, auch wenn Gedanken und Gefühle aus dem Unterbewussten häufig Vergangenes oder Zukünftiges betreffen. Im Unterschied zur stillen Meditation, in der der Gedankenstrom versiegen kann, gilt die konzentrierte Aufmerksamkeit einem Objekt, einem Gefühl oder einem Lebensumstand, möglicherweise sogar allen zugleich. Mit der Vipassana-Meditation[116] aus der buddhistischen Theravada-Tradition[117] wird vor allem das zeitgleiche Beobachten vieler unterschiedlicher Sinneseindrücke und Gedanken im gegenwärtigen reinen Gewahren achtsam geübt. Das Training findet auch im banalen Lebensalltag mit seinen vielen unterschiedlichen Anforderungen statt.

Sie sind zum Beispiel verärgert, wenn Ihr Lebenspartner entgegen der Absprache die Wäsche nicht in den Trockner getan hat. Diese Vergesslichkeit hat für Sie weitreichende Folgen, weil Sie für eine Abendveranstaltung genau diese Garderobe vorgesehen haben. Verstärkt wird Ihr Ärger noch durch die feste Überzeugung, selbst richtig gehandelt zu haben, und die Auffassung, sich ohnehin mehr um die gemeinsamen Pflichten zu kümmern als Ihr Partner.

Aus einer leidvollen Erfahrung entsteht ein Gedankenstrom, der sich selbst weiter verstärken kann. Der Strom wird größer und größer und verzweigt sich sogar. Erinnerungen erwachen dann zusätzlich. Auch die längst verschollenen und abgespeicherten Kränkungen wollen nun beachtet werden. Sie finden Gehör in einem solchen Geist, der gerne „recht hat", schnell Schuld zuweist und letztlich in eine Rage gerät, die immer gieriger nach alten Verletzungen sucht. So wird aus einem Bach ein Fluss, aus einem Fluss ein Strom, dann ein Meer und vielleicht sogar ein Tsunami, der alles verschlingt. Jeder weiß aus eigener Erfahrung, wie schwer es ist, aus einem derartigen „Sturm der Gefühle" willentlich auszusteigen. Humor befreit zwar oft aus der Bedrängnis. Manchmal ist aber auch eine räumliche Distanz für die eigene Sicherheit notwendig, bevor sich sprachliche oder sogar körperliche Gewalt Bahn brechen.

Auch religiöse Rituale helfen in einem Notfall, wenn Gedanken oder Handlungen sich überstürzen können und ein Schaden droht. „Herr, erbarme dich!" – Kyrie eleison – ist der vorchristliche Ruf nach einer höheren Gewalt in der Bedrängnis. Diese Möglichkeit der Konzentration auf ein höheres Wesen, das über die eigenen Kräfte hinausreicht, nutzen viele religiöse Schulen. So kann sich der Christ auf Gott oder Jesus, der Moslem auf Allah oder Mohammed, der Hindu auf Krishna oder der Buddhist auf den Buddha des Mitgefühls[118] konzentrieren. Mit dieser Vorstellung löst sich sofort die körperlich ausgedrückte Anspannung der Angst im Schultergürtel.

116 Einsichts-Meditation in die drei Wesensmerkmale „Unbeständigkeit", „Unvollständigsein" und „Nichtselbst"

117 Pali: Schule der Ältesten; Die älteste noch existierende Schule des Buddhismus

118 Avalokiteshvara: im Mahayana-Buddhismus der Buddha des universellen Mitgefühls

Das mag uns manchmal wie ein Wunder erscheinen, da uns selbst noch einen Moment zuvor diese Beruhigung nicht gelingen wollte. Denken Sie an das oben genannte „christliche" Stoßgebet zur Erbarmung, seit Jahrhunderten greifen Menschen darauf in bedrängten Situationen konzentriert zu.

In den meisten zwischenmenschlichen Konflikten charakterisiert eine Bewertung vor allem die Sicht des Bewertenden, auch wenn es andersherum gemeint wird, da ja etwas über den anderen gesagt oder gedacht worden ist. Die objektive Bewertung eines anderen Menschen ist uns jedoch grundsätzlich gar nicht möglich!

Wenn wir auf jemanden zielen, geben wir gleichezeitig unsere unbewusste Verbindung zu ihm preis. Lehnen wir einen anderen Menschen zutiefst ab, verfolgen ihn mit hasserfüllten Gedanken und lassen im Gespräch mit Dritten kein gutes Haar an ihm, finden ihn arrogant und überheblich und wünschen ihm nur Schlechtes, dann haben wir wahrscheinlich unsere „eigene projizierte Minderwertigkeit" in ihm und „das Boshafte" in uns selbst entdeckt.

Begehren wir einen anderen Menschen über alles, wollen ihn immer an unserer Seite haben, finden alles an ihm gut und schön, möchten uns dauernd über ihn unterhalten, denken Tag und Nacht an ihn und werden auch von Eifersucht, drohender Abwendung und Konkurrenz anderer Menschen gequält, ist der Prozess ebenfalls vergleichbar.

Nehmen Sie alle Gedanken und Gefühle bewusst wahr, packen Sie sie an der Wurzel und lernen Sie sich so in ihren Gedanken, Worten und Taten kennen. Löschen können Sie es nicht! Dieser Zugriff wird nicht gestattet. „Dämonen" oder „Schatten" gehören auch zu Ihnen. Ihre Macht sollte Sie aber nicht zur Marionette des Unbewussten werden lassen.

Je mehr wir über unsere dunklen Seiten erfahren – zu denen Hass und Begierden auch gehören – desto weniger Einfluss nehmen sie auf unser Leben. Sie werden dosierbar wie Rotwein oder Schokolade.

Sprechen Sie also nicht schlecht oder überschwänglich und idealisierend gut über einen Menschen in der Gegenwart anderer. In Wahrheit geschieht es in Ihnen selbst und Sie wünschen sich, dass Ihr „ich" anders wäre. Notwendige Auseinandersetzungen, Kämpfe, Lob und Anerkennung in einer gerechten Sache, die hier nicht gemeint ist, können ohne die Entwertung oder Idealisierung eines anderen Menschen würdiger ausgetragen werden. Gerade in einem Streit und mit den Gefühlen von Zorn,

Wut, einem länger währenden Ärger oder frisch verliebt, eifersüchtig und gierig kann man sich „ungeschminkt" selbst erfahren. Niemals ist alles ist „nur gut" oder „nur schlecht".

Die spontane Bewertung eines Mitmenschen ist eine Erfahrung des eigenen Selbst, eine Selbsterfahrung. Sie kann zum persönlichen Wachstum beitragen, wenn die Lösung von der „egoistischen" Bewertung gelingt. Die Frage nach dem, was eigentlich abgewehrt werden sollte, führt zum Kern und oft sogar zu den eigenen Lebensdramen.

Sind aber schon viele Flüche gegen einen Mitmenschen ausgestoßen worden, sollten wir die Scham darüber aber nicht zusätzlich noch zu einer weiteren Selbstentwertung auswuchern lassen. Die nächste Prüfung kommt bestimmt, und dann nehmen wir diese „Hürde" mit der erinnerten Erfahrung wahrscheinlich besser. Leider lernen die meisten Menschen nachhaltiger aus schlechten als aus den besonders guten Erfahrungen.

Wenn jemand aus der Kirche ausgetreten ist, hat er noch längst nicht seine persönliche „Kulturgeschichte" verlassen. Zu ihr gehören verinnerlichte Erfahrungen mit den Eltern, der Erziehung, der Schule, einer Berufsausbildung oder einem Studium. Später treten die Kontakte und das Wissen aus der beruflichen Welt hinzu. Auch ästhetische, künstlerische und vielfältige andere Symbole und menschliche Beziehungserfahrungen in der sozialen Lebensumgebung werden zu Erfahrungen. Deshalb ist die Trennung von der Institution Kirche keinesfalls mit dem Auslöschen der unbewussten Inhalte des Lebens- und Kulturkreises verbunden.

Zu den Symbolen des westlichen Lebensraumes gehören auch die Zeichen der christlichen Kirchen. Mit ihnen sind überraschende und heilsame Wirkungen zu erreichen, wenn wir sie wohldosiert und bewusst einsetzen. Ein Impuls der tiefen Ablehnung oder sogar des Hasses gegenüber der Kirche enthält in der Regel eine Verbindung zur persönlichen Lebensgeschichte. Diese Empfindungen treten in den heutigen Generationen vermehrt auf, daher ist es sinnvoll, diese Emotion mit ihren sachlichen Bezügen und den angesprochenen Symbolen in der Meditation zu untersuchen.

Der Ratschlag des 14. Dalai Lama, jeder möge sich zuerst in seiner eigenen Welt umsehen, ehe er konvertiere[119], ist in Bezug auf diesen Umstand sehr weise und berücksichtigt das Unterbewusstsein nicht nur des Einzelnen, sondern einer ganzen Gruppe von Menschen. Er sieht es eher skeptisch, unreflektiert einen anderen Glauben anzunehmen, und erinnert mit Recht an das Wissen über die inneren Zusammenhänge der jeweiligen Kulturkreise, die uns schließlich umge-

119 Wechsel der Religion

ben und in die wir integriert sind. In einem Vortrag[120] bekräftigte der Dalai Lama diese Ansicht. Er berichtete u. a. von einer im Westen der Welt aufgewachsenen und praktizierenden Buddhistin. Auf dem Sterbebett sei ihr das Anrufen von Jesus Christus ein wichtiger Trost gewesen.

Der Christ besucht seine Kirche, der Buddhist geht in den Tempel und der Muslim in die Moschee. Menschen ohne Verbindung zu einer Religion oder Philosophie folgen einer säkularen Ethik, die die gemeinsamen Grundwerte aller Religionen ebenfalls beinhaltet. Kriege der Religionen oder sogar einzelnen Gruppierungen gegeneinander wären innerhalb dieser toleranten Sichtweise nicht mehr vorstellbar.

Gerade in sehr schwierigen Lebenssituationen, wie der Verlust des Lebenspartners oder nahen Angehörigen, lähmen uns viele traurige Gedanken und Gefühle. Vor einem christlichen Hintergrund mögen viele Gebete für den erkrankten Partner, Freund, Elternteil oder das Kind erwartungsvoll gesprochen worden sein. Wenn diese Erwartung aber nicht erfüllt wird, richtet sich der Zorn meist gegen den Gott, der das Schicksal nicht drehen wollte. Die Meditationspraxis allein reicht nicht aus, um alle Umstände der Trauer, der aggressiven Impulse und einer depressiven oder zwanghaften Reaktion zu mildern. Eine psychotherapeutische Begleitung wird mitunter neben den vielfältigen Möglichkeiten der persönlichen Hilfen durch Freunde, in einer Kirchengemeinde oder einer spirituellen Gruppe notwendig.

Wenn ein trauernder Mensch davon spricht, dass er „Gott verloren habe", sagt er gleichzeitig auch etwas über sich und sein „Selbst" aus. Auch ein Teil von ihm ist mit der Trennung vom Partner verloren gegangen. Die veränderte Lebenssituation liefert neue Erfahrungen, die erst langsam das eigene Selbst wieder vollständig machen können. Das Ergebnis ist aber niemals das „alte" Selbst. Es stellt sich immer ein neues Gleichgewicht ein.

Nach dem Tod unseres treuen Hundes im Dezember 2013 öffnen wir auch heute noch – im Mai 2014 – die Haustür in Gedanken oft sehr vorsichtig. Ronja hatte immer sehr gern auf der Matte davor gelegen, und das bleibt für lange Zeit in der Erinnerung. Es bestimmt unbewusst unsere Handlung, auch wenn der eigentliche Anlass nicht mehr besteht.

120 Kongresszentrum Hamburg am 23. 8. 2014

Oft wird mit einer schlechten Erfahrung die absolute Ebene der Religionen mit der relativen Ebene einer persönlichen Gotteserfahrung gleichgesetzt. Für einen Christen im westlichen Teil der Welt ist der Gottvater bildlich ein weiser „weißer" alter Mann. Sein Sohn Jesus erhält mitunter den romantisch verklärten jugendlichen Charme eines Revolutionärs, wie etwa Che Guevara. Religiöse Vorstellungen des Erwachsenen folgen oft noch den kindlichen Bildern, die ihnen im Religionsunterricht der Schule oder der Kirchen nahegebracht wurden. Der christliche Religionsunterricht verbindet die Mythen mit der Geschichtswissenschaft, also die Vorstellungen mit den historischen Tatsachen und übt Rituale zur Gottesverehrung ein.

Die absolute Ebene beinhaltet eine Beschreibung von Gott – in den Religionen. Sie wird durch deren Priester und Oberhäupter als göttliches Wissen und Erfahrung mit Gott vermittelt. Staatlich anerkannte Religionsgemeinschaften oder – z. B. im Fall der Buddhisten – philosophische und weltanschauliche Gemeinschaften kann man ablehnen oder als Mitglied unterstützen.

Die relative Ebene kommt ohne Vermittler und Lehrgebäude aus. Es ist die direkte Erfahrung Gottes, wie sie Mystiker[121] aller Religionen beschreiben. Sie tritt im täglichen Leben ein. Gott wird in jedem Gedanken oder mit den Sinnesorganen erfassten Lebensraum als Teil des Selbst in jedem Moment erfahren. Diese relative Ebene öffnet den spirituellen Zugang. Die Sufis als Mystiker des Islam[122] , die Sahdus[123] und die Yogis als Mystiker hinduistischer Traditionen und Orden haben diesen Weg gewählt. Auch berühmte christliche Mystiker, wie Johannes vom Kreuz, Mechthild von Magdeburg, oder der persische Mystiker Rumi sind durch dieses Tor gegangen.

Alle Traditionen und Lebensräume auf dieser Welt entwickeln eigene Symbole und Rituale, um mit den Grundfragen des Lebens – dem Sinn des Daseins, der Geburt und dem Tod – umzugehen. Häufiger jedoch drängen sich schicksalhafte aktuelle Lebensumstände in das bewertende Bewusstsein.

In der Meditation kann aus vielen unbewussten schmerzvollen Erinnerungen zu jeder Zeit ein schwelender Konflikt wie ein Vulkan ausbrechen. Dieser mag in der Stille fast nicht auszuhalten sein. Zur gleichen Zeit übernehmen dann jagende Worte und Bilder, körperlich ausgedrückte Empfindun-

121 Mensch, der über eine Form religiösen Erlebens oder eine persönliche Gotteserfahrung im Diesseits verfügt.

122 arabisch: Wolle; Sufis tragen das Wollgewand der Askese und der Armut; für sie gilt das islamische Gesetz im Glauben an die Einheit Gottes.

123 Sanskrit: guter/heiliger Mann; Sadhus sind einem religiösen und streng asketischen Leben verschrieben; die getragene Kleidung und ein Pott für Wasser und Essen ist der einzige Besitz neben etwas Körperschmuck.

gen und Sinnesreize scheinbar die Macht. Mit der konzentrierten Position des Beobachters kann auch noch in dieser „Bedrängnis" die gleichzeitige Wahrnehmung von Muskelspannung, schnellem Herzschlag, Wut, Ärger, Kummer, Trauer, Liebe und negativ bewertenden Gedanken ausgeübt werden.

Bei den Pfadfindern heißt diese Übung „Kimspiel", nach einem indischen Jungen in dem Buch von Kipling[124]. Ihm gelang es besonders gut, sich sehr viele Gegenstände zu merken, die nach kurzer Betrachtung mit einem Tuch bedeckt wurden. Im Kimspiel trainiert man sinnliches Lernen, also die Wahrnehmung aller Umstände im Moment, das „Multitasking" der Kognitionen. Es werden simultan Konzentration, Kurzzeitgedächtnis und der Einsatz aller Sinne – Sehen, Riechen, Hören und Tasten – geübt.

Merken Sie sich: Sicherheitsnadel, Messer, Löffel, Streichholz, 5-Cent-Stück, Kugelschreiber, Briefmarke. Dann decken Sie ein Handtuch darauf und lesen zunächst weiter …

Auch wenn Entscheidungen als vernünftig angesehen werden, sind sie das Ergebnis von unbewussten Teilprozessen, die sekundenschnell ablaufen. Das konzentrierte Wachbewusstsein akzeptiert das Ergebnis, erklärt es sich dabei oder lehnt es ab. Nach dem amerikanischen Psychologen Miller[125] sind Menschen ohnehin nicht in der Lage, mehr als sieben Informationen zeitgleich im Kurzzeitgedächtnis zu behalten. Diese Fähigkeit ist im Kimspiel trainierbar. Sie erreichen so spielerisch – als Gedächtnistraining – ein persönliches Optimum, um zeitgleich mehrere Vorgänge besser bearbeiten zu können.

Im Unbewussten hingegen laufen in der gleichen Zeit viel mehr Prozesse der Informationsverarbeitung mit komplexer Vernetzung ab. Sie ergänzen sich, ohne einander zu stören. Beachten wir zum Beispiel bei einem Streit zwischen Partnern nicht nur den Inhalt, sondern auch den Prozess: Eine Kränkung trifft ins Mark, weil sie sich wiederholt. Die Gegenreaktion erfährt mit dem Wissen über bereits erfolgte Niederlagen eine unbewusste Verstärkung, die sich dem Wachbewusstsein zugesellt. Die scheinbare Wiederholung eines Konflikts kann deshalb zu einer wütenden Antwort führen, die nicht dem eher lapidaren Anlass entspricht, sondern „unverhältnismäßig" wirkt.

124 Tipp: Rudygard Kipling; Kim

125 siehe: Miller, G.

Die Nacken- und Gesichtsmuskeln spannen sich an, die Atmung wird oberflächlich, das Herz schlägt schneller und die Haltung ist leicht gebeugt und nicht mehr „offen". Der Angriff steht kurz bevor. Alle Vorbereitungen des Kampfes können zur gleichen Zeit aber bewusst wahrgenommen werden. Das ist die Übung. Sie gilt allen Wahrnehmungen. Dazu wird die Muskelspannung gespürt und die Haltung der Arme, Hände, Beine und Füße betrachtet. Ist der Rumpf aufrecht? Was sagt das Bauchgefühl? Werden Geräusche, die Worte des Partners und die eigene Atmung gehört? Was wird gesehen und gerochen? Wird die Trockenheit der Zunge und die Kälte des Luftzuges am geöffneten Fenster bemerkt?

Das folgende Gedicht führt exemplarisch vom Partnerkontakt mit emotionalen und vegetativen Reaktionen mit der Fantasie des Tagtraums zum nächtlichen Traum und schließlich zur frühmorgendlichen Meditation.

Das Unbewusste:

Die Nachricht dringt mir bis ins Herz,
seh' ich doch Wut in deinem Blick,
ergriffen werde ich vom Schmerz,
kalter Wind streift mein Genick.
Obwohl Gedanken jagen,
fehlt mir die rechte Sicht.
Ich möchte etwas sagen,
die Worte find' ich nicht.
Ein Bild der Berge kommt empor,
nichts – bis auf Fels und Sonne.
Es öffnet mir mein Kerkertor.
Wo sind nur Lust und Wonne?
Der Ärger verglüht langsam zu Asche –
zu viele Gedanken im kleinen Raum.
Mühsam find' ich im Schlaf zum Traum,
der Geist will endlich aus der Flasche.
Warm und weich und kaum Gewicht,
es schwebt sich gut im eigenen Bild.
Der Himmel strahlt im vollen Licht,
mal ist es schön, mal wird es wild.

Da seh' ich mein dunkles Spiegelbild,
es handelt sicher auch für mich,
doch einfach fassen lässt's sich nicht.
Wach auf, die Sonne scheint schon mild!
Frühmorgens gilt es, still zu sitzen,
aufrecht ruh'n,
Gedanken schwitzen,
nichts ist jetzt für mich zu tun.
Hellwach und doch wie im vergangenen Traum
führt wärmend ein Licht im dunklen Raum.
Ich spüre kaum die Zeit vergeh'n
und fühle mich doch neu entsteh'n.

Bewusst und unbewusst dringt ein Partner in das Bewusstsein des anderen ein und führt dort zu einer körperlichen und emotionalen Antwort. Die Erinnerung im Tagtraum – an eine schöne Erfahrung und eine Sehnsucht – erinnern den Dichter an den eigenen Wert, begrenzen den Angriff und dämpfen wirksam den Zorn. Im Traum erlaubt diese Haltung eine Beobachtung aus der Distanz heraus. Der Handelnde wird nicht mehr „gehandelt". Die Integration gelingt schließlich bewusst aus der Position des Beobachters in der Meditation. Ach, wenn es doch immer so einfach wäre!

Erinnern Sie sich an das Kimspiel? Welche Gegenstände haben Sie bis jetzt in Ihrem Gedächtnis behalten?

1 …………………… *2* ………………… *3* ……………….. *4* …………………
5 …………………… *6* ………………… *7* ………………..

Alles zur gleichen Zeit, „alles nur in meinem Kopf", wie es Andreas Bourani[126] besingt. In der Position des Beobachters bemerken wir vor allem die Vergänglichkeit der Wahrnehmungen. Ohne die Verbindung des Wachbewusstseins mit dem negativ gefärbten Gedankenstrom muss dieser unweigerlich versiegen. Positive Gedanken erscheinen, deren bewusste Bahnung

126 www.bourani.de

hilft uns dabei, die Alarmreaktion des Körpers abzuschalten. Nur das Anschauen und Nichtstun verschafft uns Zeit und Raum zum Atmen. Wie in einer „Zeitlupe“ wird uns die Wahrnehmung der inneren Impulse möglich.

Wir schwimmen nicht mehr im Gedankenstrom, vom Ufer aus erkennen wir die Bewegung des Flusses gut, werden aber nicht mehr mitgerissen. Ein wichtiger Antrieb des Gedankenstromes ist es, die Verbindung zum Beobachter zu halten – also das Schwimmen im Strom. Vereinen sich Beobachter und Gedanken, wird der Strom sehr schnell, doch am Ufer finden sich Raum und Ruhe. Nichts geschieht und nichts muss geschehen. Wir sind frei, uns für oder gegen die einströmenden Gedanken zu entscheiden. Verändert die Ruhe den Beobachter oder verändert sich der Gedankenstrom ohne die Verbindung? Beide verändern sich, weil sie voneinander abhängig sind.

Bleiben wir am Ufer in einer stillen und weiten Geisteshaltung, kann der Strom sogar völlig versiegen. Er verliert also ohne die Verbindung zum Wachbewusstsein seine Aktivität. In der Meditation wird diese innere Haltung als entspannende Belohnung empfunden. Der Beobachter – das konzentrierte Wachbewusstsein – wird jetzt nicht mehr durch schmerzhafte oder unangenehme Körperempfindungen gestört. Sie gehören zum Strom, den wir hinter uns gelassen haben. Die Ruhe unterstützt die Rolle des Beobachters, was auch ihn – positiv – verändert.

Soll nun der Streit mit dem Partner fortgesetzt werden? Es gibt hier keine gute oder schlechte Lösung, vor allem aber keine moralische Bewertung! Dem Stress ein Ende setzen. Nun ist vielleicht einmal Schluss mit dem Schlagabtausch. Es ist alles gesagt, nun soll Frieden einkehren. Genauso viel Freiheit liegt auch in der willkürlichen Entscheidung zum Kampf. Jetzt wird mal ausgesprochen und geregelt, was offensichtlich schon lange schwelt, sonst nimmt das nie ein gutes Ende.

Es geht in dieser Übung der Meditation um die Bewusstheit in der Wahl. Sie gelingt durch eine wertfreie Aufmerksamkeit auf alle bemerkbaren Umstände. Aus allen Möglichkeiten ist zu wählen, aber auch „nicht zu entscheiden“ ist eine Option, mit der die konzentrierte Distanz zum Gedankenstrom in der Position des Beobachters beibehalten wird. Es muss also überhaupt keine Bewertung getroffen werden – oder erst dann, wenn „alle Fakten auf dem Tisch liegen“.

Der Ablauf klingt kompliziert und ist es auch. Es geht ja um Millionen von Rechenoperationen im Gehirn. Eine wörtliche Beschreibung verdeutlicht und verlangsamt das ganz bewusst, und der Vorteil eines konzentrierten Geistes ergibt sich dann aus diesen Überlegungen.

In der körperlichen Ruhe der Meditation tauchen oft spontan kleine Geschichten aus dem Unterbewussten auf. Man kann sie auch Tagträume nennen. Es gibt sie nicht nur in der Meditation, gerade der Alltag mit seinen Anforderungen scheint ein Bedürfnis nach ihnen auszulösen. Geträumt wird an der Bushaltestelle ebenso wie an der Supermarktkasse. Auch beim Autofahren zeigt die innere Multimediashow manchmal keinen Respekt vor dem augenblicklichen Geschehen – was schmerzhaft und teuer werden kann. Die Meditation bietet uns den Vorteil, den Inhalt der Geschichten etwas näher anzusehen. Sie sind insbesondere dann bemerkenswert, wenn sie sich immer wieder um ein Thema drehen.

Als Sieger fantasieren wir uns zwar auch, aber häufiger erscheinen wir in der Rolle eines Opfers. Entweder ringen wir um die scheinbar zu geringe Aufmerksamkeit des Lebenspartners oder uns drohen finanzielle Verluste oder wir erleiden Kränkungen am Arbeitsplatz. Meistens gilt die Schwarz-weiß-Regel der alten Westernfilme: „Gut" und „Böse" werden eindeutig zugewiesen, klare Feinbilder entstehen und die Opferrolle erleben wir dann farbig und leidend. Das Abschalten des „inneren Kinos" fällt uns jedoch umso leichter, je mehr uns eine konzentrierte Distanz zum berührenden Thema gelingt. Manchmal müssen wir uns aber den Film bis zum bitteren Ende ansehen.

Die Position des Beobachters erlaubt in der Meditation den Überblick. Vor allem aber wird die Vergänglichkeit der Gedanken und Gefühle erkannt. Die „Luftschlösser" lösen sich so oder so wieder auf, ebenso die dunklen Wolken und die „Schäfchenwolke", die das schöne Wetter begleitet.

Der Lottogewinn erscheint im Tagtraum. Jetzt kann ich es allen zeigen. Ich habe gewonnen. Sagen würde ich es niemandem. Natürlich nicht, es würde nur den Neid wecken. Klar, ich gäbe etwas ab, aber nur für die wirklich Armen. Meine Kollegen und Freunde haben doch alle genug Geld. Wenn ich deren Urlaubsreisen, Autos, Wohnungen und Häuser sehe. Und wie die immer reden. Sie brauchen wirklich nichts von mir.

Die Siegerpose ist übrigens ebenso nur eine Vorstellung wie die Rolle eines Opfers. Beide erlauben aber den Blick in den eigenen unbewussten Speicher der Gedanken und Gefühle. Deshalb ist ihre Erkenntnis wertvoll. Wir erfahren uns selbst und können trotz scheinbar ungünstiger Lebensumstände die Freiheit im Handeln zurückerobern. Wollen wir hingegen Opfer in den eigenen und vor allem auch den Augen anderer bleiben, verwehren wir uns diese Freiheit selbst. Immer Sieger sein zu müssen, ist aber genauso anstrengend. Um frei zu werden, erfordert diese Position nahezu den Sturz vom Sockel, auf den wir uns selbst gestellt haben. Die kritische Distanz zu anderen darf ja auch dann behalten werden, wenn die Annäherung mit Anspannung und weniger Unabhängigkeit verbunden ist. Auf dem Siegerhügel kann es sonst sehr einsam werden!

Hindernisse auf dem Lebensweg

In keinem buddhistischen Kloster in Ladakh fehlen die Dämonen. Ein Mönch hält Wache und beschützt seine Mitbrüder und das Böse scheint hier nach außen verlagert. Entgegen dem gesellschaftlichen äußeren Antrieb geht eine Reise in der Meditation jedoch nach innen. Dort sind Ruhe und Frieden zu finden, auch wenn ein rebellisches Unbewusstes tobt. Es lässt sich weder durch Besitz, Ansehen in der Gesellschaft und beruflichen Erfolg noch durch ein Schlemmermenü, Rotwein oder aufregende Liebesnächte nachhaltig beruhigen.

Die inneren „Dämonen“ verlieren erst ihre Macht, wenn Stille eingetreten ist. Diese gelingt in der Meditation, am besten mit der Kraft und Nähe einer Gruppe von Menschen oder in der offenen Weite der Natur. Dann können Vertrauen und Zuversicht in dem eigenen reinen Wesen gespürt werden – es ist die Buddhanatur oder das Göttliche mit dem Gefühl unvoreingenommener Liebe. Die rebellischen oder animalischen Triebe sind aber nicht zu vernichten! Sie haben ein eigenes Recht als Teil des Lebendigen. Sie bleiben als die „vierte Kraft“, die die Christen den Teufel genannt haben, zeitlebens erhalten. An den Wänden von Tempeln und Kathedralen werden sie als „Fratzen“ dargestellt und sind die Ungeheuer der Mythen. Ihre Produkte sind die archaischen[127] Bilder in unseren Träumen und das Raubtiergesicht der gegenwärtigen Wirtschafts- und Lebenskultur.

Sie sind aber auch reine Liebe, sexuelle Ekstase, Sinnlichkeit und Genuss, Schönheit und Kreativität, grenzenlose Freiheit und dunkles Kellerverlies in einem. Es gibt also immer auch Gegenkräfte. Stets ist das Gleichgewicht – wie „schief“ eine Schräglage unter der Maßgabe von Kompromissen auch sein mag – das Ziel aller Übungen des Lebens. Das Unbewusste ist allzeit ein treuer Begleiter und immer vorhanden – oft banal, nicht immer gefährlich und natürlich unbedingt nützlich. Es berät, redet ungefragt und steuert wahrscheinlich als guter Autopilot den überwiegenden Teil unserer alltäglichen Anforderungen.

Der eine oder andere mag sich schon einmal gefragt haben, warum er mit manchen Menschen besser und mit anderen überhaupt nicht zurechtkommt. Manche Menschen bevorzugen zum Beispiel in einer Konzerthalle gern den vordersten Platz, fast im Rampenlicht. Andere fühlen sich mitten in der Menschenmenge wohler. Dort genießen sie deren körperliche und emotionale Nähe in der gemeinsamen Begeisterung. Aber auch ganz oben und fern von der Masse, mit einer

127 frühzeitlich; aus der Frühzeit einer Kultur stammend

Wand im Rücken und in der Nähe des Notausgangs finden Menschen ihren bevorzugten Platz. Sie genießen von dort den Überblick, ohne selbst auch nur im Geringsten im Mittelpunkt zu stehen. So suchen wir oft unbewusst nach dem, was zu uns passt, und finden den Platz in einer Gruppe neben einem bestimmten Menschen und meiden bestimmte andere Orte und Personen.

In der Meditation lernen wir, alle körperlichen Reaktionen mit ihren Gedanken und Gefühlen wahrzunehmen, wenn der Alltag Entscheidungen von uns verlangt. Das Unbewusste ist dabei niemals ein Feind, in der Regel kein Gegner und überwiegend unterstützt es sogar unseren wachen Geist. Aber: Es lenkt auch mit seinem zeitlosen Gedächtnis auf geistige und körperliche Erfahrungen, die ihrerseits einmal lebenswichtig erschienen. Nach diesen richtet unser Archiv auch seine Ratschläge – oder besser egoistischen Impulse – für Entscheidungen aus, natürlich auch die ganz banalen, wie die Wahl des Sitzplatzes im Kino oder in der Straßenbahn.

Die Uhr am Handgelenk gehört zur Außenwelt, in der das Wachbewusstsein durch den sich bewegenden Uhrzeiger die Vergänglichkeit erfährt. Sie kann uns aber auch erinnern, dass wir im eigentlichen Wesen „zeitlos" sind. Das zeitlos „Ewige" im unzerstörbaren Wesenskern nehmen wir auch als das „Göttliche" in uns an.

Seit Jahrtausenden geht es in Legenden, Sagen und Geschichten um den Sinn des Lebens, immer wieder auch um besondere Kräfte, Fähigkeiten oder die Kunst, ein ultrahohes Lebensalter zu erreichen. Denken Sie an den "Zinnober" – ein Salz, das aus dem früher Quecksilber[128] gewonnen wurde. Er galt im Altertum Indiens als Mittel zur Verlängerung des Lebens. Eine geringfügige Überdosis jedoch machte daraus das reinste Gift, und so wurde oft genau das Gegenteil erreicht[129]. Manchen Menschen gelingt es, mit einem Wort oder einem Spruch materielle oder geistige Veränderungen an sich oder anderen willkürlich hervorzurufen. Sie „zaubern" sozusagen auf mentale Art und Weise.

128 Amalgam in Zahnfüllungen enthält Quecksilber und kann zur Belastung mit Schwermetall führen, was auch die Verdauung schädigt. Die Homöopathie „Mercurius" als Hochpotenzinformation, ohne ein Schadstoffatom Quecksilber, wirkt der Schwäche der Verdauungsleistung entgegen.

129 vgl.: Mircea Eliade, Yoga

„Der Geist formt die Materie", das war jahrelang ein Kernsatz des dialektischen Materialismus in Ostdeutschland „vor der Wende". Schon die Studentenbewegung der Siebzigerjahre wollte das Bewusstsein ändern. Die Idee, dass eine politische Überzeugung von wenigen das Bewusstsein von vielen ändern könnte, stirbt nicht aus. Totalitäre Staaten setzen diese irre Annahme mit ähnlicher Gewalt durch, zu der in der Geschichte der Menschheit auch die Führer von Religionsgemeinschaften immer wieder aufgerufen haben.

Das Prinzip eines „Zauberwortes" ist jedem verständlich, das „Zaubern" selbst wird aber den Mythen zugerechnet. Dann wieder sagt der Volksmund: „Glaube kann Berge versetzen." Darin liegt eine tiefe, innere Überzeugung, die auf kein tatsächlich konkretes Wissen zurückgreift. Trotzdem wird sie über alle Umstände der Lebensumgebung, in der Familie, den Traditionen und in der Schule mental aufgenommen und als Orientierung aufgefasst.

Um bestimmte Gedanken zu festigen, müssen regelmäßige und besondere Rituale der menschlichen Gemeinschaft beitragen. Sie verbleiben zunächst nur im intellektuellen Geist, mit dem wir äußerliche, formale Dinge lernen, und werden nur ganz langsam – wie die Bewegung in der Stahlwendel – zur innerlich „überzeugenden" Erfahrung. Richtig spontan installiert sich ein Gedanke nur dann, wenn er den Menschen wie ein Blitz direkt trifft. So wurde „Saulus zu Paulus".[130]

Ähnlich dem Seemann, der das Ungeheuer erfährt und dem die Haare über Nacht ergrauen, kann eine spirituelle Erfahrung in jeden Einzelnen von uns plötzlich „einschlagen". Mit einer Erfahrung der Einheit wird die Sichtweise auf das Leben völlig verändert – Nahtoderfahrungen, Krebsdiagnosen, aber auch ein Lottogewinn sind vergleichbare Weckrufe.

Ein Glaube, der Berge versetzen kann, wird also nicht nur auf der einfachen Ebene des Wissens zu Hause sein, sondern folgt einem tieferen Erfahrungshintergrund.

Alle Religionsgründer waren in diesem Sinn „Mystiker" mit eigenen inneren Erfahrungen. Nach dem Verkünden ihres subjektiven Erlebens wurden ihre Symbole, Rituale und Inhalte zur Basis des jeweils vermittelten Glaubenssystems. Der Gläubige übernimmt, was ihm gelehrt wird, erfährt den Inhalt aber meistens nicht persönlich „am eigenen Leibe". Das Wissen der Religionen wird in Schulen und in der rituellen Praxis erworben. Es wird dabei aber oft leider nur unvollständig eine innere Erfahrung.

130 Apostelgeschichte Kapitel 9

Eine Psychotherapie, religiöse Gebete, Rituale und Übungen der Konzentration – zu denen auch die Meditation gerechnet wird – sprechen gleichermaßen das „Selbst" im Menschen an. Dort im Nichtbewussten wird aber auch entschieden, ob ein körperlicher und geistiger Ausdruck von Angst und Ärger den Lebensalltag weiterhin prägen wird. Die Wirkung von psychotherapeutischen Verfahren, Gebeten und anderen Ritualen ist im medizinischen Sinn erfolgreich, wenn mit der vermittelten Einsicht auch Vertrauen und Zuversicht wachsen. Zusammen mit dem Gefühl dazuzugehören, wird das Stresssystem des Menschen beruhigt und die Liebe für sich und zu anderen wieder geweckt. Halten aber aggressive Reaktionen, vegetative Störungen des Magen-Darms, der Schilddrüse, Nacken-Hals-Verspannungen und eine „Herzangst" an, sind die Inhalte des psychotherapeutischen Vorgehens oder die Rituale und Gebete nicht genügend innerlich erfahren oder „verwirklicht" worden!

Die Rebellion des Unbewussten, das sich um seine Eigenständigkeit betrogen fühlt, wird in den Religionen selbstverständlich bemerkt. Sie wird mit den verschiedensten Erklärungen für unbewusste persönliche Gefühle und Antriebe beantwortet, die sich in der Regel sogar entgegengesetzt zu den formulierten moralischen und sittlichen Regeln äußern. Sie werden zum Beispiel „Dämonen", „Teufel" oder „Schatten" genannt – je nach Sichtweise oder Tradition. Sie werden eindeutig für Sünden, Exzesse, Gewalt und Unterdrückung sowie Mord und Totschlag verantwortlich gemacht.

Diese unterbewussten Anteile hat Siegmund Freud auf seine Weise neu untersucht und schließlich den animalischen Grundtrieben zugeordnet. Seine Betonung der Sexualität hatte zu seiner Zeit vor allem wissenschaftliche Gründe und ist in Bezug auf die tiefere Betrachtung des Unterbewusstseins seitdem erheblich erweitert worden.[131]

Dem Geschlechtstrieb zu folgen, fällt vielen Menschen nicht schwer, weil es dafür nur eine begrenzte Zahl anatomisch möglicher und nicht immer „gesunder" Variationen gibt. Als therapeutisch bedeutsamer stellte sich heraus, allen und nicht nur den mit Sexualität verbundenen unbewussten Widerständen und Verdrängungen von Gelüsten und Trieben, wie zum Beispiel auch nach Macht oder Unterwerfung, nachzugehen.

Das Unterbewusste bleibt ein weithin unbekanntes Land, welches bisher durch keine Systematik medizinischer, philosophischer oder psychologischer Wissenschaft ausreichend kartografiert

131 vgl.: C. G. Jung, Praxis der Psychotherapie, S. 37

werden konnte. Die gebündelten seelischen und geistigen Kräfte erfahren wir nicht nur im negativen Sinn deutlich, wenn besondere Gewalttaten durch die Medien in unserem Wohnzimmer Platz nehmen. Der Glaube kann besonders – oder erst – dann die Berge versetzen, wenn uns eine tiefe innere Überzeugung, Konzentration und Akzeptanz der Lebensumstände den Sinn erkennen lassen und ein Handeln in Achtsamkeit erlauben. Eine innere Gelassenheit, die aber nicht wegschaut, unterscheidet sich erheblich von der gefühlten Taubheit einer Gleichgültigkeit, die den Blick abwendet. Nach außen hin können sie vergleichbar scheinen.

In der buddhistischen Philosophie wird auf drei Schwächen hingewiesen, die jemanden vor allem auf dem Lebensweg behindern. Sie wurden bereits als Ärger und Zorn, Begierde und Mangel an Orientierung diskutiert und heißen hier: „Ablehnung", „Habenwollen" und „Unwissenheit".

Die beiden ersten Geisteszustände werden mit Eigenschaften verbunden, über die täglich in der Zeitung zu lesen ist. Banker, machtgierige Politiker oder Terroristen und Despoten werden als gierig und bösartig zugleich bewertet. Sie sind aber auch sehr weit entfernt vom eigenen Lebensalltag. Es ist deshalb einfach, sich den moralischen Bewertungen der Medienöffentlichkeit und vom Stammtisch anzuschließen. Dennoch wird mit der eigenen Sicht auch immer etwas von seinem Selbst verraten. Man spricht niemals ausschließlich neutral über einen anderen Menschen! Nur wenn etwas von ihm in uns enthalten ist, können wir es erkennen, vergleichen und bewerten.

Viel feiner und auf leisen Sohlen schleichen sich „Habenwollen" und „Ablehnen" in den Lebensalltag. Verbunden mit moralischen Bewertungen wird sich ein Recht genommen, wo es einem doch zusteht! Auf andere wird die Schuld geschoben, statt sie sich selbst zu vergeben. Das Lob für andere kommt oft zu kurz, obwohl es selbst dringend gebraucht würde. Es entstehen sich wiederholende Gedanken, die sich mit unterschiedlicher Intensität in die Gestaltung des Lebens und in die körperlichen Funktionen ungefragt einmischen.

Die Unwissenheit ist eine Störung der Orientierung und bezieht sich auf die mangelnde Fähigkeit, „wirkliche" von „unwirklichen" Dingen zu unterscheiden. Sie wirkt sich bei vielen Menschen dramatisch oder tragisch aus, wenn davon hauptsächlich essenzielle Lebensbereiche betroffen sind - sie scheitern dann unweigerlich. In der yogischen und buddhistischen Tradition ist nichts Äußerliches unserer Lebenswelt wirklich oder real! Nur der innere Wesenskern zählt, nicht die angesagte Jeans, der Lob erwerbende Doktortitel, die teure Eigentumswohnung, das nagelneue Handy oder die positiven Verkaufs- oder Quartalszahlen. Der Mangel an Orientierung entsteht darüber hinaus auch durch einen erschöpfenden Alltag, in dem stets aufs Neue Entscheidungen verlangt werden.

Stellen Sie sich das vor: Sie stehen hinter einem anderen Menschen am Buffet und bemerken, dass er sich nicht entscheiden kann, was er von der vollen Tafel tatsächlich auf seinen Teller legen soll. Er nimmt mal dort, mal hier und versucht sogar, wieder etwas zurückzulegen, was aber Ihre genaue Beobachtung offensichtlich verhindert. Jetzt ist er verunsichert, packt sich noch schnell etwas drauf, vergisst aber dabei seine Gabel im Käse.

Stellen Sie sich nun ein Ehepaar auf einer Abendeinladung vor. Die Frau ist begeistert von der Wohnungseinrichtung. Am liebsten hätte sie auch den gleichen Vorhang, die Sitzgarnitur und vielleicht sogar die Einbauküche bei sich zu Hause. Ihr Lob fällt auf fruchtbaren Boden, denn die Hausherrin fühlt sich in ihrer Auswahl bestätigt. Anders ergeht es ihrem Mann, der keinen anderen Gast direkt kennt, weil er nicht im gleichen Tennisverein spielt und lieber über Fußball reden würde. Im vegetarischen Essen fehlt ihm das Fleisch und er hat beim Losen gegen seine Frau verloren. So ist er der Taxifahrer des Abends und darf deshalb nicht einmal sein Bierchen trinken. Jetzt heißt es für ihn, eine gute Miene zum bösen Spiel zu machen, damit er nicht in die Opferrolle fallen muss. Aus einer „sauertöpfischen Ecke“ kommen von ihm natürlich keine guten Witze!

Und schauen Sie nun bitte auf einen anderen Gast, der zwischen Buffet, einem Platz am Fenster und einer Sofaecke pendelt. Er weiß eigentlich nicht so richtig, was er auf dieser Party soll. Weder findet er einen Gesprächspartner noch etwas interessant an diesem Abend. Am liebsten wäre er allein für sich. Sein Interesse gilt trotzdem dem Gastgeber, den er auf eine bessere Heizungseinstellung, die Lautstärke der Musikanlage und das zugige Fenster aufmerksam machen kann. Mit scharfem Blick und wechselnder Perspektive gelingt ihm die soziale Analyse der Anwesenden nach Körperhaltung, Kleidung und Essgewohnheiten.

Alle diese Charaktere können im Menschen heimisch werden. Manche treten stärker hervor, andere warten im Hintergrund auf ihren Einsatz. In der spontanen Zuneigung oder Ablehnung gegenüber anderen Menschen, Gegenständen oder Lebensumständen zeigen sich lebenslange

Erfahrungen. Sie sind bewusst oder unbewusst Teil des inneren Wissens- und Erfahrungsspeichers geworden. Wem es gelingt, mit deren Auftreten in die Position des Beobachters zu wechseln, der kann sich darin wiedererkennen. Seine Wut und sein Ärger erreichen im gelassenen Umgang mit einem Konflikt nicht mehr den Siedepunkt.

Das innere Wesen ist weder gut noch schlecht. Es besteht in der Regel immer die Möglichkeit zur freien Entscheidung für oder gegen einen spontanen Impuls, einen unvermittelten „Gedankenblitz". Das Habenwollen verbindet sich auch mit dem Sinn für schöne Dinge, der Ästhetik oder einer gepflegten Garderobe. Andere für deren Besitz oder Begabung loben zu können, gehört zu den wichtigen Signalen, die wir unseren Mitmenschen senden. Ablehnung dagegen trifft oft sehr hart und ist mit Ärger und Zorn verbunden. In der Opferrolle lässt sich das Leben nicht gut ertragen. Sich etwas zu „ernörgeln", hat schon die Eltern genervt und stößt nun dem Partner erneut auf – man selbst bleibt aber in der „Schmollecke".

Wer sich in einem Loch sitzend wähnt, muss zu mindestens erst einmal aufhören, noch tiefer zu graben. Erst dann eröffnet sich der Überblick des Beobachters in der Meditation. Eine bedrückende Perspektive verändert sich. Wer seinen eigenen Wert ernst nimmt, befreit sich schneller aus dem Gefängnis, in das er sich oft selbst gesperrt hat. In der Meditation können gute und schlechte Lebensumstände in den Gedanken auftauchen. In der Ruhe sind zeitgleich die mit ihnen verbundenen Spannungen im Körper wahrnehmbar. Die Konzentration auf den Atemfluss verringert die innere Anspannung. Für den Beobachter sind die Gedanken vergänglich, weil immer wieder neue auftauchen, die die vorangegangenen Inhalte verdrängen.

Ruhe heißt, sich einen Raum für sich zu schaffen und die Konzentration auf den Moment wirken zu lassen – auch dann, wenn ein Problem nicht zu lösen ist und es sich immer wieder in den Vordergrund drängt. Es beansprucht einen Raum für sich.

Besonders wenn Kränkungen eine Rolle spielen oder ein Unrecht geschehen ist, steigt der innere Börsenwert schlechter Meldungen und Bewertungen. Mit dem sicheren Gefühl, auf jeden Fall recht zu haben, wird auf alles Äußere empfänglicher und empfindlicher reagiert. Die Antennen sind für den drohenden Kampf ausgefahren. Konflikte mit Geschwistern um das Erbe der Eltern, die Trennung vom Partner oder der vermeintliche Betrug eines Freundes führen so zum Abbruch von Beziehungen. Dazu gehört auch die strikte Verweigerung von Gesprächen, auch körperliche Folgen reichen bis hin zu Erkrankungen von Herz und Bauch.

Niemand steht uns innerlich näher als der, der gehasst oder zutiefst abgelehnt wird. Bei Tag und in der Nacht drängt er sich in den Raum unserer Bewertungen, Handlungen und Träume. Diese Emotion hat viele Farben und Formen, ein höflicher Umgang allein beendet meist noch nicht den Konflikt. Sie kennen das? Unablässig wird diese Person in Ihren Gedanken verfolgt. Was sie wohl jetzt macht? Was er wohl als Nächstes tun wird und was schon alles geschehen ist, von dem Sie noch nichts wissen? Ob es sich dabei um die eigenen Eltern, den Ehepartner, ein Kind oder den mobbenden Kollegen oder Chef am Arbeitsplatz handelt, ist letztlich egal. Es gelingt überhaupt nicht einfach, sich von seiner inneren Vorstellung zu lösen.

Die Meditationsgruppe ist eine Zuflucht in einem beschützenden Raum mitfühlender Menschen. Oft ist wenigstens hier eine neutrale Position möglich. Die Ruhe tut dem Körper und der Seele einfach gut.

Finden Sie den „anhaftenden Geist“: Zwei Mönche wandern und treffen an einem Fluss auf eine junge Frau, die sich die Überquerung allein nicht zutraut. Einer der beiden Mönche bietet ihr an, sie auf seinen Armen über den Fluss zu tragen, und sie willigt dankbar ein. Nach der erfolgreichen Aktion trennen sich ihre Wege wieder. Nach einer halben Stunde unterbricht der andere Mönch das Schweigen: Sag Bruder, war das nicht doch gegen die Regel, eine junge Frau so dicht am Körper zu tragen? Der Hilfsbereite entgegnet ihm: Ich habe den Körper der Frau nicht mehr im Kopf gehabt, seitdem ich sie abgesetzt hatte. Dich lässt sie aber wohl nicht los?

Im Unbewussten sind grundsätzliche Vorlieben für das Verhalten gespeichert. Das Unterbewusstsein vergleicht äußerliche Merkmale, die mit allen Sinnen erfasst werden. Was dem Betrachter scheinbar fehlt, wird beim anderen bewundert oder strikt abgelehnt. Der Impuls wird umso stärker sein, je schlechter man sich selbst einschätzt und je mehr vom anderen gewollt wird. Im Ideal ist der Lebenspartner eine perfekte Ergänzung, der deshalb passt, weil er „vollständiger“ macht. Sein Verlust führt das nun „unvollständigere“ eigene Dasein in tiefe Trauer. Diese unbewusste Reaktion geschieht auch im Beruf, gegenüber dem „richtigen“ Arzt und auch „besten“ Lehrer.

Eine Yogalehrerin mögen wir besonders gern, weil die Entspannung mit ihrer Anleitung sehr gut gelingt. Allerdings verbinden wir diese Vorliebe häufig mit äußerlichen Merkmalen. Es ist der harmonische Ablauf der Yogastunde. Wir bewundern ihre Kraft in der besonderen Übung, den geschmeidigen Körper, die sanfte Stimme und eine besondere Eleganz in den gehaltenen Stellungen.

Irrtümer sind vorbehalten, weil wir die unterbewussten Speicher nicht einfach einsehen können. Zum anderen werden Gedanken erst dann zu wirksamen Handlungen, wenn weitere Bedingungen für die Ausweitung und Verstärkung des Gedankenstromes sprechen. Garantien für Lebensentscheidungen haben wir also nicht. Zu einem Zeitpunkt des Lebens mag diese eine Entscheidung richtig gewesen sein. Manchmal müssen wir aber nachbessern. Es ist tragisch, wenn eine neue Sichtweise die Lebenspartnerschaft beendet, weil unser Lebensweg eine weitere Entwicklungsmöglichkeit offenbart hat. Bei einem anderen Menschen fühlen wir uns nun besser verstanden und aufgehoben als beim bisherigen Partner. Eine Veränderung kann aber auch geboten sein, wenn mit dem Wechsel des Arbeitsplatzes unsere eigenen Fähigkeiten vorteilhafter belohnt werden.

Das menschliche Wesen

Grundlegende Merkmale des eigenen Wesens werden dem Menschen schon ganz früh von der Lebensumgebung „eingeprägt“. Schon im Mutterleib wird „unbewusst“ intensiv am Leben der Mutter teilgenommen. Momente des Glücks und des Leids werden wie der mütterliche Stoffwechsel übernommen. Insbesondere der Konsum von Alkohol, Nikotin, Stress und Stoffwechselstörungen hinterlassen nachhaltige negative Folgen. Bis dorthin reicht aber später die Erinnerung nicht zurück. Es bleibt zeitlebens eine unbewusst gespeicherte Erfahrung.

Der wichtige Kontakt zur Mutter kann auch durch eine Kaiserschnittentbindung, Erkrankungen von Mutter und Kind oder weitere schicksalhafte Einflüsse empfindlich gestört oder sogar unterbrochen werden. Dann halten bei Kind und Mutter Stressreaktionen an, sodass die psychomotorische Entwicklung verzögert oder sogar erheblich behindert wird. Ein Kind gedeiht auch besonders dann nicht, wenn es keinerlei liebevolle Zuwendung erfährt.

Aus den ersten Beziehungen bis hin etwa zum Schulalter entstehen vielfältige Erfahrungen im Austausch mit den Eltern, Geschwistern und den weiteren sozialen Bezügen des Lebensraumes. Mit diesen wechselseitigen Bindungen entwickeln sich die Charaktereigenheiten oder Wesenszüge. Sie folgen den Vorlieben oder der Abwehr aller erfahrenen Lebensumstände. Das Kleinkind erobert schon sehr früh – im Kontakt mit den Eltern – seinen eigenen Platz mit einem ganz bestimmten Gefühl der eigenen Wertigkeit. Diese Erfahrungen – Grundlage für Urvertrauen – prägen das ganze spätere Leben.

Werde ich geliebt oder nicht? Bin ich erwünscht oder fühle ich mich überflüssig?

Beides gehört zum Leben wie jede gute oder schlechte Erfahrung. Überwiegen aber negative Prägungen, entwickeln sich – mitunter extreme – Abwehrreaktionen. Sie können durch Erkrankungen sowie ein Geburtstrauma überhaupt ausgelöst oder erheblich verstärkt werden. Es ist auch der Stresstest der Bindung von „Schreikind“ und Eltern.

Das Schreikind schreit unvermittelt und vor allem auch dann, wenn die Eltern müde sind. Unermüdlich und resistent gegen allen Trost, Getragenwerden, Schaukeln, Fenchel, Anis und Kümmeltee wechseln Schreiattacken mit Blähungen und Trinkunlust an einer Brust. Erstaunlich vergleichbar damit sind die angetroffenen Spannungen und Bauchbefunde beim „Reizdarm“ bei Erwachsenen.

Der Wille zum Überleben ist der natürliche und instinktive Antrieb der kindlichen Emotionen, mit denen beispielsweise impulsiv die eigene Sandburg zerstört wird. Objektiv richtige „Sachentscheidungen" im späteren Leben, die etwa zum Verlust des Arbeitsplatzes und der gesellschaftlichen Anerkennung führen, wirken wie vergleichbare Kränkungen des „kleinen Mädchens" oder „kleinen Jungen".

Werden Selbstwert und Würde bedroht, tritt ohne den ausreichenden Schutz einer sozialen Gruppe mangelndes Selbstwertgefühl auf. Unbewusste „kindliche Emotionen" von Wut und Hass können zu medienwirksamen Tragödien führen. In der Praxis finden wir beim erwachsenen Patienten Stressreaktionen mit „Verspannung" im Ausdruck der Angst vor allem im Nacken und Schultergürtel.

Dieses „Herzmuster" ist sowohl bei Durchblutungsstörungen der koronaren Herz-Erkrankung als auch in Lebenskonflikten anzutreffen, die zu Herzen gehen. Der Tod naher Angehöriger, der Verlust des Partners oder traumatisierende Erfahrungen führen zum typischen Ausdruck am Bewegungsapparat.

Die äußerlich untersuchbare asymmetrische Muskelverspannung und Fehlhaltung der Wirbelsäule führt zu vielen Diagnosen. Schulterarm- oder Karpaltunnelsyndrom, Bandscheibenschaden der Hals- oder Lendenwirbelsäule, Schwindel und Hörsturz werden oft beschrieben. Ein jahrelanger Rückenschmerz ist ohne ausgebrochene „kindliche Emotionen" oft nicht zu verstehen. Ein Reizdarm, entzündliche Erkrankungen der Schilddrüse und Störungen der Konzentration[132] gehören ebenfalls zur Mannschaft schwerwiegender Prägungen im Kindesalter.

Eine 70-jährige Frau hat nach 50-jähriger Ehe ihren Partner verloren. Sie pflegte ihn in den letzten beiden Jahren. „Der Tod kann auch Erlösung sein" steht über der Anzeige in der Tageszeitung. Mit der scheinbaren Entlastung tritt aber das Gegenteil ein. Eine nie zuvor in diesem Ausmaß spürbare Anspannung bestimmt den Lebensalltag und engt den Lebensraum auf die Wohnung und kurze Besorgungen ein. Im Flur hängt noch die Jacke des Ehemannes, als wenn er sie noch brauchen würde, sie wird aber nicht angerührt. Das Ausleeren der Jackentaschen vollbringt die traurige Witwe auch ein Jahr nach seinem Tod noch nicht.

132 häufig genannt: Erwachsenen-ADS

Frau W. ist Mitte 70. Sie nimmt nach dem Tod des Ehemannes ganz langsam den Weg „zurück in das Leben", wie es ihre Freundin nennt. Noch scheut sie die Teilnahme in der früheren Sportgruppe. Sie solle doch endlich wiederkommen, bekommt sie wiederholt von den anderen Mitgliedern zu hören.

Vor allem berühren Frau W. die Fragen vergleichbar betroffener Angehöriger, die wissen wollen, wie sie jetzt das Leben meistere. Sie spürt darin nicht nur ein reines Interesse an ihrem Fortschritt, sondern auch das Bedürfnis, von ihr einen Rat zu bekommen. Dafür aber geht es ihr doch noch nicht gut genug.

Meinen die Freundinnen vor allem sich selbst, wenn sie an Frau W. spüren, wie schwer es ist, einen Partner zu verlieren? Könnten sie mit dem Vorbild von Frau W. ihr eigenes Schicksal besser ertragen? Soll die „Normalität" deshalb wiederhergestellt werden, weil das Scheitern eines Mitmenschen auch das eigene Lebensgefühl bedroht? Was steckt dahinter?

Mit der Beschreibung von Gedanken und Gefühlen oder typischen Verhaltensweisen erkennt man im inneren Spiegel einen Widerwillen oder eine spontane Zustimmung zu sich selbst. Eine bewusste Vorliebe oder Abneigung sind an sich schon Teil des Lernprozesses. Wird dieser nicht beachtet, sind die Bewertungen zufällig und oft fehlerhaft. Für uns selbst mag es genügen, weil sich viele Möglichkeiten zur Korrektur ergeben. Wollen wir aber andere Menschen ausreichend sicher einschätzen, sollten wir uns selbst bereits in ausreichend vielen Lebenssituationen bewusst erfahren haben.

In einer vorausgegangenen Geschichte wird vom Handicap am verletzten Kniegelenk gesprochen. Ein Auto dagegen kann nicht hinken. Mit einem Defekt an der linken Vorderachse muss es unbedingt in die Werkstatt, um wieder fahren zu können. Die Anpassung an äußere Lebensbedingungen ist die Grundvoraussetzung, um zu überleben. Das Hinken mag nicht optimal sein, lässt jedoch noch eine Fortbewegung zu. Auch unser Geist passt sich an. Das „Hinken des Geistes" ist eine Einstellung auf besondere Lebensbedingungen, erhebliche Belastungen, Trauer oder nicht auszuhaltende Beziehungen oder deren Folgen im späteren Leben. Die unbewussten Verhaltensweisen, mit denen wir das Leben in der Bedrängnis noch aushalten können, nennt man in der Psychiatrie und Psychotherapie „Neurose".

Ähnlich wie bei einem Schmerz des Kniegelenks ist das Handicap selbst nicht unbedingt die Erkrankung. Seine Akzeptanz erlaubt es aber, zunächst weiterzuleben. Auch für das Bewusstsein gibt es günstige oder ungünstige Formen des Ausgleichs. Zu den weniger optimalen Gestaltungen gehört zum Beispiel eine Sucht nach Drogen, Alkohol oder Nikotin. Wohltuend hingegen sind alle schönen und verbindenden Dinge dieser Welt, wie das Verweilen in der Natur, Hobbys, Kunst, Sport und ein enger verbindlicher Freundeskreis.

Der eigenen Grundpersönlichkeit nähern wir uns umso mehr, je stärker innere Impulse an die Oberfläche drängen. Sie können aus der Vergangenheit erinnert werden oder aktuellen Erlebnissen folgen. Mit ihnen sind die notwendigen Reaktionen und Handlungen zum Überleben in der äußeren Lebenswelt und Gesellschaft verbunden. Sie sind „Werkzeuge", die wir benötigen, um unsere Aufgaben zu erfüllen und glücklich zu sein. Wir gehen davon aus, dass uns ohne Glück das „Leben" nicht gut gelingen kann oder sogar unmöglich ist. Grundsätzlich sind dazu auch alle Möglichkeiten in uns Menschen enthalten. Wir fahren aber oft entweder auf der einen oder der anderen Autobahn.

Wenn wir auf der „richtigen" Autobahn fahren, ist es fast egal, ob wir eine Ausfahrt verpasst haben oder zu früh abfahren sind. Die Korrektur ist einfach und kostet nur einen kleinen Umweg. Aber wenn wir orientierungslos auf der falschen Spur fahren, geht es nicht ohne ein äußeres Navigationssystem, also einen lebendigen Lotsen.

C. G. Jung nahm an, dass noch im 19. Jahrhundert Katholiken in der Schweiz sogar mit einem körperlichen Problem zunächst den Pfarrer und dann erst den Arzt aufgesucht haben. In der säkularen, weltlich orientierten Gesellschaft stehen anstelle des Pfarrers Bezugspersonen mit ähnlichem Alter, Beruf oder Interessen, Freunde und Verwandte.

Ärzte und psychologische Psychotherapeuten können in jedem Fall gute Lotsen oder Leuchttürme sein.

Fantasierte Tagträume zeigen unsere Sehnsüchte, Stimmungen und Erfahrungen. Im Zusammensein mit anderen Menschen funktionieren diese oft wie ein Spiegel. Grundsätzlich ist der unbewusste Austausch mit allen fühlenden Wesen sowie Tieren und der lebendigen Natur möglich. Die Beobachtung der Inhalte von Fantasien oder Tagträumen ist wie im nächtlichen Traum möglich und ihr Charakter ist festzuhalten. Je nach der Ausgangslage führt der Sieger oder das Opfer. Wir sind allein oder in einer Gruppe mit anderen Menschen, mal bunt, lustig, wild und frei oder zurückgezogen, angespannt und eingesperrt. Alle Charaktere sind enthalten und spielen sich die Bälle zu.

Elf Spieler auf dem Feld einer Fußballmannschaft kombinieren hervorragend. Es gibt zwar einzelne herausragende „Macher", aber der Ball kommt nicht wie beim Standkicker immer nur aus einem Loch. Mal ist der eine, dann ein anderer am Ball. Oft sind es einzelne, herausragende Spieler, die das Team zum Sieg führen, auch wenn grundsätzlich alle Eigenschaften am Erfolg beteiligt sind.

In der Stille der Meditation erfahren Sie schnell, welche hauptsächlichen Gefühle, Meinungen und Bewertungen für Sie eine „Hauptrolle“ spielen. Mit ihrer bewussten Wahrnehmung lernen Sie sich besser kennen und entdecken die typischen Verhaltensmuster Ihrer gedanklichen inneren Haupt- und Nebenspieler. Dann schießen unangenehme Gedanken plötzlich ein und stören Ihre Konzentration. Gerade in der Zeit des offenen Geistes besteht eine erhöhte Empfindlichkeit für Inhalte des Gedächtnisspeichers. Umstände aus dem Tagesgeschehen, aus menschlichen Kontakten oder Nachrichten auf dem Handy füllen plötzlich Ihren inneren Monitor aus.

Das Konzentrationsvermögen hängt auch von der körperlichen Leistungsfähigkeit ab. Natürlich verfügen Sie nicht zu jeder Zeit über die körperlichen und seelischen Kräfte, um die Ruhe der Meditation zu ertragen. Mit einem reinen Geist, ohne Ärger und gut ausgeruht führt die Stille zur inneren Ruhe und Gelassenheit. Hungrig mit leerem Magen, mit einem Völlegefühl nach dem Essen oder müde von der Arbeit gelingt mit dem gleichen Geist überhaupt keine Beruhigung.

Je nach genetischer Ausstattung[133] und bewussten wie unbewussten Vorlieben zu den frühkindlichen Bezugspersonen entwickeln Menschen einen von zwei grundlegenden Charakterzügen, die sich nach außen oder innen orientieren und die im folgenden Abschnitt des Buches beschrieben werden. Es handelt sich dabei um Beobachtungen des menschlichen Wesens, die zur Vermittlung von Wissen dienen sollen. Die wissenschaftlichen Lehrmodelle setzen deshalb bewusst Grenzen zwischen einzelnen besonders charakteristischen Typen, deren Eigenarten so besser zu verstehen und zu lehren sind.

Das Lebendige nutzt diese Grenzen selbstverständlich viel weniger konturiert und fix, als die Lehrpläne zur Vermittlung von Wissen und Fähigkeiten in der Gesellschaft es darstellen. Anstelle starrer Grenzen sind fließende Übergänge und Mischformen wesentlich häufiger anzutreffen als „reinrassige“ Charaktere.

Der Blick nach außen

Unbewusst spiegeln wir uns alle in anderen Menschen, äußerlichen Bildern oder Gegenständen, auch in den Formen der Natur.

Das unbewusste spontane Empfinden richtet sich also nach außen. Die vielfältige, bunte und wechselhafte Außenwelt kann zur Unsicherheit über die eigenen Urteile und Handlungen führen. Im zwischenmenschlichen Kontakt wird der Small Talk mit dem „Alltagsklatsch“ auch gebraucht, um sich in dieser Phase des Kontakts auf das Gegenüber einzuschwingen.

133 Die Wissenschaft nimmt gegenwärtig an, dass mehr als 50% der Persönlichkeit genetisch festgelegt sei.

Der Austausch mit dem Partner, einem Arbeitskollegen oder der Einkauf finden scheinbar wie „auf der Bühne“ statt. Unbewusst fühlen wir uns beobachtet und führen die Handlungen im Wachbewusstsein auch so aus. Die eigene Wertschätzung wird mit der erwarteten Beachtung oder einem erhaltenen äußeren Wertgegenstand verbunden. Im angesagten Outfit oder mit hoch motorisiertem Auto fühlen wir uns bemerkt und geachtet. Am besten ist es, wenn wir fortlaufend nicht nur von einem, sondern von vielen Menschen Bewunderung und Beachtung erfahren. Gelingt uns aber weder, zu einem besonderen Besitz zu kommen, noch die gewünschte Aufmerksamkeit zu erringen, entsteht in uns eine Scham.

Scham ist die unangenehme innere Erwartung, durch das eigene Verhalten, Aussehen oder Unfähigkeiten von anderen Menschen abgewiesen, verspottet oder ausgelacht zu werden. Wut, Schuld oder Trauer sind aber auch in der Abwesenheit anderer Menschen zu erfahren. Scham braucht den Beschämenden als Zeugen. Sie ist an den realen oder vorgestellten Beobachter gebunden, vor dem man sich am liebsten verstecken oder „in den Boden versinken“ würde.

Scham ist kein andauerndes inneres Konzept. Mythologisch und psychologisch gesehen, reicht die Scham tief in unsere archaische Vergangenheit zurück. Ihr Auftauchen in frühen Mythen zeigt, dass der Umgang mit ihr die Menschen schon immer beschäftigt hat. Scham hemmt und begrenzt die Fähigkeit zu Intimität, Lust, Freude und Sexualität[134]. Sie hat eine wichtige Funktion zur Erhaltung eines inneren Kerns, der vor den Blicken oder Entwürdigungen geschützt werden muss. Mit dem negativen Impuls kann sie uns den eigenen Wert spüren lassen[135]. Scham tritt als spontanes Gefühl in der Beziehung zu einem anderen Menschen auf. Dessen abwertender und verachtender Blick enthält das vernichtende Urteil über uns selbst. Während das Schuldhaben mehr mit einer Übertretung oder Ungehorsam in Verbindung zu bringen ist, scheint das Schamgefühl mehr zum „Gesehenwerden“ zu gehören.[136/137]

Das schamhafte Empfinden ist wie ein Signal – der bewusste oder unbewusste Blickkontakt oder eben gerade dessen Vermeidung geben uns Hinweise auf ein schambehaftetes Erleben.

134 Tiedemann, J. L., Die intersubjektive Natur der Scham

135 Leibig, B., Aspekte der Scham in der Psychotherapie

136 Tiedemann, J. L.

137 Hiersch, M., Ausführliche Diskussion in Scham und Schuld-Sein und Tun

Zur Abwehr des inneren Impulses wird unbewusst oft eine Entwertung anderer Menschen oder einer Sache angezettelt, dann reden wir schlecht und sind voller Ablehnung, was wir aber auch nicht aushalten können. Ein nachhaltigerer Kompromiss würde von uns das geduldige Arrangement mit diesem egoistischen Antrieb verlangen. Dieser will unermüdlich alles haben, was er äußerlich wahrnimmt. Genau das ist auch seine Schwäche, und darüber lässt er sich an seinen Ursprung verfolgen. Nach Ramana Maharshi bringt uns genau diese Frage an die Quelle des Ego: „Wer will haben?“

Probieren Sie es aus – gleich beim nächsten Wunsch. Oder sie erfüllen sich diesen einen Wunsch noch, und beim übernächsten Habenwollen spätestens ist es dann so weit. Nehmen Sie es auch wahr, wenn Sie einen Impuls der Ablehnung gegenüber einem anderen Menschen empfinden. Fragen Sie sich konkret: Wer lehnt das ab? Wer mag die Farbe nicht? Wer liebt diesen Geruch? Warum ist das ganz spontan ein „No-Go“ für mich?

Nutzen Sie unbedingt diese Impulse, weil sie für einen kurzen Moment in die Tiefe des eigenen inneren Wesens blicken lassen. Die Eingebung ist aber nur wertvoll, wenn sie nicht zur moralischen Bewertung von gut und schlecht und damit zur spontanen Handlung führt. Für alle Impulse gilt auch immer die gute Seite. Etwas haben zu wollen, ist auch der unmittelbare Sinn für alles Schöne – nicht einfach nur das schnöde Verlangen nach immer mehr Besitz!

Nur mit einer wertfreien Konzentration auf den Moment haben Sie einen Fuß in der Tür zu Ihrem Unterbewussten – bevor diese wieder zuschlägt.

Der Blick nach innen

Unbewusst wird ein Bild von einem anderen Menschen oder ein äußerlicher Gegenstand aufgenommen. Der eigene Selbstwert ist der „Goldstandard“, mit dem innerlich verglichen wird. Das Selbstbewusstsein misst sich am verinnerlichten Bild. Ein Small Talk ist oft gar nicht notwendig, man fühlt ja, was los ist. Mit diesem inneren Empfinden entstehen die Handlungen.

Dem Erkennen „des Schönen“, der mehr nach außen gerichteten Orientierung, stellt Friedrich Schiller „das Erhabene“ gegenüber.[138] Es sei eben doch nach inneren Werten zu streben, meint der Dichter. Wird aber zum Beispiel von vornherein – unbewusst – angenommen, dass man wertlos sei, spürt man sich auch gegenüber scheinbar Mächtigeren noch wertloser. Wie bei der

138 siehe: Literaturliste

Außenorientierung ist bei der Innenzuwendung von unbewusst erworbenen Wesenszügen zu sprechen, die auch nicht willkürlich und systematisch erzogen werden können, sondern erst im Nachhinein durch Analyse eine gewisse Vorliebe verraten.

Das jeweilige Muster ist in der Aufmerksamkeit der Meditation, in den spontanen Geistesblitzen des Alltags und im zwischenmenschlichen Kontakt wahrzunehmen. Eine prägende Bindung der eigenen Persönlichkeit entsteht zu besonders nahestehenden Menschen. Mit ihnen versammelt man sich im „gemeinsamen Feld“. Im vielfältigen Austausch werden andere Menschen ein Teil des eigenen Selbstes und zusammen erfährt man sich als vollständig und geborgen. Zu den wichtigen Bezugspersonen gehören die Eltern, der Lebenspartner und Freunde, die Kinder und weitere Persönlichkeiten im Beruf und Lebensalltag.

Eine Vorliebe für etwas oder jemanden stabilisiert gleichzeitig den eigenen Selbstwert, wenn die Bindung als nützlich und wohltuend empfunden wird. Eine Bindung besteht jedoch auch dann, wenn genau das Gegenteil der Fall ist, also weder ein Nutzen gespürt wird noch die Verbundenheit sich überhaupt attraktiv anfühlt. Manche Menschen berichten, dass sie ihren Kontakt zu den Eltern schon vor Jahren im Streit willkürlich abgebrochen haben. Im Wachbewusstsein tauchen diese Eltern dann nicht mehr auf oder die Erinnerung wird mit bösen Worten abgewehrt. Die Meinung des „Gemiedenen“ hat ihre Bedeutung verloren und berührt nicht mehr die aktuelle Partnerschaft oder den Beruf. Im Unterbewussten reden sie aber möglicherweise – gar nicht selten – noch immer oder noch mehr hinein. Sie bestimmen sowohl Zuneigung als auch Abneigung, Abwehr von zu viel Nähe und Angst und Unsicherheit im Kontakt mit anderen Menschen.

Ein Gefühl, nicht viel wert zu sein, kann in den Vordergrund treten.

Der einsame Wolf

… orientiert sich mehr nach innen.

Es gibt Menschen, die an einer Bushaltestelle lieber abseits von anderen stehen und sich nicht gleich in Diskussionen einmischen. Sie scheuen Menschenmassen, halten nicht gern Small Talk und wollen oft gleich direkt und ohne Umschweife zur Sache kommen.

Die Körpersprache der unbewussten Abwehr: Schon beim Begrüßen mit einem Händedruck werde ich abgewehrt. Mit dem Schluss der Hände drängt mich der Unterarm spürbar von seinem Körper weg – so, als solle meine Nähe nicht zugelassen werden.

Ihre Urteile sind mitunter recht hart, die Analyse scharf und mit einer guten Übersicht ausgestattet. Wenn es möglich ist, vermeiden sie die ihnen oberflächlich erscheinende Geselligkeit in einer Gruppe oder Team. Sie wird gleichwohl nicht immer abgewiesen, deren munteren sprachlichen Austausch über „Gott und die Welt" halten sie dennoch für „unnützes Geschwätz".

Den „Wolf" stört es noch stärker als die „Wölfin", welche die Vorlieben ihrer Geschlechtsgenossinnen kennt und deshalb besser akzeptieren kann. Berührt Wolfsmenschen ein zwischenmenschliches Thema tief, und muss es vom Ballast begleitender Informationen getrennt werden, sind sie ganz in ihrem Element. Die Bewunderung für diese Gabe, die in der Analyse auch nicht vor intimen Details des Mitmenschen haltmacht, genießen sie. Mitunter fühlt sich aber ein Partner „durchleuchtet", was ihm sehr unangenehm sein kann und er daher schlicht plötzlich einem Fluchtreflex folgt.

Der scharfe analytische Verstand entspricht den Wolfszähnen, die sich Respekt verschaffen können. Dazu gehört auch die liebevolle Seite, „in den Nacken zu beißen". „Gehöre ich nun zum Rudel oder nicht?", fragt sich ein „einsamer Wolf" allerdings zeitlebens. Die psychologische Medizin nimmt an, dass krankhafte Entwicklungen dieser Persönlichkeit als sehr frühe Störung in den ersten beiden Lebensjahren entstehen. Im Extrem und in der krankhaften Form wird sie Autismus[139] genannt.

Einsamkeit können wir nur dann aushalten, wenn wir die Angst vor dem „Alleinsein" überwunden haben. In der Einsamkeit suchen wir dauernd nach anderen, sind wir aber allein, so haben wir es mit uns selbst zu tun.[140] Eine eremitische Tendenz mag einem Einhandsegler auf einer Weltreise, dem Polarforscher, dem Vogelwart oder Extremsportler allerdings als praktische Grundausrichtung nützen. Mitten in der Gesellschaft fällt sie in Großstädten kaum mehr auf, und auf dem Land heißt er „Eigenbrötler", früher war es der Einsiedler.

In der äußerlichen Welt hat der Wolf oder die Wölfin vor allem einen Blick für den „Wald", aber der einzelne „Baum" ist nicht so interessant. Die Meditation sagt ihm prinzipiell zu, weil trotz der gemeinsamen Übung jeder seinen eigenen Sitzplatz mit einem abgegrenzten Territorium hat. Eine körperliche Nähe entsteht entweder nicht oder ist gut zu kontrollieren. Das Gefühl der Verbundenheit kann als angenehm empfunden werden, weil es nicht mit gemeinsamen Aufgaben verbunden wird. Der einsame Platz in der Natur ist in jedem Fall immer eine gute Alternative.

139 angeborene Entwicklungsstörung; drückt sich durch extreme Selbstbezogenheit und soziale Kontaktunfähigkeit aus.

140 vgl.: Osho, Das Chakra Buch, S. 148

Auf der Party fällt er wegen seiner Kritik am undichten Fenster, nicht aber als Erzähler von Witzen in der Gruppe auf. Wenn der Wolf Angst verspürt, dann entsteht sie meist durch den scheinbaren Verlust der Autonomie. Seinen Selbstwert erkennt er aus eigenen Fantasien, Plänen und Konzepten, auch wenn er der Einzige ist, der sie bewundert.

Es tut den Einsamen gut, sich für die Herzensgüte in der Metta-Meditation zu öffnen und dafür ganz bewusst von seinem einsamen Hügel herabzusteigen. Der Verlust an Übersicht wird schon bald durch eine nachlassende innere Anspannung belohnt, wenn er keinen Anforderungen aus seiner Umgebung in der praktizierenden Gruppe nachkommen muss.

Der Mannschaftsspieler

… orientiert sich mehr nach innen. Sein Spiegelbild gehört zum Partybesucher, der sich am liebsten „im Rudel" aufhält. Seine Welt sind die vielfältigen Kontakte zu anderen Menschen, die ihm Sicherheit und Selbstwert vermitteln. Für sie würde er alles tun und tut es auch. Er selbst kann dabei auf der Strecke bleiben und brennt nicht selten aus. Wenn das geschieht, erlebt sein Selbstwert einen Aktiensturz, er ist nichts mehr wert und wird regungslos, er „bekommt nichts mehr auf die Reihe" und vernachlässigt vor allem seinen eigenen Pflegezustand. Zur Furcht und Niedergeschlagenheit gesellt sich bald auch eine Appetitlosigkeit, und zwar nicht nur für Nahrungsmittel. Die äußere Welt verliert an Bedeutung. Auch die schönen Dinge sind ohne Glanz, die Sonne verdunkelt sich und nichts bereitet mehr Freude. Interessen und Substanz gehen verloren. Körpergewicht und geistige Fähigkeiten schmelzen ein. Die von Traurigkeit gefärbte Innenwelt wird zum Gefängnis des Depressiven. Infolgedessen verwehrt er jedwedem den Zutritt in seine Welt.

In der Meditation ist die innere Welt ebenfalls der beschützende und freiwillig aufgesuchte Raum. Nur kann diese Ruhe und Abgeschlossenheit manchmal vor lauter Kummer oder Ärger nicht ausgehalten werden. Dann geht die scheinbare äußere Starrheit mit einem inneren „Dampfkochtopf" einher. Ein „heißer innerer Wind" der verstimmten „Leber" entsteht, wenn scheinbar glückliche Menschen nicht erkennen, welches Schicksal sich hier vor ihren Augen abspielt. Nun fühlt sich der Niedergeschlagene „klein, hässlich und dumm", nicht viel wert. Dabei opfert er sich doch für andere auf.

Die Schauspielerin Inge Meysel verkörperte in ihren Rollen oft diesen – mehr nach innen gerichteten – „depressiven Typ" mit viel Mitgefühl und ohne besondere äußerliche Attribute. In nicht zu lösenden Konflikten nahm sie oft den Feudel und ging eben putzen. So spielte sie ihre Opferrolle als „Trümmerfrau".

Der Rückzug ins „eigene Reich", in dem man herrscht und sich selbst achtet, ist eine wahrscheinliche Möglichkeit. So spielen erwachsene Männer im Keller oder auf dem Boden mit ihrer Eisenbahn, basteln den ganzen Tag oder putzen ihr Fahrzeug und versehen es mit Spoiler und „Soundmaschine". Frauen, die kein eigenes „Reich" haben, flüchten in Gedanken, „kündigen innerlich die Beziehung auf", machen Kunst für sich und andere, Yoga oder gehen „shoppen".

Schon als Kind musste ich von meiner Mutter viele Aufgaben in der Familie übernehmen. Sie war immer kränklich und schwach. Jetzt ist sie alt und krank und braucht mich jetzt noch viel mehr. Aber ich spüre, dass meine Kräfte nachlassen. Alles tut mir weh.

Meine Tochter sagte mir kürzlich am Telefon, dass sie mich für sehr stark hält. Dabei bin ich 82 Jahre alt. Meine Beine wollen nicht mehr, der Rücken schmerzt und ich könnte gut Hilfe gebrauchen.

Die Rollen von Mutter und Kind wechseln im Leben oft gar nicht aus einer Asymmetrie in die Symmetrie. Im ersten Beispiel ändert sie sich nicht und im Zweiten dreht sich der Spieß um. Ziemlich direkt hat die Tochter ihrer Mutter mitgeteilt, dass sie nicht mit ihrer Hilfe rechnen könne. Ihre Projektion der starken Mutter drückt gleichzeitig auch das Gefühl der eigenen Schwäche aus.

Mannschaftsspieler brauchen die Nähe zu Menschen, bei denen sie ihren eigenen Wert spüren, ohne dafür etwas leisten zu müssen.

Die hilfreiche Konzentration auf die liebende Güte ersetzt allerdings nicht das Management für eine sichere Wohnung, ein gutes Essen und eine fürsorgliche Lebensumgebung. Joseph Beuys empfiehlt uns in seinem Gedicht „Jeder Mensch ist ein Künstler" unter anderem, etwas zu wagen Ein Wagnis könnte darin bestehen: Verbessere deinen „Pflegezustand"!

Der nette Steward im Großraumflugzeug fordert uns noch vor dem Start auf, sollte die Sauerstoffmaske „vom Himmel" fallen, erst uns selbst und dann die Kinder oder Hilfsbedürftige zu versorgen.

Kleiden Sie sich also bunt, bringen Sie Farbe auf die Lippen und ins Gesicht, gehen Sie ins Sportstudio, zur Kosmetik und zum Friseur und lassen mehr frische Luft und Licht an Haut und Lungen.

In der Metta-Meditation gelingt es häufig, die negativen und ärgerlichen Stimmungen langsam immer weiter in den Hintergrund zu drängen. Sie verlieren ihre Kraft, wenn der Selbstwert steigt. Dafür sorgen die Position des Beobachters und das Gefühl, mit der gemeinsam sitzenden Gruppe in tiefer Konzentration zu verschmelzen.

Auf der Bühne

... orientiert man sich nach außen. Es gibt Teilnehmer im Yogaunterricht, die zunächst scheinbar nur mit Widerwillen in den Raum kommen. Sie erwähnen auch, dass sie sich in den Tagen zuvor schon sehr viele Gedanken über den Ablauf gemacht hätten. Sie machten so etwas nämlich zum ersten Mal und dann wolle man sich doch nicht blamieren. Mitunter haben sie auch schon vorher mehrfach angerufen und immer nach einem Umstand oder Gegenstand gefragt, der beachtet werden müsse oder den es mitzubringen gelte. Es kommt auch vor, dass die gleichen Fragen in den Tagen vor dem ersten Treffen wiederholt gestellt werden, um sich zu vergewissern, auch nichts falsch zu machen.

Eine 52 Jahre alte Frau verfolgt alle Schritte der orthopädischen Untersuchung mit einem Gemisch aus Neugier und Angst. Ärztliche Beschreibungen des Befundes kommentiert sie wortreich und abwehrend, als ob sie das eigene Bild angegriffen fühlt und es unbedingt verteidigen müsse.

Die schambehaftete Alterung von Haut, Bindegewebe, Wirbelsäule, Gelenken und inneren Organen können viele Menschen, die als Patienten zu mir in die Praxis kommen, nicht gut aushalten. Wenn sie den Arztkontakt nicht vermeiden können, dann geht es ihnen vor allem um die Bestätigung, dass es doch nicht so schlimm ist. Die Kunst besteht darin, die Realität nicht zu verfremden und ein „Modell der Anpassung" vorzustellen, mit dem das Gesicht gewahrt werden kann.

Der Betroffene setzt häufig sehr viel Energie ein, um perfekt zu erscheinen. Da es eine hundertprozentige Perfektion aber nicht gibt, wird ein solcher Charakter manchmal der Hauptdarsteller in „Pleiten, Pech und Pannen".[141] Entsprechend hoch ist seine Spannung in der ersten Meditation oder der ersten Yogastunde. Seiner Maxime nach will er ja nichts falsch machen und bloß nicht unangenehm auffallen. Im Gegensatz zum Wolf liefert ihm der Small Talk die eingängigen und notwendigen Informationen über andere Menschen. Mit der unbewussten Sicht nach außen gelingt es nämlich nicht so einfach, sich spontan in eine fremde Persönlichkeit einzufühlen.

141 TV-Sendung, in der kuriose und vor allem lächerliche Missgeschicke gezeigt werden.

Ein „Beschnüffeln", das Lesen von Gestik und Mimik helfen aber ebenso wie der sprachliche Austausch der Erfahrungen, um genügend Sicherheit zu spüren. Oft bleibt dennoch die innere Alarmbereitschaft angeschaltet.

Im Unbewussten verwahrte Gefühle und Erfahrungen nennt C. G. Jung „Komplexe".[142] Sie umfassen Lebensereignisse mit ihren zugehörigen Erfahrungen, Emotionen und Sinnesempfindungen, welche unbewusst durch jede Form der Wahrnehmung, des Kontaktes oder sogar einen Geruch plötzlich wieder bewusst werden können. Erinnern wir uns an den kindlichen „Spinatkomplex" oder den Körper- oder Mundgeruch des Ex-Partners? Was das alles in uns auslösen kann! Wir spüren sofort, wie sich die Atemtiefe verringert. Der Brustkorb spannt an, mit dem Rundrücken werden die Schultern zu den Ohren hochgezogen. Der Hals scheint zu verschwinden und der Kopf senkt sich. Freies und in aufrechter Haltung Atmen ist in einer solchen Situation eine wichtige Übung. Mit ihr spüren wir uns wieder, und der Krampf im Nacken löst sich allmählich. Licht, Sonne und Freude am Leben, bunte Farben und Formen, die wir uns mithilfe der inneren Bilder vorstellen, sind das rettende Ufer, an dem wir Sicherheit für uns herstellen können.

Die Angst verschwindet auch bei einer lächerlichen Vorstellung vom Angstobjekt. Wenn der Clown in seinem grotesken Scheitern den Humor einsetzt, kann er seinen Selbstwert erfahren.[143] *Trotzdem scheint der Weg zur echten Autonomie und Freiheit sehr weit, und ist mit einer schweren Störung meist nicht allein zu bewältigen, sodass eine Psychotherapie notwendig wird.*

Angst, Zwänge und Scham scheinen ihr Gegenüber in einer Persönlichkeit zu finden, die schamlos, wild, bunt und unabhängig wirkt. Ihre Entwicklung vollzieht sich im 4. bis 6. Lebensjahr. Dem Kind wird unverstellt klar, dass es eine weibliche Mutter und einen männlichen Vater gibt und es selbst auch ein Geschlecht hat. Eine „Dreiecksbeziehung" kann entstehen, die früh eine geschlechtsorientierte Konkurrenz einübt und sie später auch durchs Leben trägt. In der Psychologie wird dieser Konflikt nach Sigmund Freud und der griechischen Tragödie „Ödipuskomplex" genannt. „Ödipal" meint die ambivalente Dreierbeziehung zu den Eltern, die ebenso Liebe wie auch feindselige Wünsche enthält. Das Kind entwickelt sich bewusst und unbewusst immer mehr in die Rivalität zum gleichgeschlechtlichen Elternteil. Darauf entwickelt es Strategien, um

142 siehe: C. G. Jung, Ausgewählte Schriften

143 vgl.: Johannes Galli, Die Lust am Scheitern

mit seinen Emotionen und Erfahrungen gut leben zu können. Auf eine krankhafte Entwicklung soll hier nicht näher eingegangen werden.

Für Menschen mit einem ödipalen Grundkonflikt im Unbewussten scheinen die Gefängnismauern des Zwanges eingerissen. Alles ist erlaubt, die schönen – oft teuren und exotischen Dinge der Welt – werden nach außen hin gelebt. Viele Prominente in Journalen und Gazetten folgen diesem „hippen" äußerlichen Bild.[144] Die Erfahrung zeigt aber, dass gerade ein scheinbar grenzenloses Ausleben mit strengen inneren Regeln einhergeht. Ein ursprüngliches Gefallenwollen mutiert zum Gefallenmüssen. Die „schamlose" Enthüllung des eigenen Körpers geht mit einer lupenhaft genauen Suche nach Falten, Pickeln, Bauchansatz und Altersveränderungen einher. Die Kosmetikindustrie findet in ihnen ihre treuesten Kunden.

Der Zwang, jemandem oder am besten allen gefallen zu müssen, mauert die Unbeschwertheit ebenso ein wie die empfundene Pflicht, alles genau erledigen zu müssen, damit man von seiner Lebensumgebung nicht „schief angesehen" wird. So verbinden sich oft die Konflikte aus der Geschlechterrolle mit der Scham, äußerlich nicht zu genügen, und der Angst vor Veränderungen der Lebenssituation im selbst begrenzt festgelegten Lebensraum. Die äußere Darstellung mit modischem und gepflegtem Charakter – nicht selten bis ins höchste Lebensalter hinein – ist ebenso charakteristisch wie die hohe muskuläre Spannung. Eine ängstliche Überwachung der eigenen Wirkung auf die Lebensumgebung geht oft mit einer pedantischen persönlichen Organisation einher. Alles muss stimmen, innerlich genauso wie das „Outfit". Es ist ein eigenes Gefängnis.

Im eigenen Gefängnis

… orientiert man sich nach außen. Die Außenwelt ist aber gleichzeitig die Gefängnismauer, die nicht überwunden werden kann. Es gibt Menschen, die vor allem Angst vor Veränderungen haben. Ihre genaue Arbeit, Zuverlässigkeit, Pünktlichkeit und Ordnungsliebe macht sie aber zu wertvollen Mitarbeitern in jedem Betrieb. Sie wollen alles immer ganz genau erledigen und verzetteln sich so im Drang zur „Hundertprozentigkeit".

Ich sitze oft abends schon an einer Liste mit den Aufgaben für den nächsten Tag. Oft wache ich auf und mir fällt noch etwas ein, was unbedingt erledigt werden muss. Die anderen sehen das stets ganz gelassen, aber ich würde in deren Unordnung ersticken. Ich habe häufig so viel zu erledigen, dass ich kaum etwas schaffe.

144 Quellen: übliche Arztwartezimmerzeitschriften

Mir geht es doch eigentlich gut. Mein Partner liebt mich, meine Kinder sind gesund und erwachsen und meine Eltern noch rüstig. Meine Arbeit fordert mich, aber ich mache sie gern. Meine Kollegen schätzen mich. Immer wieder bin ich aber verspannt! Hat das vielleicht etwas mit meinem Perfektionismus zu tun?

Eingesperrt in ihrem eigenen „geistigen Gefängnis" sind sie von gespannten Muskeln und einer Mauer aus Scham gegenüber der Außenwelt umgeben. Einem dieserart verspannten Menschen gegenüber ist es heilsam, die positiven Eigenschaften in den Vordergrund zu stellen. Gerade Menschen mit diesem psychischen Hintergrund werden jedes Wort – zumal das eines medizinischen Experten – „auf die Goldwaage legen". Sie misstrauen den guten und erwarten in ihrer Rolle vor allem negative Botschaften, die sie bereits längst erahnt oder vermutet haben.

Wenn über längere Zeit diese Anspannung kaum mehr zu ertragen ist, treten unumgänglich Krankheitszeichen am Körper auf. Menschen „im eigenen Gefängnis" spannen unbewusst derart stark Brustkorb und Arme an, dass sich nicht nur die Funktionalität, sondern manchmal sogar die körperliche Struktur krankhaft verändert. Von der Schulmedizin werden diese Störungen dann Bandscheibenschaden der Halswirbelsäule, „Kalkschulter"[145] oder Karpaltunnelsyndrom[146] genannt. Schmerzen im Brustkorb führen zu Noteinweisungen in das Krankenhaus – mit dem Verdacht auf einen Herzinfarkt.

Da aber auch der Kontakt zum Arzt angstbehaftet ist, kann vielleicht besser auf einer Augenhöhe mit einem Physiotherapeuten eine wirkliche Entspannung gelingen. Ein Neurologe oder Psychiater sollte dann um Rat gefragt werden, wenn Gedanken und Spannungen nicht mehr kontrolliert oder pariert werden können und einfache ambulante Krankenbehandlungen nicht zu nachhaltigem Erfolg geführt haben.

Die Spannung wird vor allem oberhalb der Zwerchfellebene im Bereich des „Äthers"[147] der Lunge und des Herzens aufgebaut. Die Zuordnungen aus dem erfahrenen Leben können diesem Bereich des Körpers entsprechen. Die Landkarte ist also nicht unbekannt und liefert wertvolle Anhaltspunkte.

145 Verkalkung der Muskel-Sehnenhauben der Schultergelenke mit Bewegungseinschränkung/Schultersteifen und Schmerzen

146 vgl.: u. a. H. Assmus, Einengung des Nervus medianus am Handgelenk

147 altgriech: blauer Himmel; Luft

Der „Mannschaftsspieler" hingegen trägt, was ihn bewegt, unterhalb des Zwerchfells im Oberbauch aus. Die Folgen sind wegen der anatomischen Verbindung vor allem Schulterschmerzen auf der rechten Seite und Stauungen der Flüssigkeit in den Beinen und mehr im rechten als im linken Arm. Weitere Krankheitszeichen können „im eigenen Gefängnis" wie beim „Mannschaftsspieler" angetroffen werden. Die Schulmedizin belegt den Ort der Empfindung oft unabhängig von der Ursache mit einer Diagnose. Das Skalpell liegt dann schon griffbereit.

Der Zwang, die Angst und ihr körperlicher Ausdruck werden geringer, wenn noch vorhandene Reserven durch Lob und Aufmerksamkeit gestärkt werden. Das Äußere des Körpers, die Haut, Haare und Accessoires sind in der Regel sehr gepflegt, farblich gut abgestimmt und – selbst mit wenig Geld – geschmackvoll komponiert. Dazu gesellen sich Ordnungsliebe und der Sinn für die schönen Dinge, wie Kunst und Kultur.

Angst und der innere Zwang zu handeln, begrenzen oft zusammen mit der Muskelspannung die Atemtiefe. Vor allem die Ausatmung kann schwerfallen, weil – wie bei einer Asthma-Erkrankung – auch die Bronchialmuskulatur über das sympathische Stresssystem[148] angeregt wird. Deshalb wird mehr Luft in die Lunge hineingelassen und weniger ausgeatmet. Der „Käfer bläst sich auf". Die Atemhilfsmuskulatur des Brustkorbes verspannt und die Schultern werden sogar noch zu den Ohren hochgezogen. Der Nacken wird steifgehalten und bleibt nicht selten auch hart, was irgendwann zur medizinischen Behandlung führt.

Atemkunst wird im Yogaunterricht gelehrt. Die Wechselatmung[149] steigert die Konzentration. Das Ein- und Ausatmen geschieht wechselseitig durch offen oder geschlossen gehaltene Nasenlöcher. Die Feueratmung[150] ist eine hochfrequente Bauchatmung. Im schnellen Rhythmus wird mit dem Anspannen der Bauchmuskulatur aktiv ausgeatmet und kurz passiv eingeatmet. Nach 60-120 Zyklen wird die Atembewegung bis zu 1,5 Minuten angehalten. Die Übung führt zu einer Erhöhung der „Kontrollüberzeugung" mit einer Steigerung der Wachheit und damit der Präsenz im Hier und Jetzt.[151]

148 Yoga fördert den Einfluss des Parasympathikus und kann Stress reduzieren.

149 Rechts-links-Wechsel; Atemrhythmus-Übung im Yoga

150 Schnellatmung im Kriya Yoga

151 vgl.: D. Mitzinger, Yoga in Prävention und Therapie, S. 33, 34

Die Fähigkeit, den eigenen Körper durch eigene bewusste Handlungen entspannen zu können, ist eine wichtige Erfahrung für Menschen, die in selbst gesetzten oder zwanghaften Grenzen leben. So wächst die Überzeugung, nicht mehr passiv dem zwingenden Gedankenfluss unterworfen zu sein.

Das Atmen geschieht bewusst, in der Wechselatmung wird bewusst die Zeit der Ausatmung gegenüber der Einatmung verdoppelt. Bei der Feueratmung geschieht die Ausatmung aktiv. Im Alltag und ohne die Konzentration auf den Atemvorgang erfolgt sie hingegen passiv durch die elastischen Strukturen des Brustkorbes. Die Übungen der Atemkunst sind vor allem bei Angst und Zwang eine wichtige Übung vor der Meditation.

Pranayama – die Kunst des richtigen Atmens – wird in Yogakursen vermittelt. Vor der Einübung ohne einen erfahrenen Yogalehrer wird ausdrücklich gewarnt, weil bei fehlerhafter Ausführung Kreislaufschwäche und Bewusstlosigkeit eintreten können. Pranayama kann nicht aus Büchern oder mittels einer DVD audiovisuell richtig gelernt werden.

Kampf oder Leuchtturm

„Auf der Bühne“ stehen die zwei folgenden Charaktere. Egoistische Gedanken und Gefühle richten sich bei ihnen nach den mehr weiblich oder männlich wahrgenommenen Merkmalen ihrer Bezugspersonen. Eine unbewusste Rivalität zum gleichen oder anderen Geschlecht kann aber am Arbeitsplatz erhebliche Bedeutung erreichen. Vorlieben oder Abneigungen entfernen sich mitunter weit von den zu lösenden Aufgaben.[152] Der Prozess gegenseitiger Abwertung oder Konkurrenz führt manchmal zu einer zwangsweisen Trennung der Kontrahenten, zumal der Inhalt der Arbeit dabei ganz auf der Strecke bleiben kann. Auch im Alltag überrumpeln scheinbar widerstrebende Gedanken und Gefühle. Der geschicktere Umgang mit den eigenen Eigenheiten zählt, sie müssen ja auch nicht durchgesetzt werden.

Wer sich von anderen Menschen beobachtet fühlt, pflegt sich oft auch gut und stellt sich ebenso dar. Eine Scham als die unbewusste Annahme, genügen zu müssen, macht aber vor allem fragil, also störanfällig und verletzlich. Es ist nicht seine Stärke, Emotionen von vornherein in aller Tiefe wahrzunehmen, wie es beispielsweise mit der depressiven Grundpersönlichkeit eines Mannschaftsspielers viel besser gelingen kann.

152 vgl.: jeweils Karl König, Kleine psychoanalytische Charakterkunde; Arbeit und Persönlichkeit, ab S.40

Im Erwachsenenleben werden „Dreierbeziehungen“ neben der Grundfamilie zur Stabilität gesucht und als Außenbeziehung aufrechterhalten. Sie sind dann die notwendigen „Leuchttürme“. Das Leben gelingt besser, wenn neben einer Zweierbeziehung auch noch eine stabile Freundschaft als wichtige Option zur Angstabwehr gepflegt wird. Der „Leuchtturm“ ist aber eben nicht der geeignete Sexualpartner, weil in der Funktion dieser Verbindung eine stabile Beziehung angestrebt werden sollte, in der es nicht darum geht, „genügen“ zu müssen! Er ist also eher ein Freund, eine Freundin, Arbeitskollege oder Partner für Sport oder Hobby.

Ärzte, Heilpraktiker, Psychotherapeuten, Yoga- und Meditationslehrer können vorübergehend in ihrer Professionalität eine „Platzhalterposition“ einnehmen. Sie setzt jedoch eine innere Haltung voraus, die mit Augenhöhe, Wertschätzung und Interesse einhergeht. Je mehr aber gezielt zum Beispiel durch eine Therapie Einfluss auf die Persönlichkeit des Ratsuchenden genommen werden muss, desto weniger leuchtet der Leuchtturm! Insofern ist die leuchtende Nützlichkeit einer solchen Verbindung auf Dauer begrenzt, und lieber als provisorische oder vorübergehende Variante zu betrachten. Sie ersetzt den besten Freund niemals.

Etwas problematischer ist die andere Ausprägung dieser Persönlichkeit. Grundsätzlich bleibt es bei der Leuchtturmstruktur, also einer stabilisierenden Dreierbeziehung, die durchaus auch die Vielfachbeziehung einer Gruppe sein kann. Eine Rivalität und Kränkungen des Lebensalltages werden von einer gleichgeschlechtlichen Person viel stärker als Angriff wahrgenommen als von der Gegengeschlechtlichen. Männer können im Straßenverkehr ebenso wie in der Kampfkunstgruppe alle anderen vermeintlich von Testosteron dominierten Wesen als Rivalen ansehen und in ein jugendliches Kampfverhalten fallen. Dieser Affekt „des Jungbullen“ kann sich bis ins höhere Lebensalter im Straßenverkehr problematisch, in der beruflichen Auseinandersetzung und der Lebenspartnerschaft nicht minder störend zeigen.

Allein schon die Wahrnehmung eines anderen gleichgeschlechtlichen Menschen kann den Kampfimpuls sofort auslösen. Karl König[153] weist auf die Bedeutung am Arbeitsplatz hin, wenn Kollegen immer wieder zur Auseinandersetzung neigen. Der äußere Konflikt gilt dem scheinbar objektiven Inhalt, aber der unbewusste Prozess der Aggression gegen den vermeintlichen Rivalen wird wahrgenommen. Die Lösung am Arbeitsplatz besteht mitunter nur in einer räumlichen und inhaltlichen Trennung der Kontrahenten, wenn die unbewussten Impulse der Grundpersönlichkeit nicht

153 deutscher Psychoanalytiker

durch eine Mediation[154] oder Therapie gelöscht werden können. Gelernt werden kann aber der Umgang mit den Affekten im Rahmen der Achtsamkeit und „Gewaltfreien Kommunikation"[155].

Aggressive Gedanken werden wir in der Stille der Meditation gut erkennen und bezeichnen. Das hilft uns im Lebensalltag, jederzeit die eigenen gegen uns selbst oder andere Menschen gerichteten Impulse im Moment des Kontaktes wahrzunehmen. Inhaltliche Konflikte der Arbeit verfolgen wir dann weiter, aber die emotionale Reaktion gilt es in jedem Fall zu entschärfen. Sie sollten auch nicht im Hintergrund von Gedanken und Gefühlen erhalten bleiben. Bei Frauen verhält es sich ganz ähnlich: Sie rivalisieren gegen die gleichgeschlechtliche Person, die weiblichen Merkmale ihres Ehepartners, die Kollegin, Freundin und in der Basis auch gegen ihre Mutter.

Die Beziehung zu einem gegengeschlechtlichen Partner hängt von dessen unbewusst wahrgenommenem Grundtyp ab. Konflikte können sich also aus den jeweilig erkannten mehr weiblichen oder männlichen Aspekten des gegengeschlechtlichen Partners ergeben. Entweder werden sie unbewusst abgelehnt oder toleriert. Eine vergleichbare Situation gibt es im Beruf, wo die weiblichen Aspekte mehr bekämpft und die männlichen mehr akzeptiert werden können.

Beziehungen

Die vier vorgestellten Grundpersönlichkeiten enthalten zugleich männliche und weibliche Züge. Sie beleuchten das komplizierte Mosaik der Gedanken und Gefühle aus deren Perspektive. In der Ruhe der Meditation können alle Aspekte bei sich selbst und einem anderen Menschen wahrgenommen werden. Der intuitive Impuls folgt der eigenen Grundpersönlichkeit und kann Ablehnung oder Zustimmung signalisieren. Alle Empfindungen werden bemerkt und aus der Distanz des Beobachters heraus untersucht.

Die ausgewählten Charaktere werden in den vielfältigsten Formen und Farben in sich selbst und anderen Menschen angetroffen. Die klinische Praxis zeigt allerdings, dass in Zeiten der Bedrängnis, Angst und Stress die jeweilige Grundcharakteristik deutlicher in den Vordergrund tritt. Die vorgestellten Charaktere[156] reichen aber für ein grobes Verständnis der Orientierung und können bei Bedarf verfeinert werden. Zum Lehren, Lernen und zur Demonstration in der Praxis ist ein einfaches Schema nützlich, welches auf eine Vorlage zu zeichnen ist. Die vorgestellten Grundpersönlichkeiten werden dabei auf sich kreuzenden Achsen angeordnet. Horizontal

154 lat.: Vermittlung

155 GFK oder „Einfühlsame Kommunikation", Begründer: Marshall B. Rosenberg; Tipp: siehe Literaturliste

156 nach F. Riemann, Grundformen der Angst

liegen die mehr nach innen[157] gerichteten, vertikal die mehr nach außen[158] orientierten unbewussten Charaktere.

Auf der einen Seite der Horizontale steht die Persönlichkeit mit einem Bestreben nach Selbstständigkeit, einem scharfen analytischen Geist und Strategien der Vermeidung zu naher menschlicher Kontakte. In der Gruppe ist dieser Typ der Stratege und sonst auch mal das einsame Genie. Sein Ding sind die Konzepte und nicht die Feinarbeit in der Sache. In unserem Schema wird er als einsamer Wolf bezeichnet.

Auf der Gegenseite sind Personen anzutreffen, die ihre Sehnsucht nach Nähe mit einem geringen Selbstwert und Erschöpfung sowie dem Bemühen um andere Menschen verbinden. Sie werden wegen ihres mitfühlenden Wesens ebenso geschätzt wie ausgenutzt. Ohne diesen mitfühlenden Teil der Grundpersönlichkeit wäre die Welt aber viel ärmer und kälter, außerdem gehört er wohl zu allen Menschen. Es sind die Mannschaftsspieler.

Auf der einen Seite der vertikalen Achse steht die Persönlichkeit der chaotischen Selbstorganisation mit dem inneren Antrieb, stets gefallen zu wollen, und der Scham, dies aber real nicht zu erreichen. Sie zeichnet sich aus durch ihren Sinn für das Schöne und Bunte im Leben. Sie ist beruflich wie privat ideenreich und kreativ. So entstehen viele Projekte, die jedoch – wie ihre Partnerschaften – nicht immer über längere Zeit durchgehalten werden. Sie fühlt und benimmt sich oft wie auf einer „Bühne". Mitunter spielt die Geschlechtswahrnehmung eine Rolle. Sie wird bedeutsam, wenn unbewusste, aggressive Impulse in gleichgeschlechtlichen Bindungserfahrungen dominieren.

Die vertikale Gegenseite besetzen Menschen, die vor allem Angst vor Veränderungen haben. Ihre genaue Arbeit, Zuverlässigkeit und Ordnungsliebe macht sie zu wertvollen Mitarbeitern in jedem Betrieb. Sie wollen alles immer ganz genau erledigen. Wenn sie sich dabei „verzetteln", dann sitzen sie in ihrem „eigenen Gefängnis", umgeben von angespannten Muskeln im Schultergürtel und Nacken und „hinter Mauern" der Scham, etwa nicht zu genügen.

157 introvertiert

158 extrovertiert

Selbstfürsorge

Das Loslassen von Gedanken und Empfindungen setzt Vertrauen und Mut voraus, und mit einer Zuversicht, die sich aus diesen Quellen speist, können wir auch sehr widrige Situationen im Leben überwinden.

In der Yogalehrerausbildung ist für den Schüler oft der Kopfstand die „Königsasana". Trotz einiger Lebenserfahrung – 55 Lebensjahre, 3 Kinder und Arztberuf – wollte ich körperlich mit den wenigen Männern und vielen Frauen zwischen 20 und 30 mithalten. Anfangs war ich nicht schlecht, hatte heimlich an der Wand – strengstens verboten – geübt und sogar schon einige Sekunden allein auf dem Kopf gestanden. Mehr wollte mir aber nicht gelingen und es wurde sogar noch schlimmer. Mehrfach stürzte ich durch eine Schwäche des linken Stützarmes ab und verletzte wiederholt meine Halswirbelsäule.

Mein Lehrer motivierte mich mit der Bemerkung: „Streng dich einfach mal an, du bist doch ein Mann!" Genau dieser männliche Ehrgeiz war mir aber doch zum Verhängnis geworden. Eine Übermotivation birgt oft das Risiko einer relativen Halbseitenschwäche. Die rechte Kampfseite hält fest und die linke – emotionale – Körperseite wird gelähmt. Ich erklärte mir den wiederholten Absturz, der mit einem Nachgeben des linken Armes einherging, also medizinisch. Schließlich kam die Erlösung, erneut durch einen Lehrer, der Mitgefühl empfand: „Lass doch den Kopfstand endlich los. Übe das, was du kannst und mach es gut!" Seine Worte waren eine echte Ermutigung für mich. Gesagt, getan – bald ging es mir viel besser.

Den Kopfstand habe ich später in eigener Regie doch noch erlernt. Eine „Königsasana" ist er allerdings bis heute für mich nicht geworden.

Wenn wir die eigenen Kräfte bewusst beachten, zu denen die aufgeführten Wesensmerkmale rechnen, sind wir in der Lage, ein schwerwiegendes Handicap besser anzunehmen und angemessen zu integrieren. Unfallfolgen mit bleibender Behinderung oder sogar Krebsdiagnosen werden für uns und unsere Lebensumgebung erträglicher, aber auch körperliche Auswirkungen von Stress, Zwang und Anspannung werden mit der Konzentration auf eine tiefe, regelmäßige Atmung geringer.

Patienten meiner orthopädischen Praxis tragen mir häufig Schulter-Arm- und Nacken-Hals-Beschwerden mit längerem Verlauf vor. Deren in der Regel unbewusst wirkende seelische Enge kann sich in der Meditation mit der Erfahrung von Raum und Weite langsam auflösen. Die Richtung der Impulse geht nach außen aus dem eigenen Gefängnis hinaus. Die im Yoga erlernbaren Atemübungen und befreienden Bewegungen des Brustkorbes und der oberen Lendenwirbelsäule greifen die neu gewonnene Freiheit körperlich wirksam auf. Bei stärkerer innerer Unruhe und Anspannung, die das Sitzen in der Meditationshaltung nicht gut erlaubt, ist eine adäquate Praxis von Achtsamkeit, Präsenz und Weite in der Gehmeditation eine erfolgreiche Alternative.

Steht der depressive Impuls ganz im Vordergrund, ist die eigene Mitte des Körpers unbedingt zu stärken. Der Oberbauch ist der körperliche „Krisenherd" und das Zwerchfell die „Demarkationslinie" zwischen instinkthaftem Handeln und liebender Güte. Negative und fast feindselige Gedanken gegenüber der Außenwelt verlieren mit den Qualitäten der Selbstfürsorge und des Selbstbewusstseins ihre Sprengkraft.

Viele Patienten sehen in einer für sie engen Situation nur den drastischen Hinweis auf einen „Krieg", den sie bewusst wie auch unbewusst zu führen haben. In dieser Lage ist längst zu erkennen, um wen oder was es dabei geht. Nun müssen sie den Weg allein finden, aber meist ist der Kampf nicht zu gewinnen und mit eigenem körperlichen Leiden verbunden.

Ein Schulterarmsyndrom rechts mit einer Stauung der Finger der rechten Hand, ein rheumatischer Brustschmerz, vor allem Bandscheibenschäden der unteren Lendenwirbelsäule und Stauungen der Beine führen schließlich zum ärztlichen Befund.

Mit der achtsamen Zentrierung des Geistes wird eine fehlleitende Orientierung in der Außenwelt wieder zurückgeführt und aus vielfältigen Ärgerszenarien und Opferrollen auf das eigene Wohlsein gerichtet. Im Yoga presst das Zwerchfell mit der tiefen und freien Atmung die dunklen Impulse des Oberbauches in den Hintergrund, sodass der eigene Wert wieder gespürt werden kann.

Die Fähigkeit, das eigene Leben wirklich gut zu meistern und negative Umstände sowie Handicaps auszuhalten, ist aber nicht einfach nur durch stilles Sitzen zu erlernen oder aus heilsamen Worten herauszulesen. Wir lernen über das Prinzip „Probe und Irrtum", also auch aus Fehlern.

Aber funktioniert das auch dann noch als Weg des Lernens, wenn wir ausgenutzt, verraten, missbraucht, betrogen oder missachtet werden? Es ist nämlich überhaupt nicht einfach, durch echte, harte Schicksalsschläge zu wachsen. Oft tritt das Gegenteil ein, und die Zeit heilt durchaus nicht alle Wunden. Sie kann auch noch tiefere Löcher reißen, und wenn wir in Not sind, brauchen wir vor allem Reserven. Den nötigen Rückhalt können wir in Freunden, in der Meditationsgruppe, professionellen Helfern, Sozialarbeitern, Krankenschwestern und Ärzten – und nicht zuletzt in der Familie finden.

Haben Sie genügend Vorsorge für einen Notfall getroffen? Gibt es jemanden, dem Sie alles anvertrauen können, ohne vor Scham in den Boden zu versinken, und den Sie um Hilfe bitten würden, ohne Ihre Selbstachtung und Unabhängigkeit zu verlieren?

Ein Alleinsein ist erst dann auszuhalten, wenn uns die Einsamkeit nicht mehr bedrohlich erscheint oder wir sie selbst frei gewählt haben. Die Meditation als Ritual allein genügt natürlich nicht, aber sie markiert auf dem Weg zu uns selbst die einsame Position des Beobachters und wird zum Werkzeug, mit dem wir uns selbst bewusst werden und erfahren.

Für manche ist es schwierig, auf dem Boden sitzend zu meditieren. Eine Sitzhaltung auf einem Stuhl mag eine notwendige Alternative sein. Wer dabei Scham empfindet, weil er nicht wie die anderen zu sitzen fähig ist und deshalb die Meditation für sich nicht passend findet oder ganz ablehnt, verpasst eine wertvolle Chance auf der Spur zu seinen Empfindungen. Die Meditation füllt ja nicht den Alltag aus. In einer schlechten körperlichen und geistigen Verfassung wird aber gerade der alltägliche Ablauf zum mühsamen Hindernislauf. Das unstete Leben hält hinter jeder Hausecke Stolpersteine bereit, die uns scheinbar versagen lassen. Angst und Verspannungen werden dann zum Dauerbegleiter.

Die mit einer stärkeren muskulären Anspannung verbundene innere Unruhe drückt sich oft auch in schnellen willkürlichen Muskelbewegungen aus. Sie spiegelt unruhige Gedanken auch in zappeligen Bewegungen des Körpers. Ein schneller Redefluss, Gedankensprünge oder ein wortreicher Vortrag über sich und die Bewertung der Lebensumgebung mögen auf einen wohlmeinenden Zuhörer überspringen. Er kann sich so fühlen, als würde er den gleichen Film sehen, was in ihm ebenso ein inneres Gefühl der Unruhe und mitunter einen Fluchtreflex auslöst. Immerhin sind sowohl Redefluss als auch Haltung und unvermittelte Gestik aus Sicht des Senders ein Teil seiner Strategie, um nach außen hin Kontrolle auszuüben. Sie wird nach innen gerichtet ohnehin stetig gehalten. So wird beispielsweise das eigene Verlangen nach Süßem dadurch getarnt, dass andere wortreich mit Kuchen und Keksen bedient werden. Deren Bewirtung muss den eigenen zwanghaften Verzicht verstecken.

Menschen erzählen von sich zum Beispiel, dass sie ein sogenannter Typ „Bewegungsmensch" seien. So wird die innere Unruhe als Charaktermerkmal dargestellt, an dem sie nicht schuld sein müssen.

Im Dialog mit dem Partner oder einem Freund können Sie üben, einen kleinen Schritt zur Befreiung von diesen entfesselten inneren Mächten zu wagen. Zwischen dem erkannten Gedanken und der bislang unmittelbaren körperlichen, emotionalen und sprachlichen Antwort soll bewusst ein Intervall eingelegt werden. Das Intervall kann 10-15 Sekunden betragen – es geht in dieser Übung um Gelassenheit. Reagieren Sie nicht spontan mit einer Gegenrede, Sie werden merken, wie ungewohnt das ist. Es passt dem unterbewussten Geist überhaupt nicht, still zu bleiben, denn das Ego will sofort bewerten und reagieren.

Und schließlich sind Sie ja so spontan und ehrlich. Sie kennen es auch nicht anders von sich. An die unmittelbare Antwort in Lauten oder Worten, Mimik, Gestik, Anspannung von Muskeln und Gelenken haben Sie sich gewöhnt. Andere halten Sie für lebhaft und spontan. Still rumsitzen konnten Sie noch nie. Sie müssen immer etwas tun.

Zwischen der Geistesaktivität und ihrer körperlichen Antwort besteht unbewusst zeitlebens eine Abhängigkeit, zum Beispiel als Verspannung der Muskeln, des Nackens oder Rückens. Die körperliche und geistige Unruhe wird in Asien als Erscheinung des „Affengeistes" mit stetigem Herumspringen, Klettern und Bewegen bezeichnet.

In der Übung der aufrechten Sitzhaltung und ruhigen Atmung zielt die Konzentration auf den eigenen Bauch oder die Brust mit der Herzbewegung. Die Aufmerksamkeit kann auch dem Chakra zwischen den Augenbrauen gelten, mit der eine Vorstellung von Licht entsteht. Sie beruhigt ebenso wie das Gefühl der Herzensgüte im Brustkorb.

In der Stille der Meditation sind die Dialoge mit dem Lebenspartner, den Kollegen in der Firma, einem Freund oder den Kindern Gegenstand der Untersuchung. Kränkungen und schlechte Bewertungen werden beispielsweise häufig von vornherein erwartet und leiten unbewusst das Verhalten. Schuldgefühle oder die Überzeugung, in einer Sache recht zu haben, sind gefährliche Fallgruben im Alltag. Auch die unbewusste Annahme, anderen nicht zu genügen, sensibilisiert für jedwede Kritik, der „mit der Lupe" nachgespürt wird, was ebenfalls zu gleichartigen „Verspannungen" führt.

Im Gespräch mit einem Kollegen oder Partner horchen wir kurz in uns hinein, ob eine Entgegnung, ein Wort oder eine Geste einen Impuls mit Anspannung in uns auslöst oder sogar ein plötzlich aufsteigender Ärger mit einer Spannung in Bauch und Brust zu spüren ist.

Die vielleicht nur 10 oder 15 Sekunden von der aufgefangenen Äußerung bis zur eigenen Antwort können wir konzentriert nutzen. Es gilt, ganz bewusst zu entscheiden, welche Antwort wir nach dem inneren Empfinden und dem tatsächlichen Sachverhalt für angemessen halten. In der „Gewaltfreien Kommunikation" werden entsprechend modellhafte Dialoge geübt. Neben konfliktreichen Inhalten soll auch der Prozess wahrgenommen werden, denn es sind oft die Gefühle und Urteile, mit denen wir uns selbst und andere schnell verletzten könnten. Die besten Grundlagen für die Kontakte zu den Menschen unserer Lebensumgebung sind: Augenhöhe, Interesse und Mitgefühl.

Kennen Sie das? Sie nehmen körperliche Reaktionen und Gedanken wahr, wenn die neuen Mode-Kataloge eintreffen, die Einkäufe der Nachbarn üppig ausfallen und deren Automarke einen überdurchschnittlichen Standard anzeigen? Die Einschätzung Ihrer Kollegen über Arbeitsabläufe und vor allem die Umsatzzahlen gehören ebenfalls zu Ihrer kritischen Analyse.

Frustration kann ein Ausdruck von „Habenwollen" sein und sich nach innen ausdrücken – dann ist die Tafel Schokolade rettungslos verloren. Die Schokolade ist hier eine „Metapher"[159], sie steht dafür, etwas unvermittelt und affekthaft[160] jetzt sofort haben zu müssen, über jemanden bestimmen zu wollen, etwas zu umklammern und behalten zu wollen als äußerliche Kontrolle. Shoppingtouren sind nach einer erlittenen Frustration auch Formen von „Habenwollen". Nach einem Streit mit dem Partner können schon mal ein paar neue Schuhe notwendig werden. Nicht selten spült der Alkohol[161] den Frust weg.

Die Übung umfasst nun, äußere Dinge besser aus einer Distanz heraus und ohne Bewertung auszuhalten. Dieser bewusste Abstand fängt beim eigenen Körper mit dem Blick in den Spiegel an. Die Kritik beginnt beim Pickel oder dem Umfang des Gesäßbereichs, den Hautfalten, einer Cellulitis, und macht beim Konsumverhalten in Bezug auf Kleidung, Auto, Wohnung und Einrichtung nicht halt. Auch hier geht es um eine wertfreie Betrachtung der inneren Impulse.

159 Begriff oder Bild, nicht nur in seiner wörtlichen, sondern auch einer übertragenen Bedeutung verwendet

160 Affekt; spontane Gefühlsregung auf einen inneren oder äußeren Reiz

161 Deutschland: tolerierte und zweithäufigste Droge nach Nikotin

Ich kann mich an einen Chefarzt erinnern, bei dem sich ein Teil seiner älteren Patientinnen für die Mühe der Operation entschuldigte. Gegenüber dem Chefarzt wird der Selbstwert unbewusst und wohl auch bewusst und mit Absicht reduziert.

An der Anmeldung in der Arztpraxis kommt es nicht selten vor, dass sich ein Patient beschwert und er tritt gegenüber den medizinischen Fachangestellten ärgerlich und wütend auf. Im Behandlungszimmer gegenüber dem Arzt dreht sich der Wind um 180 Grad, was den medizinischen Fachangestellten kaum verständlich ist.

Erich Fromm meint, dass der Mensch einer sei, der sich entweder unterwerfe oder nach Macht strebe.[162] Wie in der Arztpraxis oder im Krankenhaus ist dies auch in Verbindung mit dem Meditations- oder Yogalehrer und sogar in der Ehe der Fall. Spirituelle, therapeutische und sonstige Beziehungen bergen ein erhöhtes Risiko, sich entweder auf eine Führerschaft oder eine Nachfolge einzulassen. „Hochmut kommt vor dem Fall", sagt der Volksmund und meint damit auch, dass die Idealisierung auf der einen Seite oft nicht von der Entwertung auf der anderen Seite getrennt werden kann. Im Gegensatz zu einer nach innen gerichteten depressiven Reaktion, die in einem unterwürfigen Ausdruck den reduzierten Selbstwert markiert, ist die Scham eine Reaktion auf die unbewusste Betonung äußerlicher Umstände, das Hochstilisieren einer Autorität oder Messfigur. Mitunter kommt es in der Konfrontation zu einem Wechsel der inneren und äußerlichen Orientierung.

Wir stellen uns beispielsweise einen jungen, schönen und sportlichen Menschen mit all den dazu gehörenden Attributen vor. Der mehr nach außen Orientierte wird sich spontan vergleichen. So findet er sich in der Haarfarbe und Frisur, der Silhouette des Körpers oder der gewählten Kleidung wieder oder weicht nach seiner Empfindung nachteilig davon ab. Dieser schöne Mensch kann also unsere eigene Scham verstärken, da wir daran erinnert werden, selbst anderen in der Außenwelt nicht zu genügen. So wird z. B. oft der Ehrgeiz zum „Abnehmen" geweckt. Es kann auch der Wunsch entstehen, mit dem Kauf eines Kleidungsstückes einen Teil der äußerlichen Projektion zum Eigentum zu machen, also seinem „Ego" zuzuführen. Im mehr nach innen Orientierten kann angesichts der jugendlichen Schönheit die Selbstachtung sinken. Es nützt ja ohnehin nichts, sich für sich selbst anzustrengen – so lautet der depressive Ansatz.

162 vgl.: I. D. Yalom, Existenzielle Psychotherapie, S. 114

Als Traumfiguren können Aschenputtel und in der Neuzeit die Filmfigur „Pretty Woman" Beispiele für diese Sichtweise sein. Wie verhält es sich aber in der Begegnung mit alten, kranken und „hässlichen" Menschen? Denken wir an den „Glöckner von Notre Dame". Die Übertreibung in der einen wie in der anderen Richtung gilt jeweils immer dem Verständnis! Der Depressive wird jetzt umgekehrt nach außen hin Mitgefühl entwickeln, weil es seiner Grundstruktur und seinem Selbstwert entspricht, dies zu tun. Die Nähe zu diesem Menschen macht ihm nichts aus, weil er sie ohnehin auch sucht. Die mehr nach außen gerichtete Sicht kann mit der Angst einhergehen, ebenfalls alt, krank und hässlich zu werden. Auch in höherem Alter gehören Nagellack, gepflegte Haare, Schmuck und eine besondere Kleidung zum Outfit. Die Projektion äußerlich erlebten Alters und Leidens wird aber nicht so gut ertragen. Mitleid heißt diese Sicht, die hierbei eine Distanz schafft. Was ist nun besser? Wir sind mit beidem in die Bewertungsfalle gegangen!

Weder das eine noch das andere ist gut, schlecht oder besser. Darauf kommt es überhaupt nicht an. Viel wichtiger ist es, mit der geübten Konzentration unsere inneren Impulse und jedwede eigene Handlung bewusst ziehen zu lassen oder anzunehmen. Im Alltag, auf der Straße oder im Beruf bietet es sich an, dass wir kurz eine Meditationspause einlegen, die wir sonst zusammen in der Gruppe üben. Auch wenn die Gedanken schnell fliegen, ist die Konzentration auf eine tiefe Atmung in den Bauchraum, ein bewusst eingesogenes Bild der lebendigen Natur oder das gefühlte Intervall zwischen den Gedanken möglich. Lachen wirkt übrigens immer befreiend und ermöglicht so etwas wie einen „Bootvorgang" im inneren „Windows-System", dessen Arbeitsspeicher möglicherweise gerade die Grenze überschritten hat.

Der Schnappschuss: Auf einer Spreefahrt in Berlin geht eine Fotografin durch die Sitzreihen am Oberdeck und fertigt Bilder an, die anschließend zum Kauf angeboten werden. Jetzt sehe ich mich in der Sonne mit zerzausten Haaren, faltiger Haut und ohne Lächeln. Bin ich das wirklich? Wer in mir stimmt dem Bild zu oder lehnt es ab? Wer sieht mich eigentlich, wenn ich mein eigenes Bild ansehe?

Es ist an diesem Punkt möglich zu bemerken, dass kurz etwas aufblitzt und unsere Gedanken lenken will. Erkennen wir dies, besteht eine Chance, dass wir in die Position des Beobachters wechseln. Jetzt können wir immer noch lachen, den Kauf bestätigen oder das Bild einfach ablehnen. Der Vorgang verschwindet dann normalerweise wieder aus dem Kopf. Streiten wir hingegen mit einer Begleitperson über die Bewertung, zieht sich eine tiefere Spur in das Innere und der Impuls wird zu einer Welle.

Im „Charlottchen“ – einer urigen Kneipe in meinem Wohnort – gibt es ein wichtiges Ritual. Zum Zuprosten gehört ein Spruch, wie er wahrscheinlich in vielen Formen in ganz Deutschland üblich ist: „In die Augen schauen, sonst gibt's vier Wochen schlechten Sex!“

„Schau mir in die Augen!“ Wer erinnert sich nicht an die Schlange Ka aus dem Dschungelbuch? Die Augen verraten viel. Mit den Augen ist die ganze Welt zu sehen. Jemandem tief in die Augen zu sehen, das heißt auch, ihm in die Seele zu schauen. In diesem Augen-„Blick“ offenbart sich oft sehr viel und es kommt zu einem unwillkürlichen Austausch zwischen den Menschen:

Blickkontakt: Manche Menschen vermeiden den offenen Blickkontakt. Zu dieser oft unbewussten Abwehr einer Nähe neigt auch der Heuchler, Einschmeichler, Verschlagene, Betrüger, Lügner oder Schalk. Andere senken den Blick als Zeichen der Demut oder Scheu wie vor dem „Herrscher“ oder Gott im alten Testament.[163] *Andere wollen den Kontakt nicht aufnehmen und schauen deshalb zur Seite und nicht in die Augen. Ob sie etwas zu verbergen haben, keine Beziehung wünschen oder der unbewussten Annahme folgen, nicht viel wert zu sein, ist äußerlich nicht zu unterscheiden.*

Das Unterbewusstsein registriert viel mehr, als es über die Gedanken mitteilt. Es macht sich auch über die Reaktionen des Körpers bemerkbar: Der Blick in den Spiegel lässt uns nach innen blicken. Es entsteht unbewusst eine Verbindung zum Selbst. Wie bei einer akustischen Rückkopplung kann die Selbsterregung zu einem schrillen Pfeifen oder angenehmen Wohlklang führen. Bildlich nehmen wir uns als „grässlich“, „neutral“ oder „schön“ wahr; schwingen oder resonieren[164] wir zwischen „Fremdbild“ und „Selbstbild“ hin und her. Mit einem äußerlichen Bild von uns sind wir in der Lage, unbewusste Impulse zu provozieren und auf Aspekte aufmerksam zu machen. Üben wir es an einem Foto, wie bei einem „Schnappschuss“ – oder vor dem Spiegel.

Die forcierte Empfindung vor dem Spiegel setzt aber etwas Wichtiges voraus, denn wie in der Meditation locken wir sie nur absichtslos an. Unruhe, vorweg genommene Erwartungen und äußere Störungen behindern die achtsame Wahrnehmung der inneren Impulse. Sie können sich auch als körperliche Antwort zeigen. Fühlen wir bei unserem Anblick im Spiegel plötzlich das Herz stärker schlagen, halten wir den Atem an oder spannen Bauch, Kopf und Schultergürtel an?

163 2. Mose Kapitel 33 Vers 17b-23: „Und Mose sprach: Lass mich Deine Herrlichkeit sehen! ... Und Gott sprach weiter: Mein Angesicht kannst du nicht sehen; denn kein Mensch wird leben, der mich sieht.“

164 Physik und Technik: das Mitschwingen eines schwingungsfähigen Systems

Die Wiederholung dieser Übung gelingt immer besser und wir halten bewusst die Position des Beobachters der eigenen körperlichen und seelischen Reaktion ein.

Wenn Sie die Resonanz in sich auf Ihr Bild im Spiegel spüren lernen, dann können Sie sie auch bei äußerlichen „Objekten" spüren lernen. Es geschieht weiterhin alles in Ihnen. Bleiben Sie konzentriert und absichtslos, dann ist der Ärger, den Sie in sich spüren, wahrscheinlich eine resonierende Antwort auf den Ärger eines Freundes oder sogar fremden Menschen. Das Repertoire der „schwingenden" Gefühle können Sie nach den ersten Erfahrungen langsam erweitern.

Auf einer Speisekarte im Lokal fahren wir nun mit dem Finger auf und ab, bis wir das aktuell geeignete Essen erspüren. Es ist die Mahlzeit, die gerade perfekt passt, weil wir eine Resonanz zu ihr empfinden. Mit diesem einfachen Zugang zur Intuition oder Eingebung – dem Bauchgefühl – können wir allerhand interessante Erlebnisse haben. Aber nur der absichtslose Geist ist in der Lage, nachhaltige Ergebnisse zu erzielen – bei den Lottozahlen für das nächste Wochenende funktioniert es also nicht.

Diese Praxis steht übrigens allen Persönlichkeiten offen. Alle Menschen haben die natürliche Fähigkeit, eine besondere Beziehung, eine Resonanz, zu fühlen. Diese „Säugetierbegabung" ist wahrscheinlich einmal überlebensnotwendig gewesen, um mit dem sogenannten „6. Sinn" Gefahren zu erahnen und rein intuitiv bestimmte Dinge abzulehnen oder anzunehmen. Die fantastische Multitaskingfähigkeit des Unterbewusstseins verkürzt die Vorwarnzeit erheblich. Das eigene Selbst, ein Gegenüber, eine Gruppe, feinstoffliche oder grobstoffliche Gegenstände – all das ruft in uns eine Reaktion hervor, wenn wir damit in Kontakt kommen. Bevor wir diese Reaktion allerdings nutzen können, ist eine fleißige Übung notwendig. Absichtslos und vor allem ohne persönliche Gewinnerwartung ist es eine „Kurzmeditation" im Alltag.

Oft entsteht ein Konflikt, wenn wir eigene Wünsche vollständig erfahren, und eine Entscheidung zwischen ihnen zu einer Handlung führen soll[165]. Manch einem sich androhenden Richtungswechsel des eigenen Lebens mögen wir uns am liebsten durch eine vorübergehende Flucht entziehen. „Erwachsene Kinder" können auch in einem eigenen Beziehungskonflikt „ein Asyl" im früheren Elternhaus begehren, was dort aber oft nur zwiespältig gewährt wird. Der Autor Pascal Mercier beschreibt sehr anschaulich einen anderen Fluchtversuch aus dem Alltag

165 vgl.: I. D. Yalom, Existenzielle Psychotherapie, S. 364 f

angesichts der spezielleren Erkenntnis von Alter und Vergänglichkeit.[166] Ein Antrieb sei vor allem, dass sonst das Leben unvollständig bliebe. So muss es auch Johann Wolfgang Goethe mit seiner Italienreise in einer Krise der Lebensmitte ergangen sein.[167]

Der Rat, Buddha oder Jesus zu folgen und einer „Hauslosigkeit" nachzugehen, ist in der Gegenwart vielleicht allzu romantisch. Er erscheint sogar etwas verklärt oder versponnen – nicht aber im modernen Sinne esoterisch zu sein.

Widmen wir uns der Frage, ob in Lebenskrisen überhaupt so wichtige Entscheidungen getroffen werden sollten. Ein Wechsel des Arbeitsplatzes, die Trennung vom Lebenspartner, eine schwere Erkrankung oder ein Todesfall verlangt nun einmal Entscheidungen, meist sogar per sofort. Wir spüren in Krisen intensiv und nicht selten in einem umfangreicheren Spektrum als sonst eine Neigung oder eine Pflicht, Liebe oder Ablehnung, Angst, Kummer, Trauer und Ärger, manchmal bis zu Zorn und Hass.

Wenn es bewusst einschätzbar keine Lösung gibt, ist nicht immer das Unbewusste oder „der Bauch" anstelle dessen entscheidungsfähig. Bauchgefühle sind nicht zwangsläufig robust oder automatisch nachhaltig, nur weil sie für den Moment treffsicher sind. Wir sollten uns eigentlich nur dann auf sie verlassen, wenn wir auf dem jeweiligen Gebiet erfahren sind.[168]

In der traditionellen chinesischen Medizin ist die „Galle" das Organ der Entscheidung, und sie wird auch der Angst zugeordnet. Oft sind wichtige Entscheidungen mit der Angst verbunden, falsch zu handeln und dann pendeln das Für und das Wider durch unseren Geist. Im Stoffwechsel führt diese Aktivität zum Stau im Oberbauch. Die Zunge zeigt Zahneindrücke, der Bauch enthält zu viel Luft und der Schlaf ist auch organisch gestört.

Setzen Sie sich an einen Kraftplatz. Das kann eine Kirche sein oder ein Platz in der Natur. Hören Sie sich selbst zu. Stellen Sie dann die Frage: Was soll ich tun? Fragen Sie in Ihrer Vorstellung explizit jemanden – Jesus, Buddha, verstorbene oder noch lebende Eltern oder einen guten Freund.

---

166 siehe: Pascal Mercier, Nachtzug nach Lissabon

167 Deutung nach der Biografie im Goethehaus in Weimar

168 Andreas Huber und Axel Wolf: Gute Entscheidungen treffen – eine Anleitung; Psychologie Heute 9/14:21-27

Die körperliche Reaktion in einer Entscheidungssituation verlangt eine warme und gemüsereiche Kost. Zu vermeiden sind wegen der Galle vor allem Zucker, Schokolade, Kuchen, Vollmilch, zu viel Käse, Wurst und Alkohol. Ein guter Freund oder der Lebenspartner können natürlich unterstützen, sie bleiben aber die „Außenwelt".

Für die innerlich ablaufenden Prozesse sind wir immer selbst verantwortlich. Deshalb können wir verschiedene Meinungen zwar einholen, aber entscheiden müssen wir am Ende. Wenn es zu keiner Entscheidung kommt, dann besteht die Herausforderung darin, den Zwiespalt aushalten zu lernen. Das ist gut möglich, wenn es sich nur um einen Konflikt handelt. Seltener geht es darum, mit dem „Kopf durch die Wand zu gehen" oder den „Gordischen Knoten zu durchschlagen".

Die Geisteszustände sind so vielfältig, dass scheinbar einfache Lösungen uns nicht spontan beruhigen. Haben wir aber die Entscheidung getroffen, diskutieren wir nicht mehr über die Alternativen! Wenn sie trotzdem wieder im Geist auftauchen, markieren wir sie mit einem Namen, sodass sie sich nach spätestens 30 Sekunden wieder verabschieden können. Das sind wir dem Oberbauch – dem Lebergallesystem – schuldig.

Je mehr Zwang und Angst den inneren Eindruck bestimmen, desto mehr kann der Drang entstehen, Menschen der eigenen Lebensumgebung zu kontrollieren. Die eigenen Impulse werden dann mitunter im Partner gespürt und das eigene „Habenwollen" auf ihn übertragen. Die Formulierung ist dann: Unseretwegen soll er eben auch essen und trinken oder kaufen. Mit einer Konzentration auf die eigenen gedanklichen Impulse entgeht nach einer gewissen Übung diese Projektion aber nicht mehr so leicht.

Beim Fußballspielen werden sich die Bälle zugespielt, und so wechselt andauernd die Richtung, aus der die Bälle geschossen werden. Es gibt also nicht nur einen festen Grundtyp, aber häufig eine Tendenz, mehr oder weniger nach einem der dargestellten Charaktere zu handeln. In der Bedrängnis besonderer Lebensumstände übernimmt – wie immer – der instinktiv handelnde Autopilot das Steuer. Diese Art der „Geschäftsführung" wird von Krankheit, beruflichem Stress oder Konflikten mit dem Partner, den Kindern und den Eltern gefordert. Jedoch: Mit einer regelmäßigen Meditationspraxis gelingt es im Laufe der Zeit, diese Eigenheiten des eigenen Geistes mit seinen unendlichen Gedanken und Gefühlen besser kennenzulernen und die Dinge souveräner zu entscheiden.

Ein 80-jähriger kräftiger Mann hat eine Herzschwäche, einen aufgetriebenen Bauch und geschwollene Beine. In der Arztpraxis sprechen wir über Ernährung, Bewegung und Medikamente. Seine Schwäche ist ihm bewusst, weil er sie täglich erfährt. Acht Wochen später bringt er mir Zeitungsausschnitte mit, die ihn 50 Jahre zuvor als Leistungssportler ausweisen, und dazu noch Dokumente über seinen besonderen beruflichen Erfolg.

Die alten Strategien greifen nun nicht mehr, aufgrund der inneren Erkrankungen. Es bleibt aber die Scham zurück, im Alter nicht mehr zu genügen. Sie verbindet sich mit dem körperlichen und psychischen Ausdruck der erfahrenen Kränkung durch den Alterungsprozess. Was nutzt der sportliche Erfolg von vor 50 Jahren?

Das Unterbewusstsein muss keine zeitliche Zuordnung vornehmen, wie sie das Wachbewusstsein mit dem Blick auf die Uhr für selbstverständlich hält. Auch im relativ kranken 80-Jährigen kann noch ein „sportlicher Krieger" stecken. Die verfügbaren körperlichen Mittel haben sich aber verändert. Er sollte vor allem nicht gegen seine unrealistischen Vorstellungen kämpfen und weitere Energien verbrauchen. Diese fehlen ihm sonst im Herz, im Bauch und in der ganzen Steuerung des Körpers.

Warum ist diese Reaktion des Geistes auch eine Erfahrung für die Meditation? Auch der 80-Jährige ist in der Lage nachzudenken oder zu überlegen. Nur Geisteszustände der Demenz, des Tiefschlafes oder Rausches entkoppeln Geist und Körper. In allen anderen Zuständen des Lebendigen gibt es keine körperlose Erfahrung. Der Yoga, die Verbindung zwischen einem alten, kranken Körper und einem erfahrenen Geist beruhigt und heilt auf tiefe Weise.

Auch im jüngeren Lebensalter geht es oft um das Loslassen von lieb gewordenen Gewohnheiten. Den Fantasien für die unterschiedlichen Charaktere der Mitmenschen sind keine Grenzen gesetzt. Sie werden im täglichen Kontakt, am Arbeitsplatz, in der Partnerschaft, mit den Eltern und Schwiegereltern, Kindern und Freunden erfahren. Die Stille der Meditation macht die eigenen Bewertungen erst deutlich spürbar. Sie haben in Gedanken, Gefühlen und Wahrnehmungen des eigenen Körpers ihren Auftritt.

Auch im schlimmsten Fall kann es in der Ruhe des Geistes durch Meditation gelingen, ein neutrales Gefühl für einen anderen Menschen zu entwickeln. Gelingt dies aber nicht, mag sie trotzdem dafür sorgen, die negative Bewertung eines Einzelnen nicht sinnlos auf alle anderen Umstände des Lebens zu übertragen. Wir haben bereits über Projektionen gesprochen, und jeder sollte verstanden haben, dass er den Splitter im Auge des anderen Menschen schneller und empfänglicher erkennt als den Balken im eigenen Auge.

Diese Dynamik vollzieht sich also vor allem in jedem selbst, und deshalb bleibt jeder Mensch für sich allein verantwortlich. Wir haben zu lernen, bewusst die Worte zu wählen, die andere nicht verletzen, und mit einer entsprechenden Haltung und Gestik zusammen unser Interesse auch am vermeintlichen Gegner auszudrücken. Bewusst sollten wir ohne einen sprachlichen oder körperlichen Gewaltausdruck handeln. Die Benimmregel zum Beispiel, die Hände in einem Gespräch nicht in die Hosentasche zu versenken, meint das Gleiche. Offene Handflächen verbergen nämlich keine Waffen.

In der Meditation geht es aber um noch mehr. Ähnlich wie im Traumschlaf werden hierbei hintergründige Konflikte überhaupt offenbart, für die es noch keine Lösung gibt. Erst die regelmäßige Verbindung zu dieser Ebene der Erfahrungen kann uns auch ungünstige und immer wiederkehrende aggressive Impulse einzuordnen helfen. Unser Leben enthält unendlich viele Wege – die überwiegenden Abschnitte sind nur mit Fleiß, sehr viel Mühe und Glück zu gehen. „Wer den Frieden will, bereitet sich auf den Krieg vor[169]" lautet ein altes lateinisches Sprichwort. Auf das Leben bezogen heißt das: „Wer gut leben will, muss das Sterben beachten." C. G. Jung schreibt dazu, dass bis zum 40. Lebensjahr oft das Streben im Vordergrund steht. Es besteht ein Drang, immer noch viel mehr haben zu wollen, nach Wachstum, Reichtum und Konsum. Danach gelte es hingegen, sich auf das Sterben vorzubereiten. Jeder Tag sollte dann so gelebt werden, als sei er der Letzte im Leben. „Memento mori" – das Gedenken des Todes – kann das Leben in der zweiten Lebenshälfte gut begleiten. Das Kirchenlied „Mitten im Leben sind wir vom Tod umfangen"[170] sagt das Gleiche. Vor diesem Hintergrund ist jeder Tag für uns wichtig, und das Unwichtige, Unwirkliche tritt in den Hintergrund.

Als „nicht wirklich" werden in der Lehre des Yoga alle äußerlichen Lebensumstände verstanden. Es gilt aber weiterhin, seiner Bestimmung zu folgen, die Pflicht zu tun, für sich und die Familie zu sorgen – eine Vorsorge für den Winter zu treffen zum Beispiel. Es ist im Grunde das Leben nach der „Erleuchtung". Der Weise nimmt sein „Bündel" auf und setzt seine Arbeit schlicht fort.

Was würden Sie also tun, wenn heute Ihr letzter Tag des Lebens wäre? Können Sie ein Festmahl noch richtig genießen?

169 Si vis pacem, para bellum

170 Media vita in morte sumus; evang. Gesangbuch Nr. 518. Katholisches Gotteslob 2013 Nr. 503 (alt 654)

Packen Sie Ihren Rucksack für die letzte Reise. Wie viel wollen Sie noch auf den Schultern tragen? Was ist nur Ballast, was ist unverzichtbar, und wem schenken Sie das, was übrig ist? Soll es vernichtet oder von anderen weiterhin getragen werden? Streiten Sie noch mit dem Kollegen, dem Partner, den Kindern oder den Eltern?Bleiben Sie bei Ihrem Recht oder sehen Sie die Schuld weiterhin bei sich selbst oder anderen? Checken Sie noch stündlich Ihre Mails und Facebook? Kaufen Sie noch schnell etwas bei Amazon? Ärgern Sie sich über die Politik, Ihr Einkommen, die Bankzinsen? Räumen Sie noch Ihre Wohnung auf und bringen den Müll in die Tonne? Waschen Sie sich noch und putzen sich noch Ihre Zähne? Hinterlassen Sie Spuren? Welche? Was ist „Leben" für Sie am Ende Ihres Lebens? Wie fühlt sich Atmen, Riechen und Schmecken für Sie aktuell an? Wen oder was wollen Sie noch einmal berühren? Haben Sie jemanden, den Sie um Hilfe bitten, den Sie in Ihrer Nähe aushalten oder dessen Anwesenheit Sie sich sogar sehnlichst wünschen würden – der Ihnen auch bis zuletzt beisteht?

Aus der Asche des egoistischen Geistes wächst der mitfühlende Geist. So stirbt jeden Tag etwas, und an jedem Tag wird etwas zum Leben erweckt.

Bevor es Garten, Weinstock oder Traube gab in dieser Welt, war unsere Seele bereits trunken vom Wein der Unsterblichkeit.[171]
Und so gibt es weder Alter noch Tod noch ein Ende von Alter und Tod.[172]

171 Rumi

172 Herzsutra

Leiblicher Körper und Bewusstsein

Der goldene Schnitt – die göttlichen Proportion – übt seit Tausenden von Jahren eine besondere Anziehung auf Menschen aus. Er ist das Teilungsverhältnis einer Strecke, bei dem das Verhältnis des Ganzen zu seinem größeren Teil dem Verhältnis des größeren zum kleineren Teil entspricht.

Das Pentagramm als magisches Zeichen ist ein Symbol wie die Fibonacci-Folge. Dan Brown[173] *nutzt in seinem Roman „Sakrileg" eine Variation der Fibonacci-Sequenz als Hinweis für die Ermittler.*

Nach diesem Teilungsverhältnis konstruieren die Menschen Bauwerke und malen Bilder nach dem Vorbild der Natur – wie zum Beispiel eine Blüte – bauen aber absichtlich Asymmetrien in schmückende Ornamente ein. Die reine Symmetrie sei nur dem Göttlichen vorbehalten, so der Glaubenssatz. Das göttliche Prinzip der harmonischen Vollkommenheit zeigt sich im „goldenen Schnitt" in der gleichartigen Proportion, nicht in gleichen Anteilen. Die starre Schönheit des Ganzen umfasst dabei die asymmetrische Vielfalt seiner Teile.

Alle menschlichen Gesichter sind asymmetrisch. Überträgt man in einer Computersimulation die rechte auf die linke Gesichtshälfte, verschwindet jegliche Spannung.[174] Selbst eine bekannte und geliebte Physiognomie wirkt dann flach und langweilig. Das Lebendige als Teil der Natur ist mit seinen vielen Rhythmen und Formen nicht symmetrisch. Erst aus dem Ungleichgewicht entstehen die vielfältigsten Bewegungen von Körper und Geist.

Eine Handlung beginnt mit dem Gedanken, wenn mit oder ohne Absicht eine Verbindung des Wachbewusstseins zu einer Information des Gedächtnisses herbeigeführt wird. Ihre Manifestation zum Beispiel im gesprochenen Wort, der Mimik, Gestik und in der Körperhaltung haben unbewusste Vorläufer in der Sinneswahrnehmung und deren Bewertungen.

Mit der Verbindung des wachen Bewusstseins zu einem Impuls aus dem Gedächtnis ist auf körperlicher Ebene oft eine einseitige, asymmetrische Anspannung verbunden. Sie folgt in der Regel der Händigkeit. Beschwerden oder Verspannungen können dann „immer nur" links oder rechts empfunden werden.

173 US-amerikanischer Thriller-Autor

174 Bemerkungen über nicht symmetrischen Gesichter und Kunstwerke – zitiert nach Friedrich Cramer, Chaos und Ordnung, S. 203, 204

Bei einem Menschen mit einer angeborenen Störung der Gehirnfunktionen ist dieser grundsätzliche Bezug ebenso vorhanden. Er wird aber aufgrund der geringeren willkürlichen Einflussnahme deutlich stärker nach außen hin ausgedrückt und bemerkbar. Ärger, Wut, Zorn, Kummer und Trauer führen deshalb den Menschen mit einem Handicap sehr schnell an seine körperlichen Grenzen. Das gilt auch bei dem geistig Behinderten, was die Gedanken, Gefühle und Triebe betrifft. Es sind die gleichen Wünsche, Sehnsüchte, die gleiche Liebesbedürftigkeit und Angst ist vorhanden wie bei dem scheinbar Normalen. Auch sie verlangen nach einer Befriedigung und Zuwendung, genau so verschafft sich das „Unbewusste" seinen Raum. Und wenn Ruhe einkehrt, ist alles wieder im Lot. Wenn nicht, bleibt die Asymmetrie als dynamisches Element wirksam und verbraucht zusätzlich Energie. Das ist für ein Schreikind nach einer traumatischen Kaiserschnittentbindung oder Zangengeburt nicht anders als für jemanden nach dem Erleben von Missbrauch, Unfall oder unter Stressbelastung.

In der äußeren Welt ist Multitasking – also alles zusammen, hier, jetzt und sofort – angesagt. Dann kombinieren sich die Muster der Anspannung. Die Leber bewegt das Blut, was die Gewebe ernährt. Aktivität und Muskelspannung werden möglich. Jetzt kann etwas bewegt werden. Krisen bewirken dagegen mitunter ein „Gasgeben im Leerlauf". Für Ärger, Zorn oder Wut, Kummer und Trauer müssen Ventile zum Ablassen der inneren Erregung gefunden werden. Herz und Lunge sind in ihren Funktionen mit Angst, Anspannung und Depression verbunden. Der Autopilot hat dann alle Hände voll zu tun, um die Maschine auf Kurs zu halten. Wenn er es nicht mehr schafft, erschöpft der Körper und „brennt aus". Körper und Geist trennen sich scheinbar voneinander im Überlauf der Ansprüche. Der Körper wird von Impulsen überschwemmt und verspannt, während der Geist nach immer neuen Reizen sucht. Dabei helfen ihm die bunten Illusionen der Medien, der Konsum weit über den Bedarf hinaus und das Berauschen zum Beispiel. Folgen werden auch als Erschöpfung, Depression und chronische Schmerzen beobachtet. So wird der Segen der asymmetrischen Dynamik des Lebens gleichsam zum Fluch der Neuzeit.

Menschen versuchen, die erfahrene Welt um sich herum irgendwie zu erfassen und darin eine Ordnung zu erkennen. Die vielen Gedanken darüber sind mit den Wellen des Meeres zu vergleichen. Unendlich viele hohe und niedrige Wellen strömen unaufhaltsam, unregelmäßig und willkürlich auf sie ein. Niemand kann sich ihnen entziehen. Wie sollen die Wogen geglättet werden, um wieder Freiheit für den Geist und den Körper zu erfahren? Wie ist die Fähigkeit zu erwerben, sich für oder gegen einzelne Gedanken zu entscheiden?

Dankbarkeit und Wertschätzung für sich selbst und die eigene Lebensumgebung sind bewährte Quellen der inneren Kraft. Yoga, Meditation und ein spiritueller Lebensweg können die persönliche Sicht in einer Gruppe Gleichgesinnter ergänzen.

Trauer, Ärger, Zorn und Wut lassen den Gedankenstrom übermächtig werden. Das Unbewusste arbeitet auch in der Nacht. Unruhe und Spannungen im gestörten Schlaf und in düsteren Träumen wirken am nächsten Tag nach. Es gibt Klagen über Magen- und Darmbeschwerden. Geschwollene Gelenke, „einschlafende" Arme und kribbelnde Beine lassen keine Ruhe. Wir wissen nicht, „wo uns der Kopf steht" und sind unglücklich.

In der Meditation ist stets das zu betrachten, was bewusst wird. Allein schon die konzentrierte Position des Beobachters kann zu einer Lockerung der „Muskelverspannung" führen. Jeder Gedanke, mit dem eine Verbindung zwischen Bewusstsein und Unterbewusstsein entsteht, wird bereits als Handlung angesehen.

Nicht nur nach der buddhistischen und yogischen Philosophie ist jeder für seine Handlungen und deren Folgen – „Karma" – allein verantwortlich. Im Christentum geht es genauso um die Sorgfalt im Umgang mit Gedanken, Worten und Werken. Der ausgeführte Gedanke – als Tat – bewirkt zum Beispiel am Bewegungsapparat eine Anspannung. Gedanken von Wut, Ärger und Trauer werden von Muskelspannungen begleitet und das Verdauungssystem schaltet „auf Kampf". Lebensumstände „schlagen auf den Magen", mit ihnen „kommt gleich die Galle hoch" oder sie „laufen als Laus über die Leber".

Nicht nur die feste und flüssige Nahrung ist zu verdauen. Es gibt auch viele geistige „Speisen", die uns „schwer im Magen liegen" können. Es heißt auch: „Ein voller Bauch studiert nicht gern und Hunger ist kein guter Lehrmeister." In dieser Volksweisheit wird eindeutig auf den Zusammenhang von Bauch und Kopf hingewiesen. Die Inhalte der Ernährung haben Einfluss auf unsere Gedanken, weil Nahrungsbestandteile die Verdauungsleistung unterschiedlich beanspruchen. Die Organkopplungen führen beispielsweise zu der Meldung, es komme uns etwas hoch oder wir würden „sauer". Die inneren Organe sind in einem komplexen Regelwerk mit unseren Gefühlen und Gedanken verbunden.

Jeder sollte für sich probieren, welche Nahrungsmittel ihm gut tun und mit einer besonders ausgewogenen Lebens- und Denkweise im Einklang stehen. Ein „Fleischesser" ist oft ein Mensch, der meint, seinen Lebenskampf körperlich aktiv zu führen. Ohne Fleisch fühlt er sich kraft- und hilflos. Hinter diesem Gefühl drohender Schwäche kann sich aber auch Angst verbergen. In der Regel besteht ja kein objektiver Eiweißmangel. Die Angst ist unbewusst und versteckt sich hinter der Gewohnheit dieser fleischlichen Nahrungsaufnahme.

Die Angst tritt erst dann ins Licht, wenn es aus der Position des Beobachters gelingt, ganz bewusst gegen diesen gewohnheitsmäßigen inneren Antrieb zu handeln. Mit diesem „Nichthandeln" im Gedankenstrom des Handelns – hier dem Verlangen nach Fleisch – wird eine tiefere Einsicht in die Bedingungen des inneren Impulses möglich. Der Braten oder das Steak sind aber auch der Platzhalter für alle möglichen Bedingungen, denen wir scheinbar folgen müssen. Erst wenn wir uns dem Grund der Angst nähern und sie akzeptieren, wird ihre Wirkung zum Beispiel im Ausdruck eines Verlangens nach Fleisch geringer.

Die Abhängigkeit nach immer mehr Konsum von Pornografie, Schokolade oder auch eine Eifersucht dem Partner gegenüber sind Zeichen der Angst und eines mangelnden eigenen Selbstwerts. Es sind kindliche Emotionen, die sich äußerer Mittel der Erwachsenenwelt bedienen. Sie treffen auf ein reichhaltiges Konsumangebot im Internet, wo diese Art des „Handelns aus Abhängigkeit" – Habenwollen – leicht akzeptiert wird.

„Habenwollen" und sinnliches Vergnügen schließen sich überhaupt nicht aus und können sogar wichtige Lebensimpulse anbieten. Was uns Lust bereitet, können wir also zeitlich ausdehnen und genießen, statt alles schnell zu verschlingen. Wenn wir langsam und mit allen Sinnen dabei sind, führt das zu einem körperlichen Ausdruck von Glück. Das „Fließen der Säfte" erreichen wir nach den Erfahrungen im Yoga am besten mit einer vegetarischen Vollkostküche. Sie konzentriert sich auf Naturbelassenheit, und je älter wir werden, umso mehr sollten wir warm essen.

Jeder kann den Bereich des Essens und Trinkens für sich neu entdecken und zu einem Werkzeug seines Lebens machen. Mit der richtigen „Tankfüllung" sollte eine ruhige Konzentration ebenso leicht fallen wie eine schwere körperliche und geistige Anforderung.

Immer häufiger leiden Menschen an einem Reizdarmsyndrom. Dann bläht der Bauch nach dem Essen auf und Kopfschmerzen, stärkere Regelschmerzen, unruhiger Nachtschlaf, Kribbeln in den Beinen und Einschlafen der Arme können weitere Symptome sein. In der Schulmedizin wird nach einzelnen typischen Ursachen gesucht und oft nichts Krankhaftes gefunden. Dem Patienten geht es aber nicht besser, obwohl diagnostisch „alles ausgeschlossen" wurde. Auch wenn die Blutwerte der Schilddrüsenhormone und Antikörper gegen Schilddrüsengewebe normal sind, weisen oftmals Knoten in der Ultraschalluntersuchung auf einen Prozess der leichten und schon länger andauernden Entzündung hin. Vor allem Inhalte und Form der Mahlzeiten passen meist nicht zum üblichen stressreichen Arbeitsalltag.[175] Gifte und Umweltbelastungen haben ebenfalls einen Einfluss auf die Konzentrationsfähigkeit des Geistes und die Funktionen der Organe im Bauch.

Nach meiner eigenen Praxiserfahrung sind Zahnmaterialien aus Schwermetall mit Quecksilber in den Amalgamfüllungen und Palladium in Goldinlays oder Kronen eine Belastung für den Körper. Mit dem Einsatz dieser Metalle sind oft wiederkehrende Entzündungen der Nasennebenhöhlen und Zahnwurzeln verbunden. Zusätzlich sorgen zahlreiche Allergien für entzündliche Reizungen im Körper. In der kalten Jahreszeit führt die Luftverschmutzung besonders in Großstädten mit einer Feinstaubbelastung zu erheblicher körperlicher Schwäche.[176]

Die Messdaten können im Internet von den jeweiligen Staatlichen Gewerbeaufsichtsämtern eingesehen werden. Deutschlandweit sind Messdaten vorhanden. Bei eigentümlichen Krankheitszeichen gerade in der kalten Jahreszeit kann es sinnvoll sein, die jeweilige Ortsbelastung abzurufen. Viele Städte liegen regelmäßig in der kalten Jahreszeit über dem Durchschnitt. Nach meiner eigenen Erfahrung in der Praxis ähneln die Zustände bei Feinstaubbelastung einer Kombination aus einem Erregungs- und Infektzustand.

Der Erregungszustand ist eine Alarmreaktion des sympathischen Nervensystems und wird oft bei einer koronaren Herz-Erkrankung oder bei Angststörungen mit Reizdarm angetroffen. Beim Infektzustand ist nicht sicher zwischen Infekt und Allergie zu unterscheiden. In jedem Fall ist die Mittelohrbelüftung gestört und kann mit Ohrgeräuschen, Schwindel und Symptomen vom Hirnstamm einhergehen – also Unruhe, einseitige Muskelspanungen, Blutdruckschwankungen und Störungen der allgemeinen Orientierung. Bei älteren Patienten denken der Notarzt und die schulmedizinische Neurologie folgerichtig an einen Schlaganfall, der sich aber nicht immer nachweisen lässt.

Für Herz-Kreislauf-Erkrankungen ist der Zusammenhang wissenschaftlich belegt. Bluthochdruck, Störungen der Konzentration und im Stoffwechsel sind unmittelbare Folgen. So gewinnen manchmal kaum erkennbare Faktoren erheblichen Einfluss auf unsere Lebens- und Geisteskraft. Mit ihren vielfältigen Organwirkungen erreichen sie sogar unsere eigenen Gedanken und

175 vgl.: Marleen Oonk-Fabisiak und Dr. Reinhard Fabisiak, Stopp Rheuma und Reizdarm

176 siehe u. a.: G. A. Wellenius

Gefühle. Medizinische Untersuchungen werden dann sogar erforderlich, wenn wir uns „nicht mehr beruhigen können". Der Schlaf ist nicht mehr erholsam und es „jagen" die Gedanken. Alles fühlt sich „schwer" an und wir fühlen uns müde und wie erschlagen. Unter diesen Umständen wird das meditative Sitzen in der Stille zur reinen Qual.

Je älter wir werden, desto mehr überlagern körperliche Schwächen und Schmerzen mit Störungen der Funktionen der Wirbelsäule, Gelenke und inneren Organe unsere Gedanken und Gefühle. Oft ist nicht sicher zu unterscheiden, ob es sich um die körperlichen Wirkungen von Emotionen, Verschleiß durch den langen Gebrauch des Körpers oder eine Reaktion auf äußere Lebensumstände handelt. Oft treten mehrere Faktoren zusammen auf und bestimmen unsere „Wetterlage". Mit Umweltverschmutzung, Feinstaubbelastung, Zahnmetallen und den Inhaltsstoffen unserer Ernährung ändern sich die Spannungsverteilungen und Stoffwechselverhältnisse im Körper. Dadurch können eigentlich ganz „normale" Gefühle einen erheblichen Verstärker erfahren.

Ein berechtigter Ärger aufgrund einer Lärmbelästigung führt unter Umständen bis zum Herzinfarkt. Die Beschleunigung lässt sich nicht einfach aus den erkennbaren Umständen des Lebens, eines Gefühlskontaktes oder der eigenen Biografie erklären.

Die bislang betrachteten Erklärungsmodelle untersuchen die Beziehungen zwischen den inneren Organen, dem Nervensystem, dem Bewusstsein und dem Unterbewusstsein. Auch mit subtiler medizinischer Untersuchung sind nicht alle Einflussnahmen – zumal nicht deren komplexe Vernetzung mit dem Stoffwechsel und dem Nervensystem – ganz aufzuklären. Die Medizin findet also nicht immer ein schlüssiges Erklärungsmodell für die vielfältigen Empfindungen, Schmerzen und krankhaften Gedankenimpulse.

Ist es als krankhafter Wahn oder als Stoffwechsel-Erkrankung anzusehen, wenn ein Patient mit einem auftretenden Lippenherpes stets auch Selbstmordimpulse verspürt? Zwischen beiden Diagnosen liegt ein riesiger grauer Bereich des inneren Wesens in dem Betroffenen. Es gibt Abschnitte in ihm, die gut bekannt und damit behandelbar sind. Andere dagegen sind so versteckt, dass es sich für ihn anfühlt wie die Suche nach einem Seeweg nach Indien zu den Gewürzinseln am Ende des 15. Jahrhunderts.

Die Übung der Meditation bietet auch hier ein rettendes Ufer, wenn uns die Gedanken jagen und Bewegungen des Körpers erzwingen wollen. Wir nehmen die Störungen wahr und versuchen, sie „neutral“ anzunehmen. Auf der anderen Seite ist aber auch der medizinische Aspekt engagiert zu verfolgen. Beide Einsichten mögen zu einem vollständigeren Verständnis über die innere Beschaffenheit verhelfen.

Das Wissen über die enge Bindung von Körper und Geist gibt es seit Jahrtausenden. Bekannt dafür sind insbesondere die traditionelle chinesische Medizin und der Ayurveda, welche von einem intensiven inneren Miteinander von Geist und Körper ausgehen und diese nicht voneinander getrennt annehmen. Mit diesem traditionellen Wissen eröffnet sich für die Schulmedizin – gerade im westlichen Teil der Welt – ein weiterer Zugang zum Unbewussten. Körperliche Erfahrungen können als spezieller Ausdruck der eigenen Geisteszustände gedeutet werden.

Wir lernen – nicht zuletzt in der Meditation auf direktem Wege – zunächst, die Wirkungen von Gedanken und Gefühlen an unserem eigenen Körper im Hier und Jetzt zu entdecken. In heilenden Berufen kann dieses Wissen später auch therapeutisch eingesetzt werden. Der leibliche Körper reagiert unmittelbar auf alle Geisteszustände. Seine typischen Reaktionsweisen ergänzen die Erfahrungen der Meditation, in der der Geist über den Geist selbst erkundet wird. Man könnte den ergänzenden Bezug zum Körperbewusstsein auch eine „Psychologische Körperanalyse“[177] *nennen. Deren Landkarten sind in den Traditionen längst gezeichnet.*

Die traditionelle chinesische Medizin

Die traditionelle chinesische Medizin[178] (TCM) erklärt das Leben, die Gesundheit und die Krankheit aus der Sicht einer Weltanschauung. Die „Fünf Wandlungsphasen“[179] beschreiben das Universum. Sie sind die Basis aller Erscheinungen der Welt und umfassen alle Energie, Materie und den Geist. Alles ist verbunden und geht ineinander über im ewigen Fluss von Entstehen und Vergehen. Der Mensch hat seinen Platz zwischen Himmel und Erde in der Natur; aufgrund seiner geistigen Fähigkeiten obliegt ihm eine besondere Verantwortung für die Welt.

177 www.fabisiak.de: Psychologische Körperanalyse

178 Darstellung gemäß Ausbildung der Deutschen Akademie für Akupunktur – DAA e. v.; siehe auch Literaturliste: F. Bahr, Das große Buch der klassischen Akupunktur; Giovanni Maciocia, Leitbahnen der Akupunktur

179 Dr. med. Klaus-Dieter Platsch, Die fünf Wandlungsphasen – das Tor zur chinesischen Medizin; ausführliche Darstellung für Ärzte und Therapeuten

Körper, Geist und Seele sind untrennbar verbunden, der durchaus individuelle Mikrokosmos des Einzelnen spiegelt sich in dieser Weltordnung wieder. Das „Dào“[180] ist ein ewiges Wirk- oder Schöpfungsprinzip. Es ist für den Ursprung der Einheit und damit für die Entstehung der Welt verantwortlich. Jeder kennt das Bild ineinander verschlungener weißer und schwarzer Kreishälften mit einem schwarzen Punkt im weißen Feld und einem weißen Punkt im schwarzen Feld. Aus dem Zusammenspiel der Gegensätze von „Yin und Yang“ mit deren wechselseitiger Durchdringung, Wandlung und Bewegung ergibt sich die ganze Welt. Die Gegensätze von Schwarz und Weiß, Kalt und Heiß, Tag und Nacht werden als „Dualität“[181] aufgefasst, die einander bedingen. Ohne Liebe gäbe es keinen Hass, und umgekehrt trifft das genauso zu.

Diese Auffassung von Dualität stellt im Gegensatz zur eingängig diskutierten westlichen Weltanschauung der Neuzeit keine Trennung fest, sondern setzt im Gegenteil sogar die Verbindung von Gegensätzen voraus. Aus ihnen entsteht die Dynamik des Lebens, wie sie bereits als Asymmetrie des Lebendigen diskutiert wurde. Dào kann als „Leere“ in der buddhistischen Weltanschauung, als Gott im christlichen Glauben, als Brahman der Hindus und als höchster Seinszustand und Urgrund der Schöpfung verstanden werden. Es ist der eine Weg, der eine Ursprung und das eine Sein, aus dem alles hervorgeht.[182]

Die Grundenergie allen Lebens ist das „Qi“.[183] Das chinesische Schriftzeichen für Qi entspricht dem Bild eines Reiskochtopfs über dem Feuer – und symbolisiert so die Kraft von Feuer und Nahrung sehr treffend. Aus den Energien der Wandlungsphasen Wasser, Holz, Feuer, Erde und Metall geht alles hervor. In der Heilkunde werden den Wandlungsphasen Funktionskreise zugeordnet. Sie beschreiben die Funktionen eines menschlichen oder tierischen Organes im kleinen mikrokosmischen Zusammenhang. Jedes Organ und letztlich jede einzelne Zelle spiegelt den Kosmos als Ganzes, auch wenn die spezialisierte Ausbildung und eine Verfeinerung der Struktur zu völlig unterschiedlichen Aufgaben und Funktionen führt. Das Grundprinzip bleibt jedoch die Einheit im dynamischen Gegensatz von Yin und Yang.

180 wörtlich im Chinesischen: „Weg“ oder „Straße“; auch als „der rechte Weg“ oder das Prinzip oder die Methode aufzufassen

181 wiki.yoga-vidya.de; Def.: Zweiheit der materiellen Welt mit ihren Polaritäten

182 vgl.: Klaus-Dieter Platsch, Psychosomatik in der chinesischen Medizin, S. 1

183 Platsch, S. 5; Das Qi des Himmels ist der göttliche Odem, der jegliche Form und jegliches Leben des Universums erschafft.

Für die Energie und die geistigen Kräfte des Menschen sind die Funktionen der großen inneren Organe von besonderer Bedeutung. Der Wandlungsphase „Wasser" wird das Yin-Vollorgan[184] Niere zugeordnet, dem „Holz" die Leber, dem „Feuer" das Herz, der „Erde" Milz/ Pankreas und dem „Metall" die Lunge.

Im Yin-Kreis dieser Vollorgane fließt die Energie von einem zum nächsten Funktionskreis. Zu Anschaulichkeit finden Sie hier eine kleine modellhafte Grafik. (Milz steht hier für den Funktionskreis Milz/Pankreas)

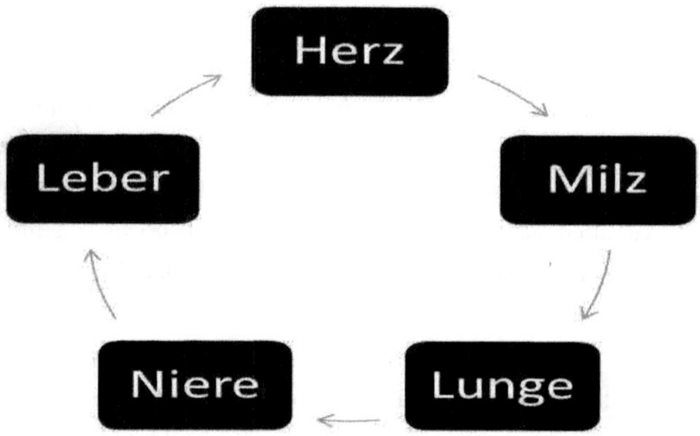

Da der Qi-Fluss in der Pfeilrichtung zum Aufschaukeln der Energie führen müsste, gibt es Regeln, die bei einem Überschuss auch wieder bremsen. Es entsteht ein kybernetisches Grundsystem mit einem stetigen Fluss der Lebensenergie.

Bereits etwa 2.600 Jahre vor der westlichen Zeitrechnung diskutierten der mythische gelbe Chinesen-Kaiser Huangdi und sein erster Minister Qi Bo[185] typische körperliche Ausdrucksformen seelischer Zustände. Die Yin-Organe des Körpers werden mit psychischen Grundstimmungen verbunden. Meridiane sind die „Straßen" im Inneren und an der Oberfläche des Körpers, über die Energie fließt.

184 im Gegensatz zu den Hohlorganen, wie dem Darm, die dem Yang zugeordnet werden

185 eines der ältesten Standardwerke der chinesischen Medizin: Huangdi Neijing

Die Beziehungen zwischen Yin und Yang, Fülle und Leere, Funktionen der Organe und Emotionen befinden sich immer im Wechselspiel. Ärger – ebenso wie ein fettes Essen mit viel Rotwein – kann einen Leberstau, also Fülle hervorrufen. Je nach Ausgangslage ist eine solche Mahlzeit zum Beispiel in der Lage, hintergründigen Ärger zu verstärken oder sogar überhaupt hervorzurufen! Emotionen entstehen also auch „aus dem Bauch heraus".

Ist auf der anderen Seite alles in Ordnung, sind also Partnerbeziehung und Beruf stabil und wird ein glückliches Ereignis erlebt – ein Gewinn oder eine besondere Anerkennung – wird auch ein „schlimmer Diätfehler" kaum bemerkt. Dann unterdrückt nämlich der positive Gehirnimpuls den „Ärger im Bauch".

Der beschriebene Zusammenhang ist eine empirische Beobachtung, denn genauer wissen wir es gegenwärtig nicht. Mit Glück und Liebe sind alle Speisen – seelische wie materielle – besser zu verdauen. Möglich ist auch, dass eine gute Stimmung den Bauch in Ruhe lässt. Er schafft dann das üppige Mahl ohne die Wirkung der negativen Emotionen, die seine steuernden Funktionskreise in einer andauernden Alarmbereitschaft halten können. Funktionskreise bezeichnen zusammenhängende Funktionen von Organen, Körpergewebe mit seinen Eigenschaften und die komplexe Vernetzung mit den Energiebahnen – Meridianen – des Körpers.[186]

In ihrer Entsprechung steht die Niere auch für die Energie und nicht nur für die organtypische Ausscheidungsfunktion. Mit einer guten Nierenenergie stehen wir „wie ein Fels in der Brandung" auf der guten Seite. Wir „gehen auch mal durch die Wand" auf der weniger guten Seite. Die Leber liegt im rechten Oberbauch und bildet einen Teil der „Wetterecke", neben dem Magen, dem 12-Fingerdarm und der Bauchspeicheldrüse. Ist die Leber in der Funktion gestört, so schmerzt der Rippenbogen, es ist zu viel Luft im Bauch und wir fühlen uns unwohl.

C. G. Jung[187] nahm an, dass das Zwerchfell die Grenze von instinkthaften körperlichen Handlungen und dem mehr geistigen und lufthaltigen Bereich von Herz und Lunge bildet. Auf der einen Seite befinden sich also die Verdauung, der Energiestoffwechsel, die Triebe und Fortpflanzung sowie die Ausscheidung. Auf der anderen Seite sind Luft, Raum und Herzensliebe zu finden. Das Zwerchfell trennt so das Materielle und Stoffliche des Bauchraumes vom Äther und dem Feinstofflichen der Lunge und des Herzens.

186 Dr. Klaus-Dieter Platsch, Psychosomatik in der chinesischen Medizin, für Ärzte und Therapeuten zur ausführlichen Diagnostik und Therapie von Erkrankungen im Zusammenhang mit Psyche, Funktionskreisen und typischen Symptomen

187 Seminar Kundaliniyoga; Zürich 1932

Im Modell zwischen Geist und Körper wird das Ego als der „Knoten“ bezeichnet. Das Zwerchfell kann dieser Knoten sein, an dem sich im Zusammenhang der Funktionen egoistische Impulse körperlich ausdrücken. Störungen der Atemfunktionen unter Stress und Anspannung zeigen sich deshalb oft an der Grenzfläche von Bauch und Lunge. In der Schulmedizin ist die Reflux-Erkrankung mit dem Ausstülpen des Magens in den Lungenraum hinein und verstärkter Säurebildung besonders bekannt und auch häufig diagnostiziert.

Die Lunge steht unbedingt sinnbildlich für die Depression, die Freude und den Lebensrhythmus, welcher sich besonders in der regelmäßigen Atemfunktion abzeichnet. Deshalb ist die Kenntnis über die genaue Beschaffenheit des individuellen Lebensrhythmus sehr wichtig.

Halten Sie unvermittelt den Atem an, wenn Ihnen der Schreck in die Glieder fährt? Nimmt es Ihnen den Atem, wenn Sie plötzlich und unerwartet unangenehm berührt werden? Bekommen Sie keine Luft, wenn Sie die Gegenwart anderer oder bestimmter Menschen schier erdrückt?Andererseits lässt das spontane Glück Sie auch frei und tief atmen, nachdem Sie etwas Schweres oder Herausforderndes überstanden haben. Ihre Lungen können erst einmal wieder richtig „durchlüften“.

Mit dem freien und tiefen Atem sind wir lebendig und vom „Lebendigen“ ist die Seele nicht entfernt. Mystisch wird sie so zum göttlichen „Odem“[188], der uns atmet.[189] Der Oberbauch ist die Mitte des Körpers. Der Magen wird wie die „Mutter Erde“ mit der gelben Farbe verbunden. Interessanterweise wurde seit jeher China als das Reich der Mitte bezeichnet, dessen kaiserliche Farbe das Gelb ist!

Die Müdigkeit ist der „Schmerz der Leber“. Ist die Leber geschwächt, dann bewegt sich das Blut nicht ausreichend und die Organe erhalten zu wenig Nährstoffe. Müdigkeit und Krämpfe in der Muskulatur sind häufige Folgen. Unterbauchbeschwerden, Blähbauch, Regelschmerzen bei Frauen und Prostatareizung beim Mann, gestaute Venen am Darmausgang – Hämorrhoiden – gehören zu den Krankheitszeichen von Stauung und Anspannung. Stauung und Spannung am Kopf führen zum Schläfenkopfschmerz, Sehstörungen, mitunter sogar zu Augenentzündung und Ohrgeräusch – den gefürchteten Tinnitus.

188 www.duden.de: Atem; synonym auch als Hauch oder Luft und transzendiert als der „Atem Gottes“ aufgefasst

189 Rüdiger Maschwitz, Ursache und Wirkung: „Mit jedem Atemzug, der dich atmet, sei der Übende mit Gott, dem Urgrund alles Lebendigen verbunden.“

Die Sexualität fördert in besonderem Maße den Qi-Fluss im Unterbauch und besänftigt die Leberhitze, die sich mit sexueller Aktivität beruhigt und nicht mehr aufsteigen muss. Die Galle läuft nicht mehr über und der Gallenblasenmeridian wird nicht mehr am Kopf aufgestaut. Die Schläfen sind nicht mehr druckschmerzhaft und der Gürtel um den Kopf kann sich lockern.

Alles nur wegen ein bisschen Sex? Natürlich nicht. Es wurde bereits diskutiert, dass die Verdrängung und die Umgehungsstrategien vor allem selbst das Problem sein können. Sex allein löst niemals Lebensprobleme. Im Gegenteil, die Triebe sind ja oft Teil des Problems, aber gleichzeitig auch Ausdruck der Lebensenergie. Daher finden wir gerade in der Sexualität die brisantesten und kniffligsten Schwierigkeiten, oft kommen wir an den Punkt, wo es nicht mit und nicht ohne Sex weiterzugehen scheint. …

Die Polarität – hier Fluch und Segen der körperlichen Funktionsvielfalt – zeigt sich genauso im Sex wie in der Keuschheit. Wenn also der Wunsch nach Intimität und Sexualität gefühlt und mit viel Schokolade und Kuchen umgangen wird, wächst der Bauch, reizt das die Galle, verfettet die Leber und schmerzt der Kopf beispielsweise bei der Migräne. Jeder Trieb beherbergt aufgrund seiner tiefen Verankerung in unbewussten Steuerungen und vor allem dem mächtigen vegetativen System des Körpers ein Suchtpotenzial.

Auch Mäuse lassen sich im Labor immer gern wieder belohnen und scheuen unangenehme Erfahrungen. Keuschheit oder vielmehr der Zwang zu ihr kann zumal in der Verbindung mit moralischen Regeln Suchtcharakter erreichen. Das aggressive Moment wird besonders deutlich, wenn die Regeln in Gesetze für Menschengruppen gefasst werden und Abweichungen rigide und grausam bestraft werden. Mit Zorn, Ärger und Wut steigt dann unter Umständen ein „innerer heißer Wind“ auf. Die Augen füllen sich mit Blut, der Kopf wird hochrot, ist etwas geschwollen, und aggressive Impulse erreichen die Außenwelt in Wort und Tat.

Die bildhafte Sichtweise der chinesischen Medizin entspricht natürlich nicht dem westlichen Wissen über die Physiologie des Blutkreislaufs. Die Vorstellungen der Tradition sollen aber nicht zu kritisch diskutiert werden. Eine tolerante Sicht mit einer Hochachtung für gedankliche Modelle, die sich über Jahrtausende entwickelt haben, ist sicher angemessen. Heute wissen wir, dass die Leber ein zentrales Organ im Energiestoffwechsel ist. Ohne Energie schlägt auch das Herz nicht mehr. Die blumige Beschreibung der Leber als „Motor des Blutes“ ist aus Sicht des Energiestoffwechsels also überhaupt nicht falsch. Aufwachen in der Leberzeit zwischen ein und drei

Uhr in der Nacht, kribbelnde Beine, eingeschlafene Arme und gestaute Finger – vor allem der rechten Hand – weisen auf eine Schwäche im Funktionskreis Leber hin. Mit dem Wissen über den Zusammenhang der Funktionen ist eine „Rückwärtssuche" möglich – wie von der Telefonnummer zum Teilnehmer – und wir bleiben nicht einfach im Empfinden hängen, denn wer sich ärgert, hat Zorn und Wut, Kummer und Trauer, Recht oder Schuld innerlich zu bewältigen. Der Körper merkt sich Gedanken und Gefühle auf seine Weise. Er verhält sich dabei wie ein Hochmoor, das wie ein Schwamm Wasser einlagert und langsam abgibt. Sehr lange noch nach einer negativen Erfahrung kann ein Stressstoffwechsel Gefühle und Affekte prägen. Lernen wir also, unseren Körper zu lesen und besser zu verstehen!

Als häufigste Ursache innerer Erkrankungen gelten nicht nur in der TCM emotionale Belastungen. Sie entstehen im täglichen Leben aus den Konflikten sozialer Bindungen zu anderen Lebewesen. Die Trauer um einen treuen Begleiter, wie häufig um einen Hund, wird beispielsweise mit einem Hinweis auf den Menschen nicht geschmälert. Eine besondere Bedeutung erreichen Projektionen als unbewusste Vorstellungen. Unser Unterbewusstsein sieht diese im anderen Menschen wie in einem Spiegel. Mit dem Wachbewusstsein allein ahnen wir nicht, dass sie unserer eigenen Innenwelt entsprungen sind.

Mein Lebenspartner kann mich aus den „Augen" meiner unbewussten Muttervorstellung ansehen. Damit ruft er durch seine Mimik und Gestik, mit seinem Geruch und einer bestimmten Wortwahl viel Ärger und Zorn in mir hervor. Gleichzeitig finde ich in ihm aber auch unbewusst mir scheinbar fehlende Eigenschaften. Meine eigenen Ängste, Sorgen und triebhaften Wünsche projiziere ich somit in ihn hinein.

Es gibt besonders verschlüsselte Schaltungen im eigenen Autopiloten unseres „Unterbewusstsein". Ihre Existenz bemerken wir möglicherweise erst, wenn Stressreaktionen körperliche Krankheitszeichen bewirken. Mit dem bewussten und auch unbewussten Eindruck eines Kampfes stellt sich der Oberbauch auf den Kampf ein. Die angrenzende Lunge reduziert sofort solidarisch ihre Atemtiefe und der Brustkorb spannt genauso an wie der Nacken. Es wird ein seelischer „Komplex" in uns tief berührt, wenn diese Reaktionen zu spüren sind. C. G. Jung entdeckte diesen Zusammenhang in seinen Experimenten zur Psychoanalyse.

Das Herz schlägt schneller und das Blut steigt scheinbar hoch bis zum Kopf. Von einem fahrenden Zug zu springen ist nicht klug – dann warten Sie lieber bis zur nächsten Station mit dem „Aussteigen". Wenn der Zug aber noch gar nicht richtig in Fahrt gekommen ist, kann Ihnen ein spontaner Entschluss, eine schnelle Korrektur, also ein früher Ausstieg noch gelingen.[190]

Mit einer bewussten tiefen Atmung, entgegen der Steuerung des Unbewussten, vergeht der Eindruck bewusster wie auch unbewusster Emotion und ihre körperliche Verbindung nach 20-30 Sekunden. Ohne die willkürliche Ablösung aus dem Gedankenstrom der Projektionen mithilfe der tiefen und ruhigen Atmung bleibt sie aber ein wirksames körperliches Muster.

Krankheitszeichen entstehen, wenn der Qi Fluss gestört ist. Dann werden Blut, Lymphe und der Darminhalt nicht ausreichend bewegt. Es wird nur flach geatmet und die Muskeln verspannen durch die negativen Emotionen. Im Unterbauch sind die Funktionskreise Leber und Galle mit dem Genital, also der sexuellen Funktion, in der Mitte mit der Verdauung und am Kopf mit den Augen und den Schläfen verbunden. Im Bauch führt der Transportstau zum „Völlegefühl" oder es „steht etwas vor dem Magen". Die Körpermitte – der Magen und Milz/Pankreas[191] – wird zusätzlich geschwächt, weil mit Kummer, Ärger oder Entscheidungsdruck die „Galle hochkommt" und der Magen daraufhin mehr Säure produziert. Im Unterbauch wird die sexuelle Funktion empfindlich gestört, am Darmausgang entstehen schmerzhafte Hämorrhoiden und die Beine entwickeln Krampfadern und Ödeme. Kopfschmerz, Migräne sogar und Störungen des Sehvermögens sind am Schädel zu bemerken.

Der Fluss der Energie – der Qi-Fluss – kehrt sich manchmal sogar um. Normal ist er im Verdauungstrakt von oben nach unten gerichtet. Als „Falschfahrer" auf der inneren Autobahn wird der Magen vom Rückfluss des Gallensaftes „quer" angegriffen. Die Gallensäuren stimulieren sehr effektiv die Säureproduktion der Magenschleimhaut, die sich entzünden kann. Reflux-Erkrankungen des Magens und der Speiseröhre, Stauungen der Arme und Beine, Karpaltunnelsyndrom, Nacken-Hals-Spannung und Bandscheibenbeschwerden der Lendenwirbelsäule treten ein.

Sowohl Spannungen als auch Entzündungen im Oberbauch wirken auf den Brustlendenübergang der Wirbelsäule. Ein Drehmoment entsteht, wenn durch die Leberstauung im Stress der rechte gegenüber dem linken Oberbauch mehr anspannt. Diese Energie wirkt über die Muskeln des Rumpfes in der Fortleitung der Bewegung. Kreuzdarmbeingelenke und Hüftgelenke

190 siehe: C. G. Jung, Ausgewählte Schriften

191 Bauchspeicheldrüse

werden in der Funktion gestört. Im Oberkörper sind Schulter und Nacken genauso betroffen. Die unwillkürlich gebeugte Haltung soll den Bauch entlasten, die Schultern sinken nach vorn und engen den Brustkorb ein. Jetzt fehlt die Luft, weil die Atmung behindert wird.

Der „Knoten" – die Verbindung, das Zwerchfell – wird von Nerven versorgt, die aus der Halswirbelsäule kommen und auch teilweise für die Schultern zuständig sind. Wenn die Funktionen im Oberbauch wie bei Leber- und Gallen-Erkrankungen gestört sind, können Spannungen und Schmerzen auch im Nacken-Hals oder den Schultergelenken in den Vordergrund treten.

Solche Empfindungen sind nach einem üppigen Festmahl immer möglich, besonders wenn durch Gier und Hast unsere Chance auf einen entschleunigten stillen Genuss verdrängt wurde, oder wenn wir weit über den Bedarf hinaus Nahrung aufgenommen haben. Es gibt ziemlich unsinnige Wettbewerbe „des Fressens", die aber auch schon mit einer „All-inclusive-Haltung" beim Kreuzfahrer oder in angesagten Resorts unbemerkt und unbemängelt aufkommen dürfen.

Die Bewegung der Schultern und Arme – sozusagen als Flügel – setzt eine normale Funktion des Brust-Lendenübergangs der Wirbelsäule voraus. Besteht aber ein „Stresszustand" im Oberbauch, melden sich Schmerzen im unteren Rücken als die altbekannte „Bandscheibe", im Nacken als Verspannung und an den Schultergelenken wie bei einer Entzündung! Die Spannung im Bauch vermindert darüber hinaus den Rücklauf des Blutes aus Armen und Beinen. Stauungen von Blut und Lymphflüssigkeit führen zu Schwellungen der Arme und Beine. Als Erkrankungen in der Schulmedizin werden diese Wirkungen begleitet von Verkalkungen der Arme, der Schultersehnen und Schultersteife, Tennisellenbogen, Karpaltunnelsyndrom, Tendovaginitis und Fingerpolyarthrose.

Verquellungen und Verdickungen der Sehnenscheiden – „schnellender" Finger – treten als Stoffwechselfolge im Bindegewebe auf. Blut und Lymphe – „Schleim" – sowie deren mangelnde Bewegung führen zum Schleimstau mit mangelndem Abfluss, meist durch Störungen im Bauchraum, der sich erhitzt und fest wird wie Stein. Hitze begleitet jede Entzündung der Gelenke und das krankhafte Gewebewachstum von Sehnenknoten muss mitunter der Chirurg entfernen. Er nennt es dann wissenschaftlich Tendovaginitis stenosans – verengende Sehnenscheidenentzündung.

An den Beinen entsteht neben Reizungen der großen Rollhügel der Hüftgelenke, oft als „Schleimbeutelentzündung" gedeutet, Meniskusschaden am Knie, Mittelfußschmerz oder Fersensporn an den Füßen. Innenseitige Reizungen der Kniegelenke werden in der Regel als Meniskusschaden aufgefasst und operiert, obwohl der Schmerz vielfältigere Bezüge hat.

Die eigene Lebensumgebung in der Familie und im Freundeskreis notiert nicht selten bei einem „Läusemarathon über die Leber" eine „sauertöpfische Stimmung" und aggressive Handlungsimpulse.

Männer werden ärgerlich und wütend und fahren viel zu dicht auf, wenn sie auf der Autobahn unterwegs sind. Sie klauen sich gegenseitig die Vorfahrt um jeden Preis oder stürzen in die Opferrolle und „explodieren" schon bei leichtesten Kränkungen. Sie wollen entweder mehr Sex als ihre Partnerin oder vermeiden ihn tunlichst im eigenen Leid.

Frauen haben häufiger Migräne und Spannungskopfschmerzen, tragen Bedenken mit sich herum, sind sorgenvoll und ängstlich. Sie leiden oft und lange unter Regelschmerzen oder haben in den Wechseljahren ein Reizdarmsyndrom. Ihr bewusstes und unbewusstes Verlangen nach Nähe und Zuwendung füllen sie ohne Partner oder mangels seiner Zuwendung mit Süßigkeiten aus.

Das Zwerchfell – als Demarkationslinie – wird nicht ohne Grund von vielen Osteopathen behandelt. Der Muskel kann „verkleben", seine harmonische Bewegung mit der Ein- und Ausatmung ist eine wichtige Voraussetzung für den Fluss des Atems. Unsere innere seelische Flexibilität spiegelt sich ganz direkt in der Elastizität der Zwerchfellbewegung.

Der Magen verdaut nicht nur die organischen, sondern auch die seelischen Speisen. Das Grübeln gehört zum Magen, denn meistens grübeln wir nicht über Lottogewinne oder empfangenes Lob, sondern eher über deren Gegenteile und jedweden Misserfolg!

Was wird mir schon wieder weggenommen? Warum muss das gerade mir wieder passieren? Immer nur ich und nicht die anderen! Räum doch bitte auch mal die Küche auf! Ich war das gar nicht! Warum immer nur ich?

Dabei wendet sich der Magen eigentlich lieber den schönen Dingen zu. Er liebt die „Sonne" und schönes „Wetter", also warme und trockene Speisen, also tatsächlich physikalische Wärme. Die Speisen werden gegart oder gekocht und enthalten nichts Verschleimendes, wie Zucker, Milchprodukte und verbackene Getreide vom Bäcker oder aus dem eigenen Ofen. Dafür passen gegarte Gemüse und warme Suppen sowie der Ingwer gut zum Magen und dem gesamten Oberbauch. Es ist die Ernährung des Alters, wenn die Kräfte langsam versiegen. Der Magen mag die Liebe, also auch das Süße. Viele Aphrodisiaka enthalten deshalb Zucker. Wenn wir unangenehme Nachrichten verdauen müssen, dann ist auch immer der Magen beteiligt und fordert eine typische Belohnung.

Im Stress ist oft auch der „freie Wille“ fast machtlos, wenn die Schokolade schon bereitliegt. Herz und Magen gehören zusammen wie Mutter und Kind, beide spielen sich die Bälle gegenseitig zu. Ein körperlicher Ausdruck beider Organsysteme ist die Spannung der linken Schulter, des linken Beines und Stauungen im linken Arm und linken Bein.

Das Herz wird von allem getroffen, was uns tief berührt oder was uns „zu Herzen geht“. Es „rutscht in die Hose“, „klopft“ oder „setzt aus“. Die „Mutter“ des Herzens ist die Leber. Sie gibt ihre Energie normalweise an ihr Kind weiter. Zorn, Ärger, Kummer und Trauer legen sich aber schnell und hartnäckig auf die Leber und behindern deren Funktion. Das Herz wird dann nicht mehr gut genährt und kann beispielsweise nach dem Tod eines Lebenspartners sogar „zerbrechen“.[192] Auch zu viel Luft im Bauch nach einer üppigen Mahlzeit drückt uns auf das Herz. Das Herz ist insbesondere mit den Emotionen der Liebe, Freude und einer skeptischen Form von Angst verbunden. Das homöopathische Arzneimittelbild von „Ignatia“[193] passt besonders gut zu diesem emotionalen Ausdruck.

Das homöopathische Medikament beruhigt eine skeptische Herzangst nach meiner eigenen Praxiserfahrung. Herzangst kann von allem Umständen ausgelöst werden, die jemandem „zu Herzen gehen“. Sie begleitet in der Regel die koronare Herzkrankheit und ist häufig bei Patienten nach einer Herzoperation anzutreffen.

Auch zur Lungenfunktion gehört die Freude ebenso wie die Angst, die von einer Depression begleitet wird. Die Atemfunktion und der Herzschlag sind mit ihren steuernden Zentren im Hirnstamm für den Rhythmus des Lebens im Körper verantwortlich.

Es gibt noch weitere Rhythmen, wie zum Beispiel die der Darmfunktion, den Tag-, Nacht- und Schlafrhythmus und die Zirkulation der Gehirnflüssigkeit. Die meisten von ihnen sind unbewusst und nur im Krankheitsfall treten sie in den Vordergrund, wenn zum Beispiel Durchfall zum Krankheitszeichen wird. Herz und Lungen – Herzschlag und Atemfunktion – sollten wir aber immer bewusst wahrnehmen. Beide sind mit dem eigenen Willen zu beeinflussen und

192 vgl.: Amit S. Dande und Amrita S. Pandit

193 www.akupunktur.de; Akupunkturdiagnostik nach den Regeln der DAA e.V.

veränderbar. Das gilt für die Frequenz der Atmung in der Meditation ebenso wie für ein Herzkreislauftraining beim Jogging. Gesundheit und Glück stellen sich ein, wenn der Rhythmus stimmt. Mit ihm dient der Nachtschlaf auf erholsame Art unserer Regeneration, und die Träume regen uns an und nicht auf. So ist es viel leichter für uns, den Sinn des Lebens zu erkennen, und die Konzentration auf den Moment wird uns schneller möglich.

Der Lebensrhythmus wird durch Gewalterfahrungen empfindlich gestört. Traumatische Erlebnisse geschehen, wenn körperliche oder seelische Gewalt einen Menschen in einem Zustand der Wehrlosigkeit erfasst. Am schlimmsten ist es, wenn es vertraute und geliebte Menschen sind, die absichtlich schaden, verraten oder verletzen. Schicksalsschläge, wie beispielsweise schwere Unfälle oder eine Krebs-Erkrankung können einen vergleichbaren Grad der Entwicklung einer posttraumatischen Belastungsstörung erreichen.[194] Je nach dem erlittenen Grad und dem Ausgangszustand kann es sogar für das Überleben notwendig werden, das mit der Gewalt einhergehend tief erfahrene Gefühl „unabhängig" vom Geschehen im Gedächtnis zu bewahren. Wir sprechen dann von abgespaltenen Gefühlen, deren Separation ausreichend Distanz schaffen soll, um „normal" weiterleben zu können.

In den Mandelkernen des Gehirns werden Emotionen verarbeitet, denen eine vermittelnde Funktion von Gefühlsleben und Vernunft zugeschrieben wird. Sie sind Teil des limbischen Systems und werden beim Erwachsenen von Hirnzentren kontrolliert, die Sitz des verantwortlichen Handelns sind. Ein beschleunigtes Wachstum der Mandelkerne sei für das aggressive Verhalten von Jugendlichen zu Beginn der Pubertät verantwortlich.[195]

Man nimmt heute an, dass die Mandelkerne im Scheitellappen des Gehirns diese Speicherfunktion haben. Mit dem genauen Wissen um die anatomische Lage des „Müllplatzes schlimmer Erinnerungen" gibt es aber noch kein wirksames Mittel, um sie von der „Festplatte" ganz zu löschen.

Eine traumatische Erfahrung führt im körperlichen Ausdruck zur muskulären Anspannung und vegetativen Reaktionen wie der Ausschüttung von Stresshormonen. Es kommt zum Blutdruckanstieg, einer flachen und schnellen Atmung und reduzierten Leistung der Verdauungssysteme. Ist die unmittelbare Einwirkung der Gewalt vorbei und sind im weiteren Verlauf die

194 L. Reddemann, Psychotraumata, S. 4

195 vgl.: Jugendliche, Wo Aggressivität im Gehirn entsteht, Deutsches Ärzteblatt S. 168, Heft 4, April 2008

strukturellen Schäden mit oder ohne Dauerschaden vernarbt, werden oft die normalen emotionalen und körperlichen Funktionen wieder erreicht. Ohne die Verarbeitung des Traumas als vorübergehendes und vergangenes Ereignis kann sich insbesondere bei einer Abspaltung des traumatischen Erlebens vom historischen Ablauf allerdings die Stressreaktion generalisieren. Dann wird sie nicht nur im konkreten Kontakt oder der Erinnerung an eine Problemperson, sondern zum Beispiel auch durch den aktuellen Lebenspartner ausgelöst. Er kann ohne böse Absicht in Wortwahl, Stimmung, Geruch oder Haltung scheinbar wie der Peiniger wirken und wird dabei bildlich die Leinwand des eigenen emotionalen Chaos.

Im Mutterleib und bei der Geburt können schon sehr frühzeitig Traumen erlitten werden, die bei einem Baby mit einer Halbseitenschwäche, asymmetrischer Schädelform und „Reizdarmzeichen" angetroffen werden. Schon in dieser frühen Phase des Lebens gehören also Störungen des Gedeihens, der Verdauung und der emotionalen Beziehungen mit der Lebensumgebung zur traumatischen Reaktionsweise des Menschen. Ein Teil dieser Kinder entwickelt später eine Labilität und Schwäche der Rechts-Links-Koordination, außerdem wissen sie oft nicht, „wo ihnen der Kopf steht".

Der körperliche Ausdruck einer Stress- und Traumareaktion im Lebensalter unter einem Jahr wie sogar über 80 Jahren ist übrigens sehr ähnlich. Offensichtlich hat sich diese Reaktionsweise in der Evolution der menschlichen Spezies bewährt.

Beim Autofahren können Streitgespräche zur unbewussten Schwäche einer Körperseite führen. Dann wird die rechte Körperseite eines Rechtshänders als die „Kampfseite" im Gespräch sozusagen das Ruder – unabhängig von der Straßenführung – übernehmen. Ein oder zwei Sekunden reichen schon aus, um dem Fahrbahnrand bedrohlich nahezukommen. …

Eine asymmetrische Kieferbewegung und wiederkehrende vegetative Störungen, Spannungen und Bewegungsstörungen der Wirbelsäule sind weitere Zeichen. In der Regel werden diese körperlichen Reaktionen und nicht stabilen Gefühle in die Beziehung zur primären Lebensumgebung – hier insbesondere der Mutter – getragen. Es ist sogar ein unbewusster Austausch traumatischer Erfahrungen möglich, wie es aus Erlebnissen in der Familienaufstellung[196] berichtet wird. Traumatische Erfahrungen können am Bewegungsapparat vielfältige Spuren hinterlassen.

196 siehe: Harald Homberger

Die Langzeitwirkung verdrängter Angst und traumatischer Impulse wird nach der eigenen Beobachtung sehr oft körperlich als Reizdarm ausgedrückt und erreicht somit das Immunsystem.

Die entzündliche Erkrankung der Schilddrüse kann solche Umstände begleiten. Die Unterfunktion ist mit der Entzündung im Gewebe der Schilddrüse ebenso zu erklären wie durch die „Autoimmunwirkung" der komplexen entzündlichen Prozesse im Darm.

Das Immunsystem richtet sich u. a. durch einen Kontakt mit der Außenwelt jetzt auch gegen die eigenen Organe. Man nimmt an, dass Allergien und Rheuma Autoimmunerkrankungen sind. Auch die entzündliche Erkrankung der Schilddrüse – die Hashimotothyroiditis – rechnet dazu. Ein Reizdarm kann entzündliche Erkrankungen der Schilddrüse und eine rheumatische Erkrankung begleiten, hat oft einen komplexen Bezug zur Angst und gilt deshalb auch als Stresserkrankung.

Auch umgekehrt ist in der „Rückwärtssuche" bei Patienten mit Reizdarm, Schilddrüsenerkrankung und einem körperlichen und seelischen Ausdruck von Angst immer auch an traumatische Ereignisse in der gesamten Lebenszeit – beginnend von der Schwangerschaft bis zum aktuellen Tag –zu denken. Einfacher haben wir es mit einem konkreten Lebenskonflikt, der zornig oder traurig macht. Immerhin gibt das „Lebermuster" der Verspannung keine Rätsel auf, weil ein konkreter Bezug zu den Ereignissen herzustellen ist. Dem Funktionskreis der Leber werden in der TCM unter anderem die Gefühle von Zorn, Wut und Trauer zugeordnet.

Wenn es Ihnen also partout nicht gelingen sollte, in der Meditationsübung eine halbwegs ruhige Position zu erreichen, kann ein traumatischer Hintergrund unbewusst wirksam geworden sein. Der weitere Einfluss hängt dann von Ihrer persönlichen Bewertung ab. Schließlich ist es eine intime, eigene Erfahrung mit bewussten und unbewussten Anteilen, die sicher nicht zwischen Meditationskissen und sonstigem Lebensalltag mal eben fix erledigt werden kann.

Traumaerfahrungen und ihre Wirkung im Unbewussten sind prinzipiell unabhängig vom äußerlich erkennbaren oder technisch nachweisbaren Grad einer Verletzung. Ob eine schwere oder leichte traumatische Erfahrung vorgelegen hat, kann für einen Gerichtsgutachter, Arzt oder Psychotherapeut eine schwierige Fragestellung sein. Für den Betroffenen hat ein für alle nachvollziehbares Trauma nur den relativen Vorteil des Mitgefühls. Technische Untersuchungen, wie Röntgenaufnahmen oder Magnetresonanztomografien – MRT – können chronische Schmerzen jedoch in der Regel nicht nachweisen oder für einen Patienten bezeugen. Mitunter führt ein nachvollziehbarer traumatischer Prozess auch zu Mitleid in der Lebensumgebung und damit nachteilig zu einer noch größeren persönlichen Entfernung.

Eine massiv einschränkende und negative Erfahrung – durch traumatische Hintergründe – in der Meditation sollte stets zum Psychotherapeuten oder spirituellen Lehrer führen.

Der Ayurveda

In der ayurvedischen Heilkunde[197], dem „Wissen vom Leben“, spielt die individuelle geistige und physische Körperzusammensetzung eine wichtige Rolle.

Der Begriff Ayurveda setzt sich im Sanskrit aus Ayur = Leben und veda = Wissen zusammen. Vor allem im Süden Indiens, in Kerala, befinden sich viele Krankenhäuser und Kureinrichtungen, in denen Menschen aus der ganzen Welt therapeutische Anwendungen der Ayurvedaheilkunde nutzen. In Deutschland gibt es mittlerweile auch viele Therapeuten, die eine innere Reinigung mit Kräutern, Ölmassagen, manueller Therapie und Ernährungstherapie anbieten.

Der Mensch ist nach dem ayurvedischen Prinzip ein Mikrokosmos in der Welt, die aus fünf Elementen zusammengesetzt ist: Raum oder Äther, Feuer, Wasser, Luft und Erde. Im Menschen finden sich diese Elemente wieder. Bei der Geburt sind sie unterschiedlich verteilt und einzigartig in körperlichen und seelischen Anlagen der Stärken und Schwächen kombiniert.

Dem dualen Prinzip von Yin und Yang folgt auch der Ayurveda auf seine Weise. Einerseits wird damit der Ausgleich und andererseits die Zusammengehörigkeit ausgedrückt. Gut und schlecht sind zwei Seiten einer Medaille, so wie voll und leer, dick und dünn, heiß und kalt, hungrig und satt, schön und hässlich. Die dualen Gegensatzpaare schließen sich im Extrem aus, bedingen sich aber auch mit einem engen inneren Zusammenhang.

Die Grundelemente der Wandlungsphasen Wasser, Feuer und Erde werden wie in der chinesischen Philosophie gleich benannt, aber im Ayurveda nicht in einen organbezogenen kybernetischen Zyklus auf- und absteigender Energien eingebunden. Vergleichbar ist aber die Annahme

197 Tipp: Hans Heinrich Rhyner und Kerstin Rosenberg, Das Große Ayurveda Ernährungsbuch – Gesund leben und genussvoll essen

feinstofflicher Energiebahnen, die hier „Nadis“[198] heißen, die ihre Bewegung, ihren Fluss in bestimmten Energiezentren - den „Chakras“[199] – erhalten. Sie stellen gleichzeitig die Verbindung zum geistigen Körper, den „Hüllen“ oder dem Astralkörper her.

Die Grundannahmen über die Regulation des Körpers, das komplexe Wechselspiel der körperlichen mit den Geistesstrukturen und ein philosophisch begründetes Weltbild zeigen viele vergleichbare Einsichten chinesischer und indischer Heilkunde für den europäischen Betrachter. Keiner der Zugänge nimmt für sich in Anspruch, überlegen zu sein. Beide sind lehrreich und interessant. Der Kranke soll vor allem mit einer geschickten Wahl seiner Ernährung, seiner Medikamente und Hinweisen zur Lebensführung das Gleichgewicht der Grundkonstitution und damit seine Gesundheit wiederherstellen.

Im Ayurveda werden die drei „Doshas“[200] als angeborene Grundtypen der Lebensenergien in „Vata“, „Pitta“ und „Kapha“ unterschieden. Sie verleihen uns Menschen eine Konstitution und sind nach Kriterien, wie Körperbau, Haut, Haare, Zähne, innere funktionelle Aspekte, z. B. Magen- und Darmtätigkeit, und dem individuellen Temperament festgestellt und zugeordnet.

Der gesunde Mensch unterstützt sein körperliches und seelisches Gleichgewicht mit einer Lebensweise und Lebensmitteln, die zu seiner Konstitution passen. Doshas drängen sich nicht wirklich in den Vordergrund. Vielmehr sammeln sie sich mit der Lebensführung an. Stress, Alkohol, Nikotin, schlechte Angewohnheiten, Fast Food und Schicksalsschläge führen die Doshas im Verhältnis zur Konstitution ins Ungleichgewicht. Mit ihnen entstehen charakteristische Krankheitszeichen.

Vata

Vata bedeutet „das, was bewegt“. Es wird nach den „Fünf Elementen“[201] dem Wind und Raum zugeordnet. Wind steht für diese Bewegung, auch wenn sie nicht zu sehen, aber an der Haut zu spüren ist. Im Ayurveda besitzt Vata eine Schlüsselrolle, weil es alles bewegt.

Wind als typologisches Element reicht auf der einen Seite bis zum Sturm, der umpusten kann. Auf der anderen Seite mag er als Hauch kaum wahrnehmbar sein. Vata ist überall im Körper

198 Sanskrit: Kanal oder Röhre

199 Sanskrit: Rad oder Kreis

200 Sanskrit: Fehler; Probleme verursachen

201 Fünf-Elemente-Lehre: ursprünglich eine daoistische Theorie zur Naturbeschreibung/weitreichende Wirkung in ganzheitlichen Heilungsansätzen

vorhanden, wo Bewegung stattfindet. Eine enge Verbindung gibt es zum Nervensystem, weil dort Informationen mit Lichtgeschwindigkeit verarbeitet werden. Auch die Winde des Darmes – Flatulenzen – gehören zu Vata. Sie unterhalten die lebensnotwendige Bewegung – Peristaltik – und ihr Stau führt zu unangenehmen Blähungen oder sogar zum Blähbauch. Am Körper ist der Bereich unterhalb der Beckenkämme dem Vata zugeordnet.

Unruhige Beine sind ein Überschuss, geschwollene Beine bedeuten dagegen einen Mangel. In der TCM werden die Hohlorgane, wie der Magen und Darm, mit ihren Winden, dem Aufstoßen und ihrer Transportfunktion einer inneren Bewegung zugeordnet. Die Leber als Vollorgan bewegt aus chinesischer Sicht das Blut und kann zu einem aufsteigenden, heißen inneren Wind führen. Diese Hitze findet sich in der folgenden Pitta-Konstitution. Der chinesische Funktionskreis Leber kann also im Krankheitsfall zwei Doshas umfassen.

Ein Mensch mit einer Vata-Konstitution liebt die Bewegung. Er schätzt sich als „Bewegungsmensch" ein. Der Volksmund meint, er hat „Hummeln im Po". Er bewegt sich schnell, denkt schnell und handelt ebenso rasch. Seine Kreativität kann ihn zum bildenden Künstler, Dichter, Denker oder Musiker werden lassen.

Beim Fußball ist er Dribbelkünstler, oft ist er ein guter Langläufer[202], in jedem Fall braucht er jederzeit Bewegung. Wenn dem Pitta die Elemente Feuer und Wasser zugeordnet werden, so ist es wegen der schnellen Bewegung und wegen der Leichtigkeit beim Vata die Luft, die bewegt. Sitzen Sie einem Menschen mit einer Vata-Konstitution gegenüber, spüren Sie diesen inneren Luftzug mitunter als Unruhe oder unbändigen Tatendrang.

Der Geist hüpft von Gedankenwolke zu Gedankenwolke. Ein Kunstwerk ersinnen und vollenden, ein Festival organisieren oder per Fahrrad Kurierdienste ausführen in der Großstadt – alles positive Beispiele für die Notwendigkeit vom bewegenden Vata ohne krankhaften Aspekt. In der negativen Ausprägung steigt aber der Druck im Kessel, wenn er erhitzt wird und verschlossen ist, z. B. im Gefängnis von Zwanghaftigkeit. Zur Angst und inneren Unruhe treten auch erhöhte Muskelspannung und eine gepresste Atmung hinzu.

Diese Konstitution kann in allen emotionalen Reaktionsformen enthalten sein. Sie liefert die Voraussetzung zum Handeln, weil ohne Bewegung nichts geschehen würde.

202 Langstreckenläufe in der Leichtathletik beziehen sich auf Strecken ab 2000 Metern. Sprintstrecken dagegen rechnen von 50 bis 400 Metern. Der „Sprinter" gehört zum Pitta – Feuer.

Trockene Haut, Schmerzen in jeder Form, Schlafstörungen und eine häufige Luftfülle im Bauch sind die konstitutionellen Schwächen von Vata. Ein hohes Verkehrsaufkommen am Freitagnachmittag geht oft mit einem hohen Verkehrsfluss und Staus einher. Ein erhöhtes Vata mit mehr Trockenheit kann dann zum Durchfall oder zur Verstopfung führen und macht den Geist sehr unruhig. Wenn allerdings viel feuchte Nahrung in den Darm gelangt – Suppe, Gemüse mit Soße oder Milch – ist der Durchfall noch schneller da.

Vor allem verbackene Getreide, wie Brot und Brotprodukte, werden nicht gut vertragen. Trockenheit gehört ebenso zur Luft wie in der TCM das Metall zur Lunge. Asthma, oft auch Bronchitis und eine Neigung zu Infekten sind häufig. Schiefstellungen der Zähne – wie das Bild von Bäumen nach dem Sturm – „folgen" dem unruhigen Geisteswind. Zum Kopf hin wird überhaupt alles unruhiger.

Um zur Beruhigung beizutragen, rät Ayurveda zu Lebensmitteln mit den Geschmacksrichtungen salzig, sauer und süß. Orangen mit ihrer Kombination von sauer und süß sind deshalb sehr geeignet. Vata ist kalt, daher ist zur wärmenden Schärfe zu raten, wie bei einer gut gewürzten Suppe in der kalten Jahreszeit. Zu viel Wärme trocknet jedoch aus und verstärkt das Trockene im Vata. Dann fehlt es mitunter an der Schmierung, die Gelenke knarren wie die Hoftür und die Wirbelsäule knackt wie ein trockener Ast im Unterholz. Außerdem gehen Schutz und Stabilität damit schnell verloren. Eine trockene Schärfe in Pulverform von Chili, schwarzem Pfeffer und Ingwer sollte vermieden werden. Da die Vata-Konstitution aber doch etwas Schärfe benötigt, ist die Dosis entscheidend. Es genügt, nur mit etwas frischen Ingwer, frisch gestoßenem Pfeffer u. a. zu würzen. Auch Ghee oder Öle sollten ausreichend in der Ernährung vorhanden sein.

Ghee – Butterfett – wird aufwendig gewonnen, indem Butter mehrfach erhitzt wird, wobei das mit diesem Vorgang denaturierte Eiweiß immer wieder abzuschöpfen ist. Ghee ist daher besonders hochwertig – und leider auch sehr teuer. Die eigene Herstellung kann aber einfach erlernt werden und ist in ayurvedischen Kochbüchern nachzulesen. Menschen mit einer Fettstoffwechselstörung sollten lieber Öle mit einem hohen Anteil mehrfach ungesättigter Fettsäuren verwenden.

Abzuraten ist von bitteren Nahrungsmitteln, wie Chicorée, Rucola, Artischocken und zum Beispiel Bohnenkaffee, weil mit ihnen die Elemente Wind und Raum und damit Krankheitssymptome verstärkt werden können. Es dürfen grundsätzlich natürlich alle Geschmacksrichtungen im Essen vertreten sein. Jede Vata-Konstitution hat auch Anteile von Pitta, und dann kann Lust auf Kaltes entstehen. Die Ursache ist aber dann das Pitta. Vor Bitterem wird jedoch ausdrücklich gewarnt. Zur kalten und trockenen Nahrung gehören besser Rohkostsalate, Knäckebrot und kalte Fruchtsaftgetränke.

In der Meditation kann untersucht werden, warum zu diesem Zeitpunkt Gelüste nach Heißem, Scharfem oder Süßem besonders in den Vordergrund treten. Vata hat so gut wie nie Gelüste nach Kaltem. Wahrscheinlich sind die Vorlieben mit der geringen Trägheit des Geistes eng verbunden. Im Alltag gelten diese Eigenschaften auch für die Beziehung zum Partner, die Verarbeitung von guten und schlechten Nachrichten und den Umgang mit Problemen am Arbeitsplatz. Alles muss schnell gehen, ist aber auch nicht unbedingt nachhaltig.

Das Einüben von nachhaltigen, langsamen Abläufen, das Training der Position des Beobachters im Geist, der immer wieder einzunehmen ist, während die Sturmwolken vorbeiziehen, kann dem Vata-Typ sehr entgegenkommen und ihn unterstützen. Der Rhythmus des Lebens ist sehr wichtig, das gilt für einen regelmäßigen Tagesablauf und die Mahlzeiten nicht anders als für Arbeit, Hobby und die Inhalte der Freizeit. Bei diesem Konstitutionstyp kann es sehr wichtig sein, stets ein Intervall zwischen den Gedanken und der körperlichen Handlung bewusst einzuhalten.

Zum Charakter der Luft und den schnellen Bewegungen passt auch die Empfindlichkeit gegenüber Kälte. Vata-Menschen frösteln oft, trocknen aus und erschöpfen schnell. Schulmedizinisch sind so auch immer mal die Funktionen der Schilddrüse zu überprüfen. Sie ist im Stoffwechsel der „Gashebel" und in Stressprozesse immer intensiv eingebunden.

Pitta

Dieser Typus wird synonym für „Galle" verwandt, ist aus Feuer und Wasser zusammengesetzt und dem Element Feuer zugeordnet. Er ist wie das Organ verändernd, wärmend und feucht. Pitta ist alles, was erhitzt und ausstrahlt. Feuer führt zur Veränderung. Für die Alchemie des Mittelalters war das Feuer das entscheidende Mittel zur Trennung und Umwandlung. Der Stoffwechsel des Bauches und das Hormonsystem einschließlich der Hirnanhangdrüse, der Nebennieren, der Fortpflanzungsorgane und der Schilddrüse gehören hierher.

Die bildhafte Vorstellung des „inneren Windes" der Leber aus der TCM passt gut zum Pitta, dem „Feuer" im Oberbauch. Die ayurvedische Auffassung des Windes – Vata – verträgt sich aber nicht mit der hier gemeinten Hitze. Spricht man nur von einer aus dem Bauch aufsteigenden Hitze, wird beiden Systemen Rechnung getragen.

Die Hitze steigt auf, erreicht die Lunge, schließlich das Herz und zuletzt den Kopf. Am Körper liegt Pitta in der Mitte, wird also dem Rumpf zugeordnet. In der traditionellen chinesischen Medizin ist diese „Mitte" das energetische Zentrum und umfasst Magen und Milzpankreas. Im Ayurveda wird zum Feuer auch die Fähigkeit zur Bewegung des Blutes gerechnet. Unter Stress steigt die Leberhitze auf – Hitze trocknet aus, wenn sie sich über längere Zeit an einem Ort ansammelt.

Pitta erhöht die Durchblutung und entzündet, ist aber zuerst feucht.

Die Fingergelenke schwellen und erhitzen sich, wenn die Störungen der Funktionen im Bauch bis zu den Armen reichen. Der Stau führt dann zu einer Eindickung der Flüssigkeit und es bildet sich Schleim, der zunächst heiß wird und später trocken – dann entstehen die Knoten und Einsteifungen an den Fingergelenken.

Die Trockenheit der Lunge führt zum Reizhusten. Sie beschleunigt das Herz und bringt mehr Druck in die Gefäße, deren Überdruck als Bluthochdruck zu messen ist. Das Gesicht ist rot und die Augen können mit Blut unterlaufen. Die Hitze bringt das Blut in Wallung und steigt brodelnd zum Kopf auf. Dort kommt es zum Stau und den gefürchteten schmerzhaften Schläfen bei einer Migräne. Hitzeanzeichen der Haut sind Pickel und nässende Ekzeme. Vata kann die Hitze erst so richtig in die Haut bewegen. Pitta und Vata zusammen lassen trockene Hautentzündungen – Ekzeme – und Rhagaden[203] als schmerzhafte Einrisse und Schrunden mit verstärkter Verhornung entstehen.

Im Oberbauch findet der innere Kampf statt. Störungen der Funktionen von Magen, Galle, Leber und Dünndarm sind häufig. Sie begleiten den entzündlichen Prozess im Körper. In der Bezeichnung „Sodbrennen" stecken „Feuer und Saures" ebenso wie das Bild des Feuers unter dem Kessel.

Menschen mit viel Pitta sind ehrgeizig und haben klare Ziele vor Augen. Sie übernehmen deshalb gern Führungspositionen und können sich durchsetzen. Sie ziehen andere Menschen mit ihrem Schwung mit. Wenn aber etwas nicht glückt, dann kommt ihnen die Galle hoch. Wenn man sie kränkt, werden sie schnell zornig. Ihren eigenen Wert machen sie mehr von der äußeren Welt abhängig, in der sie die Krieger sind. Ohne sie geht es nicht auf dieser Welt! Spektakuläre

203 medizinisch: meist narbenlos abheilender spaltförmiger Einriss in die Haut infolge Überdehnung bei herabgesetzter Elastizität

Rettungsaktionen bei Katastrophen sind nur mit Menschen möglich, die genügend inneres Feuer haben. Nur sie können sich mit aller Kraft und darüber hinaus einsetzen. Menschen brauchen also das Pitta-Feuer in sich. Es ist die Lebenskraft, ohne die „der Ofen ausgeht". Sie fordert nicht wie Vata die Bewegung, sondern Handlungen.

Über viele Lebensjahre und mit zunehmendem Alter sammelt sich Vata und steigt an. Die normalen äußeren Erscheinungen – blass, kalt, dünn und steif – welche wir in der westlichen Welt mit dem höheren Lebensalter ab etwa 75 Jahren verbinden, sind Ausdrucksweisen des Vata. Das innere Pitta-Feuer wärmt in diesem Lebensabschnitt geringer. Heiße Nahrungsmittel und scharfe Gewürze fachen dann das Feuer im Bauch und im Geist zusätzlich wieder an. Das kann zwar nützlich sein, führt aber auch zum „Ausbrennen". So, wie es am Herd Stellknöpfe zum Dosieren der Hitzezufuhr gibt, sollten wir unsere achtsame Aufmerksamkeit auf den „inneren Gashebel" lenken und mäßig dosieren.

Eine warme und gekochte Nahrung passt gut zum Pitta, Scharfes oder Saures sollte nicht im Übermaß gegessen werden. Pitta braucht auch Kühlendes und Süßes, sodass Salat und andere Rohkost sowie auch Milchreis gut vertragen werden. Bitteres, was gut zum Herz passt, wird wie eigentlich alles gut und schnell verdaut. Probleme mit dem Stuhlgang gibt es deshalb nur selten. Da salzige Speisen das Wasser im Körper binden, entstehen Stauungen und es wird von zu starkem Salzkonsum abgeraten. Süße, bittere und herbe Lebensmittel sollten bevorzugt auf dem Speiseplan stehen. Sie kühlen angenehm wie der Aufenthalt in der Natur und die frische Luft. Leber, Galle und Magen werden vor allem durch Alkohol, Zucker und Fett belastet. So führt die Überhitzung im Oberbauch oft auch zum Ausbruch von Wut und Ärger.

Dieser Geisteszustand kann in der Meditation gut untersucht werden, weil er sich aus unbewussten Quellen nährt und mit ungünstigen Bewertungen der Lebensumstände verbunden ist. Ungeduld ist beim Pitta nicht mit der Störung der Konstitution des Vata zu verwechseln. Das innere Feuer im Oberbauch fordert die Bewegung, für einen Pitta-Typ kann es sehr mühsam sein, in der Kassenschlange zu stehen, auf den Aufzug zu warten oder im Wartezimmer eines Arztes zu sitzen. Ohnehin auf der Überholspur des Lebens, kränkt ihn der Langsamfahrer auf der Autobahn, der mit kurzem Abstand und Lichthupe auf seinen Fehler hingewiesen werden muss.

Ich habe einmal in einer Warteschlange vor einem Lufthansaschalter in München gestanden, als an einem Nebeltag viele Flüge ausfielen oder sich erheblich verspäteten. Es gab Menschen, die sich mit dem Unvermeidlichen arrangierten und sogar ihre Späße damit machen konnten. Eine Frau hinter mir in der Schlange wollte aber „alles zusammentreten", weil ihr Flug nach Malta sich um Stunden verzögern sollte. Die Vollmilchschokolade einer Mitreisenden löschte schließlich das lodernde Feuer in ihr.

Die Meditation der liebenden Güte – oberhalb vom Zwerchfell liegend und dem Herz-Chakra zugeordnet – leitet die ungünstige Energie der animalischen Triebe des Bauches der positiven Triebkraft des Mitgefühls zu. Für den praktischen Ausdruck des Mitgefühls, der Zivilcourage oder den Kampf gegen offensichtliches Unrecht braucht es jedoch genau diese innere Hitze als Kraftspender. Abends werden zu einem leicht verdaulichen Essen mit einer Gemüsesuppe, Nudeln, Kartoffeln und Mineralwasser ohne Sprudel und Kräutertee geraten.

Das Aufwachen zur „Leberzeit" zwischen 1:00 und 3:00 Uhr in der Nacht weist unter Umständen auf Ärger, Zorn und Diätfehler am Abend hin. Die Mariendistel ist eine pflanzliche Droge zur Stärkung der Leberkraft und das homöopathische Medikament Nux vomica[204] ist ebenfalls geeignet, um den begleitenden psychischen Zustand zu beruhigen.

Kapha

Kapha ist das, was wir anfassen und fühlen können, es ist Baustoff, Substanz und Form. Die Masse unterliegt der Schwerkraft, das Gewicht wird von der Waage angezeigt – Kapha ist schwer, ölig, kalt, langsam und beständig.

Menschen mit diesem Konstitutions-Typ sind ziemlich einfach zu erkennen. Es sind „Bären" mit vielen netten Eigenheiten. Sie sind in allem groß und warm, nicht nur im Händedruck, sondern oft auch in ihrem herzlichen Wesen. Im Bewegungsverhalten sind sie der krasse Gegensatz zum Vata. Sie empfinden sich selbst genauso gemütlich, wie sie von anderen als ruhig und gelassen angesehen werden.

Am Körper ist Kapha oberhalb der Schlüsselbeine angesiedelt. Nasennebenhöhlen, Schleimhaut-Erkrankungen und häufige Infekte zeigen an, wenn die Substanz des Körpers angegriffen wird. Graue Haare, Haarausfall, Ohrenentzündungen und Ohrgeräusche – Tinnitus – weisen auf eine Störung durch Vata-Wind und Pitta-Hitze hin.

Der chinesische Buddha wird häufig in dieser Konstitution mit einem kugelrunden Bauch, einem freundlichen und runden Gesicht dargestellt. Er verkörpert das Ideal des „in sich Ruhenden". Bei ihm ist der Bewegungsdrang nicht sehr groß, und sein Leben wird dominiert von Beständigkeit, also einer

204 Brechnuss; Homöopathie D6, D12 oder C30

Struktur, die zwar fest und verlässlich auf der einen Seite ist, aber andererseits auch schon mal unangenehm unbeweglich sein kann.

Diese Typ geht – wenn er sich erst einmal in Bewegung gesetzt hat – unbeirrbar geradeaus, und nicht selten beseitigt er auf seinem Weg alle Hindernisse. In der hinduistischen Mythologie steht „Ganesha" – der Gott mit dem Elefantenkopf – für diese Eigenschaft, die dem Tier Elefant auch wirklich zugeordnet ist. Mit ihr werden Treue und Bestand, Wahrhaftigkeit und Mitgefühl verbunden.

Die Trägheit beim Bewegen der eigenen Körpermasse entspricht indes auch dem Gedankenfluss. Alles ist ruhig, aber auch fix. So wird ein Kapha-Typ auf seinem Besitzstand genauso beharren wie verschiedenste Ängste vor Veränderungen generell entwickeln. Wenn der eigene Selbstwert zu gering eingeschätzt wird, führen die vielen Aufgaben im Alltag zur Erschöpfung. Das unbewusst angelegte Mitgefühl – wenn es nicht achtsam eingesetzt wird – führt hier häufig zur Depression.

Mit einer Kapha-Konstitution nimmt das Körpergewicht leicht zu. Vor allem verschleimende Nahrung, wie kalte Getreide, Milchprodukte und Zucker führen bei ihm zu Reizungen der Nasennebenhöhlen, der Lunge und des Magens. Salzige, süße und saure Nahrungsbestandteile vermehren das Volumen der Gewebe bis zur Fettleibigkeit. Empfohlen wird dagegen eine bittere, herbe und scharfe Kost. Was in der Vata- und Pitta-Konstitution stört, nutzt dem Kapha-Menschen. Das Verdauungsfeuer muss brennen, damit überschüssige Vorräte aufgelöst werden können und Blut und Lymphe fließen. Deshalb sind die wärmenden und erhitzenden Gewürze Chili, Ingwer, Koriander, Kreuzkümmel und Senfsamen in einer gemüsereichen und warmen Kost immer geeignet.

Entgegen der Neigung, Bewegungen zu vermeiden, ist eine sportliche Aktivität natürlich besonders notwendig. Ein regelmäßiger Fußweg, regelmäßiges Fahrradfahren oder die Teilnahme an einer kontinuierlichen Sportgruppe sind eine gute Basis für Kapha.

Menschen mit dieser Konstitution trauen sich beispielsweise ausgerechnet die Yoga-Übung häufig nicht zu, weil sie von den Werbebildern junger und schlanker Frauen abgeschreckt werden. Oft ist ihr Gewebe aber weich, sodass in der sanften Dehnung beim Yoga überraschende Erfolge verzeichnet werden. Mit Geduld und Ausdauer – seinen Tugenden – kann der Kapha-Mensch langsam immer mehr Fettgewebe abbauen und Muskelgewebe entwickeln.

In der Meditation ist eine Sitzhaltung auf dem Boden, zumal mit gekreuzten Beinen, jedoch sehr mühsam für ihn. Besser gelingt dann die Konzentration, alternativ auf einem Stuhl oder einem Hocker sitzend. Die Hüft- und Kniegelenke werden so geschont, die aufrechte Haltung der Wirbelsäule gelingt besser und eine tiefe Atmung ist möglich.

Politiker und Führungspersonen haben oft eine kräftige Kapha-Konstitution. Zu ihrem politischen Kampf gehört es aber offensichtlich auch, Feuer auf politische Gegner zu speien. So finden wir häufig an diesen gesellschaftlich relevanten Plätzen eine Kombination[205] aus Kapha und Pitta. Schließlich darf eine Gruppe nicht fehlen, die häufig und auch zu ihrem eigenen Leidwesen eine Kapha-Konstitution besitzt: Es sind die Krankenschwestern und Pfleger, Sozialarbeiter und Betreuer im Hospiz und anderen sozialen Berufen, die im direkten Kontakt zu leidenden Menschen stehen. Bei ihnen sind alle Tugenden der liebenden und uneigennützigen Zuwendung, des Mitgefühls und echter Hingabe anzutreffen.

Zur depressiven Grundpersönlichkeit gesellt sich aber nicht selten noch die unbewusste Annahme geringer eigener Wertschätzung. Die aufopfernde Hilfe für leidende Menschen kann mit unbewussten aggressiven Gefühlen gegen sich selbst verbunden sein. Das innere Feuer verlangt dann vor allem nach Süßem, aber auch Salzigem bzw. noch mehr Saurem. Ein krankhaftes Übergewicht ist meist die vermeidbare Folge.

In Lehrbüchern des Ayurveda finden sich oft Fragebögen – Sie können sich nach einem Punktesystem selbst dem richtigen Typus zuordnen. Wenn Sie es genauer und sicherer haben wollen, gehen Sie zu einem ayurvedisch ausgebildeten Arzt oder Heilpraktiker, der Ihre Konstitution nach dem klinischen Befund und seiner oft langjährigen Erfahrung deuten wird. Außerdem kann er Sie auch gleich sinnvoll beraten über die richtige Ernährung und den Gebrauch ayurvedischer Heilkräuter und Gewürze.

Drei Gunas

Gunas[206] sind universelle Energien und Qualitäten jeglicher Natur – also auch des Menschen, den wir hier betrachten. Ihr Wirken drückt sich deshalb ebenso in den Geisteszuständen wie im Tagesrhythmus, im Wechsel der Jahreszeiten, in der Qualität der Nahrung und in der ganzen

205 gemischte Grundkonstitution; i. Ü. mehr die Regel als die Ausnahme

206 Sanskrit: Eigenschaft; Quelle; vgl. auch: Gupta und Stapelfeld, S. 11

Natur aus. Ihre Eigenheit nimmt Einfluss auf die Wahrnehmungen der Sinnesorgane, die Unterscheidungskraft und das Gedächtnis. Die Unterteilung der Gunas in „Sattva" = Reinheit, „Rajas" = Aktivität und „Tamas" = Trägheit und Finsternis ist eine Vorstellung, sozusagen ein Lernmodell zum besseren Verständnis.

In der Natur des Lebendigen ist ein Wechselspiel aller Zustände anzutreffen. Die drei Gunas entfalten ihre eigene Dynamik in Verbindung mit der körperlichen Konstitution. Sie charakterisieren uns als einzelnen Menschen ebenso wie unsere Mitmenschen. In ihm erkennen wir oft genau die eigenen Wünsche und Bewertungen. Die Psychoanalyse hat dafür den Begriff „Projektion" geprägt, was uns auch auf den „blinden Fleck" oder „toten Winkel" hinweist. Projektionen gehen mit einem unbewussten Austausch von Informationen mit der bewerteten anderen Person einher.

Das unbewusste Netzwerk zwischen uns und anderen wäre vergleichbar mit dem häuslichen W-Lan.[207] Es wird mit den Begriffen Übertragung und Gegenübertragung bezeichnet. Im Windows nennen wir es Freigabe, wenn wir den Zugriff auf eigene Dateien zulassen und die Firewall und den Ordner entsprechend programmieren oder kennzeichnen. Übertragung ist die bewusste oder unbewusste Information von einem selbst auf das Unterbewusstsein eines anderen fühlenden Wesens. Mit der Gegenübertragung wird bewusst oder unbewusst dessen Antwort erhalten. Das Unterbewusstsein ist immer im Kontakt mit der Lebensumgebung und zumal zu den fühlenden Lebewesen, mit denen wir uns „in einem Feld" befinden – also insbesondere der Partner, die Kinder, Eltern und auch die Kollegen am Arbeitsplatz, gute Freunde oder böse Feinde.

Nicht ohne Grund wurde der Begriff des „fühlenden Wesens" gewählt. Er bezieht auch lieb gewonnene Haustiere ein. Viele Menschen berichten, dass beispielsweise ihr Reitpferd an ihren Gefühlen teilhabe. Viele spüren so etwas auch bei ihrem Hund. Dieser intensive Kontakt erklärt die Trauer, die manche beim Tod des Haustieres empfinden, der Verlust ist mitunter unbeschreibbar.

Der bewusste und unbewusste Kontakt zu einem Wesen hat demnach eine viel intensivere Qualität als zum Beispiel der zu einem Auto oder Handy. Für die Diskussion der Geisteszustände ist zu prüfen, in welchem Zustand man sich jeweils selbst antrifft. Alle drei Gunas stehen zur Verfügung.

207 drahtloses lokales Netzwerk; lokales Funknetz

Sattva

„Sattva" ist die Energie der Reinheit und meint adäquat den „Heiligen Geist" der christlichen Perspektive. Es ist der weise und achtsame Geist, der zu 100 Prozent in moralischen und ethischen Gesetzen verankert ist und nach ihnen handelt. Alle beherbergen ihn und er ist Ausdruck des tiefsten inneren Selbst.

In Stevensons Schatzinsel spricht der Arzt Dr. Lindsay zur Hauptperson des Romans, dem jungen Jim, über ihren ärgsten Widersacher: Auch im Koch der „Hispaniola", dem Piraten Long John Silver, würde „das letzte Zehntel Gutes" stecken. In der dunkelsten Seele findet sich demnach das Licht Gottes ebenso, wie der Teufel im Heiligen verborgen ist!

Die achtsame Akzeptanz eigener und äußerer Geisteszustände sollte diese Möglichkeit niemals ausschließen. Sattva richtet sich ganz nach innen. Diese reine Energie wird nicht selten bei einem Menschen angenommen, der äußerlich Ruhe und Weisheit ausstrahlt. Misstrauisch könnten aber willkürlich anmutende Rituale und moralische Regeln machen, deren Einhaltung mitunter mit strenger Bestrafung erzwungen wird. Eine äußerlich reine Hülle kann mit einer erheblichen inneren Begierde einhergehen, und Missbrauch findet überall da statt, wo er möglich wird! Ihn zu bekämpfen, kann eine „reine" Handlung sein, doch die abschließende Bilanz zählt am Ende.

In der Bhagavad Gita wird der Mensch jedenfalls zum pflichtbewussten und selbstlosen Handeln in der Welt aufgerufen:

So spricht Krishna, der Wagenlenker, zu Arjuna, dem Krieger: Jede Pflicht wird ausgeführt einzig und allein nur deshalb, weil sie getan werden muss und Verhaftung und Lohn werden aufgegeben; diese Entsagung wird als sattvig (rein) angesehen."[208]

In der Bhagavad Gita geht es um einen generationsübergreifenden Konflikt verwandter Familien und um Macht und Herrschaft in einem Landes-Territorium. Die Handlung wird aus Sicht eines blinden Sehers am Vorabend einer entscheidenden Schlacht erzählt. Die Grundstruktur ist ein Zwiegespräch zwischen dem Fürsten und Krieger Arjuna als Handelndem und dem Gott

208 Shrimad Bhagavad Gita Kapitel 18 Vers 9

Krishna. Arjuna gerät in einen schweren Gewissenskonflikt, als er viele Freunde und Verwandte unter den Gegnern entdeckt. Wie in der griechischen Tragödie besteht ein unauflösliches Dilemma zwischen Pflicht und Neigung.

Im zweiten Gesang[209] verkündet Gott Krishna die Lehre der Wiedergeburt. So könne niemand in Wirklichkeit töten oder getötet werden. Etwas Unzerstörbares – eine Seele – überdauere den körperlichen Tod. Arjuna soll sich nicht in die Meditation versenken, vielmehr ruft der Gott Krishna Arjuna zur Tat auf, denn es sei seine Pflicht, als Krieger und wie ein Krieger zu handeln. Die Erlösung werde auch auf dem Pfad des Handelns erlangt. Aber der persönliche Gewinn des Handelns dürfte nicht dessen Zweck sein!

Bemerkung: In aktuellen Studien wird über die gesundheitlich günstige Wirkung vom Handeln für die Gemeinschaft berichtet. Angst und Anspannung nach dem Tod des Lebenspartners können sich vermindern, wenn zum Beispiel ein regelmäßiger Besuchsdienst in einem Seniorenheim aufgenommen wird. Diese „Belohnung" fällt nicht unter das Ausschlusskriterium der Bhagavad Gita.

Die Herzensgüte und das Prana[210] sind mit dem Sattva verbunden. Natürlich besteht in jedem Menschen der Wunsch, als „sattvig" zu gelten und rein, gut oder heilig zu sein. Dieser Wunsch treibt uns aber schnell in einen „Achtsamkeitswettbewerb". Auch Übungen im Yoga und die Haltung in der Meditation unterliegen dem vergleichenden Bewusstsein, und wir erwischen uns selbst dabei, dass wir schauen, ob wir selbst und andere „perfekt" üben und sitzen. Hindus und Buddhisten sprechen dabei vom „Mayageist" der Illusion, die Christen haben die jüdischen Pharisäer als eine Gruppe von Menschen angesehen, die sich selbst erhöht hatten. Jesus selbst hatte deren Selbstgerechtigkeit kritisiert.[211]

„Ich danke dir, Gott, dass ich nicht bin wie die anderen Leute … oder auch wie dieser Zöllner. Ich faste zweimal in der Woche und gebe den Zehnten von allem, was ich habe." Der Zöllner wollte seine Augen nicht aufheben gen Himmel, sondern schlug an seine Brust und sprach: „Gott, sei mir Sünder gnädig!" Jesus sagte dazu: „Dieser ging hinab gerechtfertigt in sein Haus vor jenem. Denn wer sich selbst erhöht, der wird erniedrigt werden; und wer sich selbst erniedrigt, der wird erhöht werden."

209 Shrimad Bhagavad Gita Kapitel 2 Vers 11-22

210 Sanskrit: Lebensatem; Lebenshauch

211 Matthäus Kapitel 21 Vers 3, Kapitel 23 Vers 12; Lukas Kapitel 14 Vers 11

Auf dem spirituellen Weg gibt es viele Fallen, zu der die moderne Medizin auch gern beiträgt. Wer über Jahre in der Psychotherapie seine „inneren Kinder" bearbeitet oder bildhafte Vorstellungen – Imaginationen oder Visualisierungen – übt, kann dennoch immer wieder verspannen und dauerhaft unzufrieden mit seinem Leben bleiben. Das gilt auch für spirituelle Wege mit deren vielfältigen Angeboten.

Nicht nur im Westen der Welt bedienen sich die spirituellen Institutionen und Lehrer eines professionellen Marketings. So werden das Wesen der Befreiung, die spirituelle Begleitung eines individuellen Lebensweges und die Vermittlung der Verantwortung für sein Gelingen nicht selten unverständlichen Richtungskämpfen geopfert. In den zehn Ochsenbildern des Zen[212] steht das Tier für die eigene wahre Natur, die in Stufen erkannt wird.

Angenommen, Sie sind „erleuchtet" und haben es ausgerechnet beim Kartoffelschälen erfahren. Änderte sich dann etwas an der Kartoffel? Sicher nicht. Sie werden sie weiter schälen und in den Topf werfen. Was ändert sich? Doch die Gedanken an den Koch, der über die Größe und Auswahl der Kartoffeln meckert, sind verschwunden. Es ist nicht mehr wichtig, von was Sie diese Arbeit gerade abhält und was Sie noch alles an diesem Tag schaffen müssen. Im Moment geht es nur um die Entfernung der Schale von einer Kartoffel – nichts davor und nichts danach. …

Bei der Reinigung des Geistes entsteht kein Heiliger! Der betroffene, aber ganz normale Mensch erträgt seine Schwächen mit Gelassenheit und Humor. Im normalen Alltag hilft er sich und anderen. Weder die Askese, die Fastenkur, das Ausdauertraining, die Meditation noch die Yogapraxis allein machen zufrieden.[213] Wir geraten in eine Lage, wie sie sich dem historischen Siddhartha Gautama – dem späteren Buddha[214] – wohl darstellte: Er hatte schon alles probiert und musste doch erkennen, dass alle Mühe nicht zum Verlassen des menschlichen Leidensweges ausgereicht hatte. Erst die Annahme des Leidens und die bewusste Akzeptanz seiner endlichen menschlichen Existenz führte ihn in der Meditation zur Freiheit des Geistes, seinem Erwachen.

Der physische Leib des Jesus von Nazareth starb mit einer vergleichbaren Einsicht. Die Formel „Dein Wille geschehe" vereinigt Hingabe, Vertrauen und Liebe und führt ebenso zur Freiheit.

212 vgl.: Williges Jäger und Beatrice Grimm, Die Flöte des Unendlichen, S. 85

213 Sanskrit: Santosha

214 Sanskrit: der Erwachte

Man spürt sie deutlich im Alltag, wenn es gelingt, eine Vorstellung über den Besitz einer Sache oder die Sicht auf eine andere Person völlig fallenzulassen. Um diese Erleichterung geht es. Bindungen an Menschen sind manchmal sehr fest und kaum in ihren Verwicklungen vom Anfang an zu verstehen. Längst haben sich neue Triebe gebildet, die sich um einen Geisteszustand der Verletzung, der Trauer, des Verlassenwerdens, eines mangelnden Selbstwertes oder einer Gewalterfahrung gelegt haben.

Gelingt die Lösung aber durch eine Veränderung der Sichtweise – zum Beispiel vor dem Hintergrund der Meditationspraxis – dann werden wir nicht mehr erdrückt und wir können frei atmen. Die meisten haben so etwas schon erfahren und ihre „Erleuchtung" im Sattva-Geist gespürt. Die gleiche Erleichterung tritt ein, wenn wir eine Entscheidung getroffen haben, die uns bis dahin sehr schwergefallen ist. In der Bhagavad Gita wird die Entscheidung zu einer notwendigen Handlung, und zwar auch gegen die eigenen Wünsche und Vorlieben, ausführlich diskutiert. Wir haben ständig mit dieser Art der Herausforderungen zu tun im Leben, ob im Großen oder in subtileren Bereichen.

Kaufe ich das Kleine oder das Teure? Verzichte ich lieber, weil ich nicht nur an mich selbst denken kann? Nehme ich meine Partnerschaft ernst und bleibe entschieden, ganz bewusst keine sexuellen Kontakte nebenbei zu pflegen? Oder genieße ich eine weitere Beziehung im Hinblick auf meine eigenen Vorlieben? Verweigere ich eine Anordnung, die nicht mit meinem Gewissen vereinbar ist? Nehme ich den Nachteil des Geschäftspartners zugunsten der eigenen Gewinne in Kauf? ...

Die Gleichgültigkeit wird dabei dem „tamasigen" Geist zugesprochen, der noch im weiteren Verlauf behandelt wird. Gelassenheit ist die Geisteshaltung, mit der ein Abwägen notwendiger Handlungen möglich wird, ohne dass plötzlich einschießende Gedankenblitze mit emotionaler Färbung – Affekte – als Reaktionen auf äußerliche Bedingungen die Handlung bestimmen. Es ist wichtig, dass die Handlung dem freien Willen entspringt, wie er als achtsame Handlung bereits dargelegt wurde. Folgen wir dem freien Willen, so können durchaus Handlungen entstehen, die nicht dem Sattva zugeordnet werden dürfen. So kann es notwendig werden, „nach Gefühl" und zum eigenen Nutzen Entscheidungen zu treffen. „Sattva" dagegen würde erfordern, in jedem Fall uneigennützig zu handeln.

In der Ruhe der Meditation kann über derartige Entscheidungen nachgedacht werden, die nicht selten ganze Lebensabschnitte betreffen und essenziellerer Natur sind. Es geht um die eigene Existenz, um die eigene Gesundheit oder die besondere Verbindung zum Kranksein, die Partnerschaft, um Ärger oder Kränkungen im Beruf oder in den Beziehungen zu Kindern und Eltern.

Rajas

„Rajas“ ist die Energie der Aktivität und meint die Bewegung des Geistes und des Körpers. Wenn wir für den sattvigen Geist die rechte Emotion annehmen, so führt Rajas zum Affekt. Er ist also eine spontane Emotion „aus dem Bauch heraus“. Auf einen äußeren Reiz hin folgt beispielsweise eine spontane und liebevolle Umarmung eines anderen Menschen. Mit einer plötzlich aus dem Bauch aufsteigenden Wut allerdings mündet die Emotion im Affekt eines Schlags in dessen Gesicht oder in einem verbal ausgestoßenen Fluch. Wir haben zeitlebens zu lernen, diese Emotionen oder sogar die noch schnelleren Affekte in uns auszumachen und zu untersuchen. Wir müssen uns „in Schach halten“.

Der Affekt insbesondere spiegelt in seiner Spontanität das Unterbewusstsein sehr eindrücklich. Affekte als unterbewusste Reaktionen gehören übrigens zu allen Charakteren. Im Sattva werden sie mit dem achtsamen Geist gebremst. Mit der Bewegung im Körper und Geist – Rajas – und ohne festen Standpunkt des Geistes wird aber viel stärker und häufiger unvermittelt reagiert. So sind wir schnell mal erfüllt mit „glühender Liebe“ wie mit „blindem Hass“ - oder sogar mit beidem. Hinter diesem mehr nach außen gerichteten Charakter kann sich in dem Ausdruck von Freude, Spaß und Spiel der dringende Wunsch verbergen, etwas zu besitzen.

Das Verkaufstalent verfügt über Rajas-Eigenschaften. Hinter der Fassade netten Auftretens, guten Aussehens und angenehmer, schmeichelnder Sprache verbergen sich die „Dollarzeichen im Auge“. Alle werden angetrieben, und es besteht die große Kraft „zu retten, was zu retten ist“ oder auch uneigennützig zu helfen. Wir geben das „letzte Hemd“, ohne an den Lohn zu denken. Rechthaben und Schuldsein sind häufig anzutreffende Zustands-Illusionen des Geistes.

Im Sattva werden diese Illusionen erkannt, Rajas nimmt sich einfach das Recht und an der Schuld wird mit Kummer und Trauer gelitten. Im Tamas ist es völlig egal.

Tamas

Tamas ist als „Finsternis" die negative Energie des trägen Geistes. Zu ihr gehören Gewaltanwendung ebenso wie die wohltuende Müdigkeit nach einem Festmahl. Ein vitales Essen hingegen sollte natürlich nicht Energie entziehen und deshalb nicht in die Trägheit führen. „Tamasiges" Essen kommt aus der Dose, wird wieder aufgewärmt, ist abgestanden oder schimmelig. Wir sagen auch schlicht „Fast Food" dazu, in dem tierisches Fett mit Zucker, Weißmehl und Milchpulver, künstlichen Aromastoffen und Geschmacksverstärkern kombiniert ist. Häufiger Verzehr von Wurst, zuckerhaltigen Getränken und Süßigkeiten rechnet ebenso dazu. Alkohol in jeglicher Genussform vergiftet sowohl Körper als auch Geist, seine „Hitze" führt zur Bewegung, im Negativen bis hin zur Gewaltanwendung. Die Stoffwechselwirkung – vor allem auf die Leber und das Nervensystem – lassen den Tamas-Typ nach einer kurzen Phase der Euphorie in die Trägheit abstürzen. Die Dosis bestimmt dabei die Giftigkeit, genauso gehört zum Tamas auch die „Völlerei".

Der Zustand des Tamas wird aber auch gebraucht, um sich gut zu entspannen und ausruhen zu können. Der Tiefschlaf in der Nacht ist in diesem Sinn eine tiefe Trägheit des Geistes und lebensnotwendig. Die Übungen der Meditation dienen sogar dazu, den Geist zu beruhigen. Tamas meint aber mehr als die Beruhigung durch die Konzentration.

Tamas ist Stillstand und tief im Bauch angesiedelt. Handlungen folgen also mehr dem Instinkt und sind als triebhafte Handlungen sehr weit von der Herzensgüte entfernt. Abhängigkeit von Nikotin, Alkohol und Drogen wird mit dieser Reaktionsweise ebenso verbunden wie eine mangelnde eigene Wertschätzung und Pflege. Dieser Charakter ist weder nach außen noch besonders nach innen gerichtet. Im äußerlichen Bild zeigt sich eher ein ungepflegtes als gepflegtes Aussehen, es gibt auch meist keine bewusste geistige Prägung. Für Spiritualität gibt es oft weder eine Zugänglichkeit noch ein Verständnis, und mit den instinkthaften Verhaltensweisen sind wechselnde Emotionen und Affekte vorhanden. Sie reichen von Kummer und Trauer bis zu Hass und Wut – es ist nicht erkennbar, dass ein konzentrierter Geist die regelmäßige Aktivität prägt. Negative Bewertungen, eine geringe Wertschätzung und reduzierte Körperkraft und geringere Verdauungsfunktionen führen nicht nur im Bewusstsein zum Stau.

Alles schmerzt und schläft ein, was nachts zu Krämpfen in der Muskulatur, tauben Armen und schmerzhaften Mittelfüßen am Tag führt. Der „Tamasi" nähert sich unweigerlich seiner Depression, wenn das innere Feuer in ihm nicht mehr genügend wärmt und der „schlaue" Geist mit seiner Konzentration in vielen Gedankenkreisen des Grübelns verloren gegangen ist.

Gesellschaftliches Umfeld

Die Erklärung psychischer Grundtypen und Konstitutionen, des Sozialen und der Umwelt sind Mosaiksteine, die jeder Einzelne nutzen kann, um ein Bild von sich selbst zu legen. Auf dem Weg können wir uns immer wieder in unseren gedanklichen, emotionalen und körperlichen Reaktionen entdecken und unserem inneren Wesen näherkommen. Die Frage nach der eigenen Existenz – „Wer bin ich?“ – bleibt der rote Faden.

Wie für viele „Werktätige“ ist Ihr Alltag gewiss mit sehr vielen Aktivitäten überladen:

Nach einem Arbeitstag mit einem Trommelfeuer aus Kontakten und Anrufen, Mails und „Datings“ stecken Sie nun auch noch im Feierabendverkehr fest. Für ein gutes Essen war kaum mehr Zeit nach dem Frühstück. Der Burger oder das belegte Brötchen haben für Ihre Ernährung herhalten müssen. Vielleicht hat die Zeit ja sogar für einen Salat gereicht, oder war heute Currywursttag in der Kantine? Zu allen Klischees hinzu kommt dann am Feierabend noch eine schlechte Nachricht von Ihren alten Eltern, und in der Schule läuft es für Ihren Sohn gerade überhaupt nicht gut. Ausgepowert, hungrig, müde und innerlich noch auf der Autobahn, hält Rajas Ihre Aktivität an. Sie bremsen mit Tamas! Diesen Drink haben Sie doch verdient?! Jetzt brauchen Sie erst mal Ruhe und eine Schokolade. Sie plündern den Kühlschrank. …

Verbinden sich Rajas und Tamas – also Feuer und Schleim oder Hitze und Trägheit – entsteht mitunter ein spannungsgeladener „Feuerofen“:

Der Kopf wird heiß, spannt mit Schmerzen und die Glieder sind müde. Ibuprofen oder Aspirin® ist dann schnell zur Hand. Der müde Geist kann noch streiten oder fernsehen, was durchgezappt wird, oder es gelingt irgendeine Kommunikation auf Facebook oder Twitter.

Eigentlich spüren wir, dass uns alles „auf den Geist geht“ – aber warum? Später fällt uns das Einschlafen schwer, in der „Leberzeit“ zwischen 1 und 3 Uhr verfluchen wir den Alkohol und wälzen uns von einer zur anderen Seite. Der Wecker rasselt viel zu früh, jetzt fühlt sich alles wie Blei an. Der „heiße“ Schleim ist abgekühlt und steckt mir jetzt in den Knochen und Muskeln. Bei den ersten Schritten schmerzen der steife Rücken, die Beine und vor allem die Füße. Wir gehen „wie auf Eiern“. Schwarzer Kaffee führt uns Bitterstoffe und Koffein zu, und dann „sehen wir wieder klarer“.

Im „Ruhestand" ist 60 Plus und alles gut? Nein, es wirkt das gleiche Prinzip, die gleiche Frage: „Was kann ich noch für mich tun?"

Die Sorgen werden ja mit den Lebensjahren nicht weniger. Eher das Gegenteil scheint einzutreten. Eigentlich geht es Ihnen doch ganz gut! Dieses „eigentlich" lässt Sie natürlich aufhorchen. Am Tag geht es ja noch, aber in der Nacht wachen Sie oft auf und grübeln. Ihre Tochter hat jetzt einen neuen Mann. Das kann doch gar nicht gut gehen. Ihr Sohn findet einfach keine Arbeit. Jetzt braucht er schon wieder eine Unterstützung. Die machen die jungen Leute noch ganz kaputt. Die Kinder Ihres Lebenspartners akzeptieren Sie einfach nicht. Jetzt werden Sie nicht einmal mehr zum Geburtstag bei ihnen eingeladen. Der Arzt hat gesagt, dass Ihr Mann jetzt über den Berg sei, aber es müsse immer wieder kontrolliert werden. Die Operation habe er gut überstanden, aber ob der Krebs wiederkommt, kann niemand wissen. Nichts ist mehr sicher. Man kann ja niemandem mehr glauben. Sie haben immer weniger zum Leben. Die Rente reicht nicht einmal für die Rheumaliga und die Kasse zahlt nichts mehr dazu. Sie sind jetzt allein, Ihr Partner ist im letzten Jahr gestorben. Ihre Tochter wohnt 300 Kilometer weit entfernt und hat selbst Probleme. Zum Einschlafen müssen Sie nun doch etwas einnehmen. Der Blutdruck ist viel zu hoch. …

Die Gefühle des Kummers, der Sorgen und der Angst nehmen mit dem Lebensalter bei vielen Menschen zu. Die körperliche Stressreaktion ist zwar grundsätzlich wie bei dem Jüngeren, der leidet auch unter Stress im Beruf und in der Familie, ist aber sonst gesund. Der Ältere hingegen ist nicht mehr ganz gesund und vital. Das Leben hat seine Spuren hinterlassen. Herz- und Gefäßleiden, Bluthochdruck und Arthrosen halten Einzug. Eine allgemeine Schwäche macht sich breit. Mit ihr drängen Rücken- und Gelenkschmerzen bald Kummer und Sorgen von der Bildfläche.

Tamas ist eine wirksame Energie – auch noch in diesem Abschnitt des Lebens. Sie bestimmt über die innere und äußere Schwäche. Die „Finsternis" des Tamas führt gerade in höherem Lebensalter zu einer „rajasigen" medizinischen Aktivität.

Und wo wir überall Schmerzen haben! Alles tut ja weh. Wir verbringen unsere Zeit nur noch in den Wartezimmern der Ärzte und müssen eine Vielzahl von Medikamenten einnehmen. Keiner kümmert sich richtig um uns. Wie soll das alles noch enden?

Auch Kinder und Jugendliche haben Angst und Sorgen. Sie sitzen stets mit ihren Eltern in einem Boot. Der Arzt sollte am besten nach der ganzen Familie sehen, ehe er sich ein Urteil über ein einzelnes Kind bildet. Es gibt von Geburt an Irritationen und Verwirrungen, die mit komplexen Störungen der Gedankenwelt, des Nervensystems und Stoffwechsels einhergehen mögen. Kopfschmerzen, Schwindel und Störungen der Konzentration sind ganz häufige Krankheitszeichen. Die Modelle der Erwachsenenmedizin, zu der Rheumamedikamente und Psychopharmaka ebenso gehören, werden weiter auf Kinder und Jugendliche übertragen und zur Therapie eingesetzt. Dabei leben sie in Deutschland in einem der reichsten Länder der westlichen Welt. Ihre Möglichkeiten und Chancen scheinen unbegrenzt. Aber nur wenige gehören zu den „wirklich Reichen".

Die Werte der „Finsternis" sind gut getarnt. Die negative Energie wird aber gebraucht, um die Geschwindigkeit einer westlichen Gesellschaft auszuhalten:

Das Höher, Schneller, Weiter und Wachstum – das sind die „rajasigen" Impulse, welche schon unser Leben im Kindergarten und in der Schule bestimmen. Es geht den Teenies auf dem Schulhof um Markenkonsum, Telekommunikation und Leistung, Besitz und Aussehen des Einzelnen. Schon in den niedrigen Klassenstufen führen Zensuren in den auch unbewussten Prozess einer Hitparade individueller Bewertung und Abgrenzung. Insbesondere der Schulübertritt und der mit ihm verbundene Stress in der dritten und vierten Klasse sei in hohem Maß für das Selbstkonzept der Heranwachsenden bedeutsam.[215] Menschen mit dem Berufswunsch „Arzt" mangele es von vornherein an Empathie, stellt eine Studie[216] an Münchner Medizinstudenten im ersten Semester fest. Möglicherweise drückt sich hier die Auswahl von Einser-Abiturienten aus, die ihr „Beuteschema" schulischer und gesellschaftlicher Auswahlprozesse am Anfang der ärztlichen Ausbildung noch nicht abgelegt haben. Unterschiede in der Bildung weisen vor allem auch auf soziale Grenzen. „Spiel' nicht mit den Schmuddelkindern."[217]

Die innerliche Abgrenzung und negative Bewertung eines anderen Menschen zählt nicht nur in diesem jungen Alter zur „Finsternis" – zum Tamas. Stress in der westlichen Welt, Burn-out und Depression kombinieren in ihren Ursachen Rajas und Tamas. Die erlebte innere Unruhe und das Gefühl, nicht mehr mithalten zu können, hinterlassen Spuren. Nicht viel wert zu sein

215 vgl.: Heinz Reinders

216 siehe u. a.: S. Dehning, S. Gasperi und D. Krause

217 Franz Josef Degenhardt, Liedermacher

oder nicht zu genügen, wird gegenüber Kunstgestalten der Vorabendserien im Fernsehen, den Bildern in Zeitschriften und den Internetforen fortlaufend bestätigt. Wir messen uns nicht an uns selbst, sondern an virtuellen Marketingprodukten der äußerlichen Welt.

In Alkohol, Drogen, Fast Food und ablenkenden „Events" bündeln wir dann unsere Aktivität – so meinen wir scheinbar zu bestehen. Der Psychotherapeut spricht von einer Form der „manischen[218] Angstverarbeitung". Darin verstecken sich die nicht auszuhaltenden Empfindungen der Angst hinter äußeren Gegenständen nicht bedarfsgerechten Konsums. Die „Absicherung um jeden Preis" geschieht am besten über einen persönlichen Besitz.

Nicht nur die Uferzonen von Deutschlands Binnenseen oder besonders schöne Landschaften werden vorzugsweise mit den individuellen Zeichen wirtschaftlichen Erfolges bebaut. Ebenso „gute" wie „schlechte" Wohnlagen haben ihren Preis und bestimmen auch über die Menschen, die dort leben und sterben. In diesem Wettlauf kommt es aber nicht nur auf den gegenwärtigen wirtschaftlichen Wert an, der sich zum Beispiel in einer Immobilie ausdrückt. Fußballvereine – vor allem der ersten beiden Ligen – werden zu Kultobjekten. Im Inhalt wird nicht nur Fußball gespielt und an Zuschauer verkauft. Der Prozess verlangt darüber hinaus eine besondere Sprache und passendes Outfit als Fankultur mit archaischen Ritualen, insbesondere mit Alkoholkonsum.

Die persönliche Identifikation mit dem Meisterverein muss mitunter die Familie ersetzen. „Hier bin ich Mensch, hier darf ich's sein." Dieser Ausruf in Goethes Faust I. kommt uns da ganz passend in den Sinn. Auf Zugheimfahrten nach dem Fußballspiel wird den unbeteiligten Mitreisenden dieser „menschliche" Aspekt unangenehm deutlich.[219]

Es gibt noch viele weitere Beispiele für Handlungen, die von Alter, Krankheit und Tod ablenken und in der Gegenwart ein schönes Leben bereiten sollen:

Leiden Sie an sich und dem Nächsten? Sind Sie in vielfältigen Problemen des eigenen Lebensalltags verfangen und haben die Übersicht scheinbar verloren? Die „Gurus" der Moderne haben ein neues Gewand drübergezogen. Das aktuelle Smartphone wird gefeiert wie ein Königskind. Nach der Arbeit setzt Sport im Fitness-Center die Hektik Ihres Alltags fort und Sie schlafen regelmäßig wegen

218 Veränderung von Antrieb und Stimmungslage mit Verstärkung der Reaktionen; nicht selten Antwort auf Lebenskrisen; Gegenteil der Depression

219 Meldungen der Tageszeitungen nach einem Bundesligawochenende

totaler Erschöpfung. Das körperliche Alarmsystem, der „Sympathikus“, bleibt angeschaltet – am Tag ohnehin und nachts mitunter grell beleuchtet. Ihnen entgeht keine Statusmeldung Ihrer Freunde auf Facebook und Sie beantworten diese mit einer Auswahl an Symbolen und Kurzsätzen im Smile-Format. Sie sind dabei!

Auch Rituale der Bewahrung von Jugend und Schönheit vermindern nur kurze Zeit die Angst vor der Vergänglichkeit. Danach verlangen sie die Wiederholung oder Steigerung, wie alle äußerlichen Erfahrungen:

Der Köhler Michel aus Haufs Märchen „Das kalte Herz“ würde lächeln, wenn er dies alles lesen könnte. Er hat am Ende sein Herz nämlich wiederbekommen, nachdem er es zunächst verkauft hatte. Aber wir besuchen doch neben der Meditation und der Yogastunde auch noch regelmäßig den Osteopathen und Homöopathen – das sollte doch gesund und auszuhalten sein, oder?

„Was kann ich tun?“

Machen Sie Bungee-Jumping, gehen Sie in den Klettergarten, fahren zum Trekking in den Himalaja, perfektionieren Sie Ihren Stil im Yoga oder Pilates, schneiden Sie sich alle Haare ab oder färben sie bunt, lassen Sie sich piercen und tätowieren, kleiden Sie sich nur noch schwarz oder weiß, gehen Sie barfuß, in High Heels, Jesuslatschen oder Boots, tanzen Sie in der Disco oder auf Kreuzfahrtschiffen am besten bis weit nach Mitternacht, rocken Sie sich durch Festivals und verpassen Sie bitte kein Spiel Ihres Klubs. Fahren Sie mindestens 200 Kilometer nur auf der Überholspur und bewegen Ihren Körper in zwei Tonnen Stahl um sich herum. Fliegen Sie immer wieder in den Urlaub – auch wenn Sie gar nicht mehr arbeiten – und planen den nächsten schon in den letzten Tagen des jetzigen Auslandaufenthalts. Besuchen Sie drei- bis viermal in der Woche eine Fitnesseinrichtung und verpassen Sie kein Gesundheitsangebot Ihrer Krankenkasse. Joggen Sie täglich, machen Sie „Downhill“ mit dem Bike und nehmen Sie regelmäßig an Wettbewerben teil – Halbmarathon überall und „auf Malle“. Malen, töpfern und gestalten Sie jährlich den Garten um. Machen Sie zweimal im Jahr eine Fastenkur, essen Sie nur noch vegetarisch, am besten vegan, laktose- und glutenfrei, nur noch frisches Bisonfleisch, machen Sie eine Steinzeitdiät, meditieren Sie täglich ein bis zwei Stunden und zünden Sie dabei Räucherkerzen an, kaufen Sie Vitamine und trinken Sie „energetisiertes“ und „informiertes“ Wasser, schlafen Sie auf Magnetfeldmatten, tragen Sie Kupferarmbänder, nehmen Sie regelmäßig

Vulkanerdekapseln ein und lassen Sie sich einmal in der Woche mit Öl massieren. Lesen Sie ganz viel in spirituellen Büchern und Zeitschriften, besuchen Sie Retreats[220] und nehmen Sie an Selbsterfahrungswochenenden teil. Spüren Sie sich dabei!

Aber: Wer in uns findet das alles „wichtig"?

Handeln oder Nichthandeln bleiben ein lebenslanges Thema. Trägheit und Tamas stehen zusammen mit den gleichgültigen Aussprüchen: „Ist mir doch egal!" oder „Bringt doch alles nichts!" Weder wird richtig geweint noch ordentlich gelacht. Eine dumpfe Trägheit erfüllt den als sinnlos empfundenen Alltag mit zielloser Aktivität. Die volle Bandbreite der Lebenskraft ist längst verloren gegangen.

In der Schulmedizin dominieren die Schmerztherapien mit Morphin und mit anderen „Fühlblockern" gegen Depression sowie Entzündungen die Versorgung eines so fast „lebenden Toten". In der Regel sitzt auf dieser schließlich auch medikamentös geförderten Reaktionsstarre die Angst wie eine Glucke auf den Eiern. Freiheit, das Gefühl der Weite – nicht nur im Brustkorb – sowie das Zulassen aller Gefühle und Gedanken wird immer nötiger. Sich selbst und sein Leben aushalten zu lernen, wird deshalb in der Gegenwart zu einem immer bedeutsameren Ziel.

Aktivität – Rajas – sowie Weisheit und Reinheit – Sattva – passen gut zu einem gelassenen und konzentrierten Handeln, ohne den eigenen Gewinn in den Vordergrund zu stellen. Richten sich aber innere Anspannung und Hitze ohne Konzentration des Geistes ins Lebensumfeld nach außen, so geschieht mitunter Gewalt in Wort oder Tat.

Es verlangt nicht viel Fantasie, sich die Kombinationen der drei Gunas mit den drei Konstitutionen Kapha, Pitta und Vata vorzustellen. Aus diesem Gedankenspiel lassen sich viele Varianten des Lebensalltags ableiten. Wir finden in Vata und Rajas den „Bewegungsmenschen", der Yoga ablehnt, weil es ihm zu langweilig ist. Innere Unruhe und das Jagen der Gedanken prägen mitunter schon das ganze Leben und scheinen sich im Alter der Demenz zu nähern. Die Konzentration will überhaupt nicht mehr gelingen und das Kurzzeitgedächtnis läuft vor lauter Gedanken über. Der quirlige Manager, heißköpfige Politiker oder hitzige Fußballer – Pitta und Rajas – ist der, dessen Bluthochdruck, Ärger und Zorn sich ebenso spiegeln wie eine oft wiederkehrende „sauertöpfische" Stimmung. Mit Sattva kombinieren sich alle gut, die Energie der Weisheit gleicht Extreme aus. Mit ihr gelingt es am besten, sich wohl und sicher zu fühlen. Tamas und Kapha

220 engl.: Rückzug; spirituelle Pause aus dem gewohnten Leben

führen zum bewegungsarmen, übergewichtigen und geistig trägen Menschen, der mitunter zwei Sitze in der U-Bahn für sich braucht und häufig medizinischer Behandlungen bedarf. Treffen Tamas und Pitta zusammen, werden ungünstige Energien frei und der Mensch kann für sich und andere gefährlich werden. Tamas und Vata – „dünn" – oder Kapha – „dick" – kommen bei denen zusammen, die nicht mehr dazugehören, die andere „herausgekegelt" haben, lautet die häufig vorgetragene Ansicht der Opferrolle. „Hartz IV" bestimmt Konsum, Wohnung und Mobilität. Ein Verlust an Selbstwert ohne sinnstiftende Aufgaben zehrt an Körper und Geist. Die „innere Unruhe" verlangt oft nach der Zigarette, deren Genuss tatsächlich zur kurzen geistigen Zentrierung führen kann. Werden die Kosten von Tabak – auch selbst gedreht –, Alkohol, Wohnung, Kleidung und Handy-Vertrag vom verfügbaren Einkommen abgezogen, gelingen aber weder vitale Vollkost noch Kunst, Kultur oder Sport. Isolierung, Fehlernährung, Rauchen und Alkohol führen in die Spirale zum „sozialen" Absterben.

Die Mahnung Brechts aus der Dreigroschenoper „Erst kommt das Fressen, dann kommt die Moral" gilt aber auch für den spirituellen Weg, Yoga und die Meditation. Für immer mehr Menschen in der westlichen Gesellschaft sind sie deshalb nicht die erste Wahl.

Je mehr wir uns aber geistig und körperlich konzentrieren und einen Standpunkt einzuhalten lernen, desto weniger nehmen widersprüchliche innere Antriebe Einfluss auf unser Verhalten. Freude und Leid, Lust und Schmerz, Haben oder Nichthaben, Liebe und Abneigung können dann ohne größere Stimulationen[221], Reaktionen und mit geringerem körperlichen Ausdruck wahrgenommen werden. Der Übende im Yoga soll sogar unempfindlich gegen Kälte und Hitze, Licht und Finsternis[222] werden.

Unbeweglich, seine Atmung rhythmisierend, Blick und Aufmerksamkeit auf einen einzigen Punkt gerichtet, lässt der „Yogin" auf dem Weg der Erfahrung die profane Modalität des Lebens hinter sich.

Mit einer solchen Gelassenheit – die im Alltag wirkt – löst der bunte Katalog mit der Frühjahrskollektion ebenso wenig eine tiefer gehende Bewegung in uns aus wie die Schokoladenauslage oder die Kränkung unseres Geschäftspartners. Im Gewahrsein der äußeren Reize bleiben uns

221 Anreiz, der Interesse erregt oder motiviert, etwas zu tun

222 vgl.: Mircea Eliade, Yoga, S. 75

Verspannungen der Muskulatur, eine flache Atemtiefe und die Ausschüttung der Stresshormone erspart. Die „Kampfbereitschaft" verbessert sich sogar, weil Ressourcen erhalten bleiben. Unsere persönliche Energie verbrauchen wir nicht, wenn wir mit dem freien Willen eine Entscheidung für die Annahme von Gedanken und den damit verbundenen Emotionen getroffen haben. Danach verlangt jedenfalls die Auseinandersetzung im Beruf, der gerechte Kampf gegen Umweltverschmutzung, Vermögensverteilung, politische Einflussnahmen und das Aushalten des eigenen oder fremden Leides. Andererseits greift unsere Hand zum Kuchenstück!

Mit dem Loslassen können wir auf den nächsten Impuls warten. Es geschieht also nichts oder unser „Nichttun", wie es in den Veden als Ideal aufgelöster Gegensätze beschrieben wird. Die Übung der Meditation stärkt unseren freien Willen und erlaubt uns bewusste Entscheidungen. Die Gegensätze sind die Nahrung für den unterscheidenden Geist des Wachbewusstseins, mit dem wir überwiegend die Arbeit, den Haushalt und die Einkäufe verrichten.

Die Meditation führt aber auch zu achtsamen und intuitiven Entscheidungen. Achtsam sind diese, wenn wir die Konzentration auf den Moment legen und die Gedanken über die Vergangenheit und die Zukunft erfolgreich vermindern. Das ist ein sehr wacher Zustand, in dem wir alles zulassen und eine weite Öffnung für alle Empfindungen und jegliche inneren Impulse erreichen. Gedanken und Gefühle erscheinen aber nicht nur im konzentrierten Zustand der Achtsamkeit. Scheinbar unbewusst oder spontan reagieren wir nach dem jeweiligen Temperament[223] auf äußere Erfahrungen. Plötzlich werden wir gewahr, dass wir zum Beispiel bestimmte Bilder und vermittelte Gefühle im Fernsehfilm nicht aushalten können, sodass wir das Kino verlassen sollten. Mit dieser Flucht kappen wir sozusagen das Tau zwischen unserer empfindlichen und verletzten eigenen Empfindung und dem äußeren Bild. Es ist nämlich, ohne vorher zu fragen, in unser Inneres eingedrungen.

Sie werden von einem Buch in seinen Bann gezogen, wie es Millionen Menschen bei Harry Potter[224] *oder Fifty Shades of Grey*[225] *ergangen ist. Die Schulzeit der Zauberer wird von geheimnisvollen, uralten Ritualen, Mythen und Abenteuern geprägt. Die Geschichten erotischer Fantasien beschreiben die gegensätzlichen Wechselspiele von Dominanz und Unterwerfung sowie von Lust und Schmerz.*

223 vgl. die Eigenschaften der Konstitutionstypen im Ayurveda

224 siehe: Joanne K. Rowling

225 siehe: E. L. James

Wenn Sie die Beschreibungen mythischer oder sexueller Handlungen berühren und Ihr „Kopfkino" anschalten, schwingen Sie mit ihnen mit. So greifen Sie zwar bewusst zum Buch, aber mit den Vorstellungen und Erwartungen über den Titel und den Inhalt ist Ihr Unbewusstes – wie immer – mit im Boot. Haben Sie sich erst eingelassen, spielen sich Wach- und Unterbewusstsein die Bälle zu. Somit kombinieren sich Ihre körperlichen Reaktionen der Angst und Spannung beim Zaubern oder der sexuellen Erregung im Rollenspiel.

Im Prinzip funktionieren die Produktwerbung im Fernsehen oder die Rituale der Religionen auch nicht anders. Nur die Ziele sind völlig unterschiedlich. Geht es auf der einen Seite um das Verkaufen und den Konsum, der den Lustgewinn zum Beispiel einschließt, führt andererseits die spirituelle Übung zu einem ganz bestimmten Zustand, um das Leben zu bestehen. Beide Tendenzen enthalten Rituale und Symbole, die den rationalen wachen mit dem irrationalen unterbewussten Geist verbinden.

Der bereits antiken Erkenntnis um die menschliche Schwäche für Äußerlichkeiten und die Lustbarkeit des Lebens setzen die Weisen der inneren Mystik den achtsamen Weg in unser Inneres entgegen. Das Ziel ihrer Lehren ist die Auflösung der Gegensätze – und mit ihr die Befreiung von Wünschen des trennenden Geistes. Liebe und Hass zum Beispiel werden integriert und müssen sich nicht mehr bekämpfen. Es kehrt Ruhe ein.

Der „mittlere Weg"[226] kennt aber nicht nur die Askese[227] oder Tapas[228]. Er ist auch das Fest und das Feiern, die feurige Liebe, die spontane Abwehr, die Trauer, das tiefe Leid. Er führt auch dazu, die Schönheit der Natur oder beispielsweise des eigenen Partners zu schätzen. Zugegeben: Auf diesem Weg ist es häufig erregend, manchmal langweilig, aber auch euphorisch, kreativ und dann wieder gelegentlich einsam. So leben wir mit allen Höhen und Tiefen so, wie es kommt.

226 Der mittlere Weg des Siddartha Gautama Buddha, der Erwachte genannt, ist heute in der westlichen Welt pragmatisch zu übersetzen mit „Nachhaltigkeit" und „ökologischem" Handeln.

227 griechisch: Üben. Askese = Bewusster Verzicht auf weltliche Genüsse. Meist geht damit materielle Armut und sexuelle Enthaltsamkeit einher; vgl. Eckhard Wolz-Gottwald, Yoga-Philosophie-Atlas, S. 118; Mircea Eliade,Yoga, S. 58

228 vgl.: Askese; wird im Yoga ähnlich verwendet

Dieser Weg ist auch ethisch[229] ausgerichtet: Er begrenzt bewusst das Verlangen nach Macht und Reichtum und ist der Nachhaltigkeit und dem ökologischen Handeln verpflichtet. Die Besitzstandswahrung und das Wachstum gelten nicht dem, „was wir wirklich sind", sondern dem, „was wir haben" oder „von uns gehalten werden soll."[230] Vergänglichkeit und das Leid erkennen wir dann als Kaufpreis, mit dem die äußerlichen Lebensumstände ihrem Wesen nach verknüpft sind.

Der Zugang zur Beruhigung des Geistes mit einer „Auflösung" oder Integration der Gegensätze ist wahrscheinlich auch von der psychischen Konstitution abhängig. Für manche Menschen sind bildhafte Umschreibungen, mit Farben und Formen der äußeren Welt verbundene Rituale oder die Sinne berührende Klänge und Gerüche die geeigneten Schlüssel zum eigenen Empfinden. Andere möchten es kurz und knapp, wünschen keine blumigen Worte und meiden zu viel Nähe. Gerade diese Nähe zieht aber ebenso einen Teil der Mitmenschen an, denen äußerliche Umstände weniger wichtig sind als der Kontakt zum Nächsten. Eine geführte Meditation mit Texten, Mantras und Gebeten kann bei all dem genügen, um sich ganz einzulassen. Vielleicht suchen wir auch von vornherein die „Klarheit hinter den Dingen" und stören uns an zu viel zeremoniellem „Brimborium". Dann zieht es uns mehr in die selbst gewählte Stille. Ob wir einen Lehrer und dessen Begleitung zeitweilig nötig haben, oder aber den intellektuellen Geist mit Gedankenspielen herausfordern: Finden Sie es für sich selbst heraus!

Im Zen heißen sie „Koan"[231] und werden vom Lehrer empfangen. Der spirituelle Fortschritt zeigt sich mit der Lösung von der „Ich-Verhaftung" des intellektuellen Geistes als Eingebung oder Intuition zum Thema. Ein Koan enthält eine irrationale Symbolik, die den intellektuellen Geist mit dem Unterbewussten verbinden soll – er ist daher nicht zu verwechseln mit einer Denksportaufgabe. Es gilt zum Beispiel – kurios! – sich den Klang vorzustellen, der beim Klatschen mit nur einer Hand ertönen würde. „Richtige" Antworten entstehen in der geistigen Schwingung mit dem Lehrer oft erst nach langer Praxis der Meditation. Die Antworten des Schülers sind ebenfalls sprachliche oder körperliche Symbole in Worten, Lauten und/oder Gestik.

229 von sittlichem Verhalten bestimmt/davon zeugend

230 vgl.: Arthur Schopenhauer, Lebensweisheit

231 japanischer Zenbuddhismus: Bezeichnung für die der Vernunft unzugänglichen Aussprüche, Fragen und Antworten der Zenmeister

Im Wesen des Koans ist kein rationales Wissen enthalten, was im Lösungsheft wie zur Führerscheinprüfung nachgeschlagen werden könnte. Die Übung führt insoweit „zu nichts“ im Geist des Wachbewusstseins, erkundet aber dabei das Unterbewusste und lädt es zur themenbezogenen Aktivität ein. Es löst einen Komplex[232] aus, die der psychoanalytischen Technik der Anregung unbewusster Inhalte entspricht. Theoretisch können wir vermuten, dass sich eher die Menschen zum Zen hingezogen fühlen, deren psychische Konstitution mehr introvertiert[233] ist. Zen ist vor allem die Erkenntnis der Einheit und Verbundenheit aller Aspekte des eigenen Lebens.[234] Diejenigen, denen die Welt der äußeren Dinge im Empfinden näher steht, werden auch dort nach Symbolen und Ritualen suchen. Für sie geht es zum Beispiel vielfältig, laut, bunt und farbenfroh in den christlichen Kirchen, den tibetisch buddhistischen Traditionen, im Yoga und auf schamanischen Reisen zu.

„Fühlt Wärme und goldenes Licht in Euch. Geht mit der Konzentration zum Punkt zwischen den Augenbrauen und stellt Euch dort ein weißes Licht vor.“ So oder ähnlich lauten die Anweisungen in geführten Meditationen.

Die Fähigkeit zur Imagination[235] hat grundsätzlich jeder Mensch, außerdem kann sie darüber hinaus trainiert werden. Das schon erwähnte Märchen „Das kleine Mädchen mit den Schwefelhölzern“ von Hans Christian Andersen liefert ein sehr berührendes Beispiel für die Kraft der inneren Bilder. Unter besonderen Belastungen des Lebens, in der Trauer oder mit länger andauernden Erkrankungen kommen unsere Vorlieben mehr zum Tragen. Sie folgen der körperlichen und psychischen Konstitution. Auch Menschen mit weniger Zugang zu bildhaften Vorstellungen entwickeln Fantasien, die zu ihrer Heilung beitragen können. Sie werden in Bildern, Texten, Gebeten und Mantras am besten in einer beschützenden Gruppe, mit Freunden oder in einem religiösen Ritual erfahren. Die Worte und Symbole der Metta-Meditation, des Patronuszaubers[236],

232 spontane Reaktion des Unterbewusstseins mit Gefühlen, Gedanken und Erinnerungen

233 nach innen gerichtet

234 vgl.: Bernhard Glassmann, Anweisungen für den Koch – Lebensentwurf eines Zen-Meisters, S. 11

235 bildhafte Vorstellung

236 vgl.: Harry Potter Band III

der schamanischen Reise oder vergleichbare Erfahrungen universeller mütterlicher Liebe sowie die Gebete der Religionen sind eine sehr wirksame Abwehr gegen „Seelenfinsternis“[237] und Angst.

Ein spirituelles Erleben wird von allen Religionen der Welt vermittelt. Ihnen gemeinsam ist ein Angebot von Ritualen, Gedanken und Wegen, mitsamt allen Erklärungen für den Sinn des Lebens, Geburt und Tod. Wir können bewusst Verantwortung übernehmen und einen Standpunkt einnehmen. Die eingangs zitierten Sätze von Siddhartha Gautama werden zum individuellen Kompass für die Landkarte unseres Geistes.

237 vgl.: De Kuiper, Seelenfinsternis (Depression)

Die Praxis

Die stille Meditation führt zur bewussten Wahrnehmung der Beziehungen von Gedanken, Bewertungen, guten und schlechten Gefühlen, Sinneseindrücken und körperlichen Reaktionen. Von den Buddhisten wird wie in der modernen Psychotherapie der Begriff „Achtsamkeit" verwendet. Damit ist die Konzentration auf den Moment und das „Hier und Jetzt" gemeint. Achtsamkeit hinsichtlich unseres eigenen Zustandes bedeutet, ein Bewusstsein für die Qualität der eigenen Aufmerksamkeit auszubilden und zu entwickeln.

Regeln

Die Meditation können wir – als Mittel – wie ein Handwerk oder eine Sportart erlernen, es gibt seit Jahrtausenden erprobte Regeln. Der Schüler lernt „zunächst die Pflicht, dann die Kür". Die Reise führt uns als Anfänger in ein für uns weitgehend vergessenes und deshalb zunächst unbekanntes Land. Am besten starten wir das Training in einer Gruppe, als wären wir auf einer Reise mit einem Reiseleiter. Um die Außenwelt des Lebens überhaupt zu beruhigen, werden wir den Medienkonsum reduzieren, dazu gehört – je nach Gewohnheiten – der Verzicht auf Tagesschau, Spielfilme und unnütze Gespräche, denn das befreit uns vom Ballast des Tages, und wir erfahren Raum und Weite für uns selbst.

Die Menschen in der Lebensumgebung, wie der Lebenspartner, die Kinder und Eltern, wollen diesen scheinbaren Rückzug möglicherweise nicht akzeptieren. Wenn das geschieht, ist es wichtig, dass wir uns selbst ausreichend ernst und wichtig nehmen, was zuvor möglicherweise nicht ausreichend geschehen ist.

Das Reiseziel ist Ihr Inneres – Äußerlichkeiten sollten Sie jetzt zurückstellen, denn Ablenkung erfährt der Geist ja schon genug. Ihre Körperhaltung sollte deshalb angenehm sein, der Yoga spricht von einer einzunehmenden festen und komfortablen Stellung. In den Traditionen ist die aufrechte Sitzhaltung an einem geschützten Ort – wo der auch immer sein mag – als Sieger aus dem Rennen der Varianten hervorgegangen. Diese Haltung erlaubt Ihnen, sich auf alle Meldungen des Bewusstseins zu konzentrieren. In der Meditation verweilen Sie ganz munter, hellwach – eben nicht schläfrig und müde, um zum Beobachter Ihrer eigenen Gedanken zu werden. Später übernehmen Sie Ihre Meditation mit in den Alltag. Dann sind Sie auf einer Rolltreppe genauso konzentriert wie bei der Gartenarbeit, beim Schneiden des Gemüses, im Small Talk mit dem Nachbarn oder bei der Körperpflege im Badezimmer.

Im Meditationsraum ist das ruhige Sitzen mit einer direkten Verbindung zur Erde üblich. In dieser komfortablen Lage werden die sinnlichen Eindrücke, Gefühle und Gedanken wahrgenommen, ohne sich mit ihnen zu verbinden oder sie zu bewerten. Es geht darum, einfach im Moment zu schweben, zu fühlen, zu hören und zu „sehen" – mit geschlossenen Augen. Wie im Kino: Ein Bild befindet sich auf der Leinwand, der Ton klingt im Ohr und die Vibration der Bässe der Lautsprecher ist auf der Haut zu spüren. Der Meditierende wird sozusagen selbst zur Kinoleinwand, auf der die Bilder und Handlungen wechseln, ohne dass sich die Leinwand-Struktur verändert.[238]

Die Quintessenz ist ein achtsames Verweilen - wie auf einem „Feldherrenhügel". Mit der neu gewonnenen Übersicht verändern sich sowohl Eigenschaften als auch Datenmengen des Gedankenstroms. Ohne den inneren Kommentar und die Bewertung zu den Empfindungen versiegt er nämlich ganz langsam. Ihm fehlt der Antrieb des unsteten egoistischen Geistes, der stets die Verbindung mit dem Wachbewusstsein sucht, um handeln zu können. Wenn ihm diese Möglichkeit verweigert wird, muss er seine Aktivität vermindern. Mit einer regelmäßigen Übung wird der Effekt stärker und die spontane Aktivität des Unbewussten kann noch weiter abnehmen.

Zunächst scheint es uns widersinnig, dass ein Nichtstun, welches bedeutet, nur zu schauen, zu spüren und zu hören – also ein Nichthandeln – zum Abbremsen der Gedankenaktivität – also ein Handeln – des Unbewussten führen kann. Eine eigene Erfahrung in der Meditation lässt uns diesen Zusammenhang aber selbst spüren. Das Unterbewusste ist kein innerer Feind. Es kann zwar rebellisch werden, sollte aber überwiegend unser Notizbuch und guter Kumpel sein. So einer gibt dann auch mal Ruhe.

Wenn der wache Geist ruht, öffnet sich das Tor zu seinen unbewussten Inhalten . Der nicht handelnde Beobachter sieht in sich hinein. Auch die vegetativen Funktionen beruhigen sich. Schneller Herzschlag, Schweiß, Muskelzittern, Aufrichten der Nackenhaare und Kribbeln der Haut verschwinden. Angst, Zorn, Wut, Hass, Kummer und Wollust brechen nicht mehr einfach heraus. Die Beruhigung des Geistes erlaubt es besser, sich im Leben zurechtzufinden. Die Belohnung ist die innere Ruhe. Der Blutdruck muss nicht mehr mithilfe von Tabletten gesenkt werden.

238 nach Ramana Maharshi, Sei, was du bist, S. 39

Das eigentliche Ziel ist letztlich aber die Freiheit unserer Entscheidung über den individuellen Lebensweg. Der „Lebensbaum“[239] ist das Symbol, unser Leben individuell und ganz authentisch auszufüllen und mit ererbten und erworbenen Fähigkeiten bis zur „Krone“ vorzudringen. Die persönliche Entwicklung und Reifung gelingt uns umso besser, je mehr der Beobachter den Weg in unseren Alltag findet. Unbewusst erinnerte Persönlichkeitsstrukturen und Emotionen, wie Angst, Ärger, Zorn, Wut, Kummer und Trauer nehmen dann weniger irritierenden oder störenden Einfluss auf jegliches Geschehen. Das gilt auch für Grundhaltungen, wie Ablehnung, Habenwollen oder Orientierungsmangel. Auch unsere Partnerschaft, der Job und andere wichtige Lebensentscheidungen profitieren davon.

Die Konzentration auf die Atmung ist hoch wirksam und lenkt auf eine konstante innere Rhythmik. Die Lunge wird in der TCM als Rhythmusgeber angesehen. Die besondere Aufmerksamkeit auf den Punkt zwischen den Augenbrauen heben viele Traditionen hervor. Dieser größte Akupunkturpunkt des Körpers ist ein „spiritueller Ort“ für viele asiatische Religionen. Er wird häufig mit einem roten Punkt markiert. Die Konzentration auf das Anja-Chakra[240], den Yin Tang[241] oder den Punkt zwischen den Augenbrauen können wir mit einer inneren Vorstellung von hellem, weißem Licht[242] begleiten. Sofern wir mit einem störenden Gedankenstrom nicht in Ruhe sitzen können, folgen wir am besten in der Gehmeditation dem Bewegungsdrang „zur Beruhigung“. Dabei ist die Empfindung eines jeden Schrittes das Ziel der bewussten Wahrnehmung. Es wird auch empfohlen, dass wir die Vorstellung auf ein Gebet, Mantra oder ein Bild lenken. Im Grunde ist es wichtig „dranzubleiben“, auch wenn andere Gedanken fortlaufend unsere innere Wahrnehmung ersetzen wollen.

239 altes Symbol der kosmischen Ordnung mit einer Achse im Zentrum der Welt; verbindet Himmel, Erde und Unterwelt

240 Stirn-Chakra oder „Drittes Auge“

241 großer Akupunkturpunkt knapp oberhalb der Nasenwurzel in der Stirnmitte

242 weißes Licht; wird in der Therapie gegen Depression eingesetzt

Anleitung

In den buddhistischen Klöstern ist es üblich, Mantras oder längere Gebete zu sprechen und mit dem rhythmischen Aufsagen des Textes den ganzen Körper mitschwingen zu lassen. Die äußerliche Form kann mit einer pendelnden Vor- und Rückneigung des Oberkörpers verbunden sein. Das „Lautieren“ wird auch im Kanon in der Gruppe genutzt, um sich vor der stillen Meditation in einen gemeinsamen Zustand der Ruhe zu singen.

Williges Jäger[243] leitet beispielsweise Meditationen nach der Tradition japanischer Zen Mönche mit „Lautierungen“ – dem Wechselgesang von „Joshua“ und „Schalom-Salam“ – ein. Es handelt sich dabei um den hebräischen Namen für „Jesus“, der abwechselnd zum Friedensgruß der Juden und Araber gesungen wird. Jeder Teilnehmer kann in seiner eigenen Art und Geschwindigkeit an diesem Gruppengesang teilnehmen und sich auf den stillen Teil des Sitzens innerlich vorbereiten.

Mit der guten Konzentration des Wachbewusstseins werden unterbewusste Stressimpulse zur Muskulatur und den Organen des materiellen Körpers reduziert. Eine körperliche Anspannung kann sich lösen. Die Emotionen zu leidvollen Gedanken vermindern ihre Aktivität.

Der Umgang mit dem eigenen Geist ist gut trainierbar. Es sind dabei aber auch Hürden zu überwinden. Ein gesprochenes Wort unterbricht beispielsweise die Ruhe in der Übung. Der Lehrer nimmt die Störung der Konzentration der Teilnehmer in einer von ihm „geführten Meditation“[244] in Kauf, weil er persönliche innere und unbewusste Symbole durch bewährte und heilsame Formulierungen vorübergehend ersetzt. Sie helfen dem wachen Geist, sich zu betrachten, und wehren auch leidvolle innere Impulse ab. Es lenkt außerdem das Aufmerken der Praktizierenden auf die Stimme des Lehrers als sinnliche Orientierung.

In der Konzentration auf die liebende Güte im Herzchakra ist die erfahrene Anleitung immer ein guter Reiseführer. Meditation ist niemals langweilig, muss aber für den Übenden zunächst gestaltet werden, um einen sinnvollen und funktionierenden Einstieg zu gewähren. Später soll die Ruhe auch beim Verlassen des Meditationsraumes und auf dem Weg nach Hause anhalten. Diese innere Qualität von Ruhe wird sich bald in das Alltagsgeschehen ganz ausdehnen.

243 www.benediktushof-holzkirchen.de

244 sprachlich geführt; Schritt für Schritt angeleitet

Zeitpunkt

Überlegen und Nachdenken sind zu jeder Zeit und an jedem Ort der Welt möglich. Je nach eigenen Vorlieben sind besonders die Abendstunden oder die Morgenstunden geeignet. Die beste Energie am Tag haben Menschen – ohne Schichtarbeit – in der „Nierenzeit" am Abend zwischen 17 und 19 Uhr. Die Stunden der Morgendämmerung zwischen 3 und 5 Uhr [245] am Morgen ist die klassische Zeit der alten Weisen, der Mönche im Kloster und die Empfehlung des Yoga. Johann Wolfgang Goethe sei angeblich im Sommer um vier Uhr und im Herbst und Winter um sechs Uhr aufgestanden.[246] Mit dem Leben in der westlichen Welt ist ein Rhythmus verbunden, der natürlich nicht einfach verlassen werden kann. Die Abend- und Morgenstunden und am Wochenende zu jeder Zeit am Tag sind gut geeignet.

Ort

Für Ihr eigenes Heim wäre es vielleicht schön, wenn Sie einen „Altar" errichten. Junge Frauen in Indonesien, die am Webstuhl viele Stunden am Tag verbringen, haben ihn häufig mit kleinen Bildchen, Symbolen und persönlichem Gut verziert. Deren Arbeitsplatz wird so zu einem Teil vom Selbst, auch wenn der westliche Besucher die Arbeitsverhältnisse für sich nicht akzeptieren wollte. Aber auch ein westlicher Büroarbeitsplatz kann unbemerkt für die anderen Mitarbeiter mit persönlichen Schutzsymbolen versehen werden. Ähnlich ist es mit einem „Altar", welcher – anders noch als der Arbeitsplatz – einen sicheren und geschützten Ort des Rückzuges und der Stille markiert.

Es genügt dafür ein kleiner reservierter Platz, vielleicht ein Bild, ein Symbol der Natur, ein religiöser Gegenstand oder ganz allgemein etwas, was Sie besonders gern mögen. Räucherstäbchen sind übrigens ganz klassische Begleitmittel der Meditation oder Kontemplation, um auch atmosphärisch eine besondere Stimmung der Ruhe und Konzentration zu erreichen.

Auch ein Kraftplatz kann ein guter Ort zur Meditation sein. Kirchen, Tempel, Moscheen und viele Orte, in denen Menschen wohnen, wurden nicht zufällig in die Landschaft gesetzt, sondern nach unbewussten und bewussten Kriterien der menschlichen Erfahrung ausgewählt. Besondere

245 Meridianzeit der Lunge

246 nach der Biografie im Goethehaus in Weimar; Es ist nicht überliefert, ob Goethe nach heutigen Vorstellungen „meditiert" hat.

Kraftplätze sind in Bauwerken ebenso wie in der puren Natur zu finden. Ein ausgewählter Baum im Wald, der eine besondere Energie für uns besitzt, ein Aussichtspunkt mit einem eigenen Charakter des Lichteinfalls, des Geruchs oder der Abgeschiedenheit lassen uns dort achtsam verweilen. Jeder Mensch kann für sich solche Orte oder geeignete Plätze entdecken und erfahren. In der Regel sind wir nicht die ersten Suchenden.

In meinem Urlaub besuche ich gern die Kirchen und besonderen Baudenkmäler vor Ort, in Asien immer auch die Tempel und öffentlichen Plätze, wo die Menschen ihre Spiritualität leben. Besonders wertvoll sind solche Orte, wenn sie regional und in unmittelbarer Nähe sind, denn da, wo gewohnt und gearbeitet wird, sind die Menschen in ihrem Leben verwurzelt und mit ihrem göttlichen Bezug am meisten verbunden. Sie laden dorthin ein, warten auf Besuch. An einem solchen Ort spüre ich oft die Intensität der Energie der Erde und der Menschen, die fest mit beiden Beinen auf ihr stehen.

Chinesische Tuschemalereien bilden häufig Himmel, Mensch und Erde als zeitlose Ordnung ab. Wie in diesem einfachen Weltbild stellen wir uns auf einen Kraftplatz in der Natur. Eine tiefe Atmung und ein Zulassen aller Empfindungen und Gefühle erlauben uns ein sehr intensives Gefühl der Einheit mit uns und dem ganzen Universum.

Sitzen

Wenn wir nicht auf dem Boden sitzen können, sollte der Sitz in der Meditation bequem sein und eine aufrechte Haltung erlauben. Eine einfache Bank ist besser geeignet als ein Lehnstuhl. Dazwischen sind alle Varianten denkbar und natürlich erlaubt. Die äußerlichen Umstände sind nicht unwichtig, aber auch nicht wesentlich. Für viele Menschen ist das Gefühl von Wärme mit einem inneren Bezug zur Geborgenheit verbunden. Hitze und Schwitzen hingegen ist für die meisten genauso unangenehm wie Kälte und Frösteln. Es geht auch nicht darum, dass wir uns besonders quälen. Die Meditation wird nicht durch Härte oder unangenehme Gefühle herbeigezwungen, auch wenn es dazu Traditionen gibt. Die Reise zum Unterbewussten ist am Anfang empfindlich und störanfällig, und so gehören die aufgeführten einfachen Mittel zur Erstausstattung der Reise.

Für die Körperhaltung gibt es eigentlich keine festen Regeln. Der Sitzplatz ist – wenn wir so wollen – die ganze Erde. Sitzen ist traditionell die erste Form, auch wenn das ruhige Stehen ebenfalls die Gedanken konzentrieren lässt, wie zum Beispiel in der Asana des „Baumes" im Yoga. Nach Patanjali sollte die Sitzhaltung immer fest und angenehm sein[247]. Die Körperhaltung im Sitzen kann so über eine längere Zeit – sogar extrem lange Zeit – ausgehalten werden.

Stillsitzen mit gekreuzten Beinen im „Schneidersitz" ist der goldene Standard. Die gekreuzten Beine symbolisieren die Einheit von Leben und Tod. Auf einem Stuhl sollten die Füße einen Kontakt zum Boden haben. Der Rücken ist aufrecht, sodass der Kopf über dem Becken balanciert werden kann. Das Kinn wird leicht – wie bei einem Doppelkinn – herangezogen, das entspannt die Halswirbelsäule und eine gute und tiefe Atmung gelingt. Die Schultern werden nicht hochgezogen und bleiben entfernt von den Ohren. Die Hände liegen gefaltet im Schoß oder mit nach oben offenen Handflächen auf den Kniegelenken.

Die gekreuzten Beine führen am Anfang schnell zum Einklemmen der Muskeln, Gefäße und Nerven und deshalb zum unangenehmen „Einschlafen" der Unterschenkel und Füße. Für die meisten Übenden ist es deshalb angenehmer, auf einem Kissen zu sitzen. Das Niveau der Hüftgelenke befindet sich dann über den Kniegelenken und erlaubt die gerade Haltung der Lendenwirbelsäule. Der Druck auf Nerven und Gefäße in den Beinen lässt nach. Die richtige Höhe des Sitzkissens ist dabei ebenso auszuprobieren wie andere Hilfsmittel.

Eine kleine Holzbank mit etwas geneigtem Sitz nach vorn kann genutzt werden, die Kniescheiben haben am besten eine weiche Auflage. Wenn die Auflage der Sprunggelenke zu viel Spannung auf der Streckseite der Füße bewirkt, ist ein etwas dickeres Kissen besser geeignet. Die Füße liegen dann mit etwas mehr Beugung im Sprunggelenk auf dem Boden.

Kissen, Bänkchen und Matten gibt es in vielen Varianten. In geeigneten Shops und Yogastudios oder Meditationszentren können Sie alles am besten ausprobieren. Nach einer gewissen Zeit der Erfahrung merken Sie dann, wie gut Sie zurechtkommen können. Handicaps, wie Arthrosen der Kniegelenke, Hüftgelenke oder ein Wirbelsäulenleiden verlangen natürlich eine Anpassung. Hilfsmittel für die Kniegelenke, vielleicht ein Stuhl oder eine Stütze im Rücken mögen dann notwendig werden.

247 Patanjali, Yogasutra, 2.46: „Der Sitz ist fest und leicht."

Das Ziel bleibt aber immer die ruhige aufrechte Körperhaltung, die uns die Atembewegung ungehindert spüren lässt und den Fluss im Körper nicht behindert. Es geht nicht um Heldentaten und stundenlanges Verharren in einer vorbildlichen Haltung, sondern immer um das Wohlbefinden von Körper und Geist des Übenden.

Die Augen können geöffnet oder geschlossen werden. Auch hier führt die Erfahrung des Anwenders und es gibt keine zwingende Regel. Wachheit ist mehr mit den geöffneten Augen zu erreichen, allerdings ist die äußere Ablenkung bei geschlossenen Lidern spürbar geringer, sodass eigentlich überwiegend mit geschlossenen Augen praktiziert wird. Im Zazen[248] wird der Blick mit aufrecht gehaltenem Kopf gesenkt. Er trifft vor dem Sitzenden auf den Boden und verweilt dort mit nur leicht geöffneten Augen. Der Wimpernschlag ist zur Befeuchtung der Augenoberfläche notwendig und geschieht reflexartig, kann also nicht kontrolliert werden. Es gehört nicht zur Übung, starr zu sehen. Werden die Augen geschlossen, kann allerdings auch der „Film im Kopf" die Konzentration stören, was die halbe Öffnung der Augen ausschließen soll.

Richten Sie sich am besten nach Ihrer maßgeblichen Erfahrung und finden Sie für all die körperlichen Umstände des Sitzens und der Haltung von Rücken, Beinen, Füßen, Händen und Augen Ihren eigenen Zugang und „Stil".

Gehen

Gegenüber der Meditation im Sitzen hält die Gehmeditation einen bewusst anderen Ort der Konzentration. Während im Sitzen zum Beispiel der Atemfluss zur Zentrierung genutzt wird, achtet der Übende beim Gehen jeden Schrittes auf die wechselnden Berührungen der Fußsohlen auf dem Boden. Mit diesem Fokus werden alle Umstände und Sinneseindrücke ohne Bewertung zugelassen. Umgebungsgeräusche, das Räuspern des Nachbarn und die eigenen Empfindungen gehören dazu.

Das „Multitasking" der Gedanken, Gefühle und Empfindungen der Sinnesorgane – alles ist an diesem Ort gleichzeitig vorhanden – soll wahrgenommen werden, ohne an der Vorstellung oder einem Eindruck kleben zu bleiben. Die Lebendigkeit des Lebens wird so Moment für Moment in allen Nuancen farbenfroh erlebt. Es gilt, keine Verbindung zu einem einzelnen Signal des Geistes herzustellen.

248 Sitzen in der Zen Meditation – Zazen

Ein Mann sagte einmal zu mir in der Sprechstunde: „Mal merke ich die Spannung und mal merke ich sie nicht." Meine Antwort lautete: „Die Kunst ist es, beide Zustände achtsam wahrzunehmen. Es soll weder der eine als angenehm gelobt noch der andere als unangenehm abgelehnt werden. Der angenehme Zustand kann den Weg zu Kraftquellen weisen. Das Unangenehme führt zu schlechten Bewertungen und Kümmernissen, die nicht sicher gewahr werden. Beide sind wertvoll, wenn sie aus der Perspektive des Beobachters erkannt werden. Sonst sind sie einfach nur schön oder schlecht."

Die Konzentration auf den Gang und jeden bewussten Schritt, das Abrollen der Fußsohlen, die Verlagerung des Gewichtes und der Wechsel zwischen Standbein und Spielbein bilden die stetige Hintergrundwelle dieser Konzentrationsübung. Die Anleitung für den Anfänger lautet: „Gehe langsamer als deine Gedanken fließen." Mitunter wird anfangs ein sehr unsicheres Laufbild eintreten, das bis zum Gefühl von Schwindel reichen kann. Beim Gehen liegt der Fokus auf der konzentrierten Empfindung der Fußspitze, der Sohle und der Ferse.

Wenn Sie langsam im Kreis gehen, gelingt es Ihnen schon bald, die Augen vorübergehend zu schließen. Ohne den optischen Eindruck werden sofort Ihre Empfindungen der Beine und Füße intensiver – Sie empfinden aber auch eine Störung im Gleichgewicht. Der „blinde" Gang lenkt Ihre Konzentration auf die Fußsohlen, wenn zu viele Gedanken einströmen und Umgebungsgeräusche Sie ablenken.

Die Gehmeditation ist überall da praktizierbar, wo sie nicht gefährlich für einen selbst oder andere werden kann. Die Natur eignet sich ideal, jedoch der Zebrastreifen in einer Großstadt zur Rushhour ist nur bedingt geeignet – auch wenn Achtsamkeit jederzeit geübt werden sollte. ... Eine Übungseinheit in der Stille – ob im Sitzen oder Gehen – dauert 20 bis 45 Minuten und kann einfach in den Alltag integriert werden. In der Gruppe wird meist etwas länger geübt und zwischen der Haltung im Sitzen und der Gehmeditation gewechselt. Wer stundenlang den Strand entlanggeht, kann ebenfalls den Grad dieser Wahrnehmungstiefe erreichen.

Das gilt auch für das Bergwandern, wenn der Pfad nicht zu ausgesetzt ist. Die Übung des Gehens verlangt dabei nur die Konzentration auf den Schritt und alle Sinneseindrücke und Gedanken in diesem Moment, ohne an ihnen kleben zu bleiben. Es wird insbesondere das Aushalten verschiedenster gleichzeitiger Eindrücke des Geistes und Körpers nebeneinander geübt. Auch für Menschen mit einem Handicap ist die Gehmeditation geeignet. Sie nehmen gegebenenfalls ihre orthopädischen Hilfsmittel, wie Schuhe und ihre Zurichtungen, Schienen und Bandagen an den Beinen oder einen Stock mit in die Übung hinein. Das Hilfsmittel verändert nicht das grundlegende Prinzip.

Die Gehmeditation muss auch nicht durch weitere Körperübungen ergänzt werden. Die Füße spiegeln allerdings den Zustand des Bauchraumes. Wenn hier etwas gestaut ist, leidet der Mittelfuß schon in der Ruhe. Schmerzen der Fersen und Krämpfe der Fußinnenmuskulatur können eintreten. Die Großzehe kann eine Arthrose entwickeln. Anstelle barfuß zu gehen, sind bei diesen Empfindungen feste Schuhe mit Einlagen notwendig. Die Beine sollten nicht geschwollen sein, nicht selten verbergen sich Herz- oder Bauch-Erkrankungen dahinter. Für das Sitzen mit gekreuzten Beinen brauchen wir allerdings etwas Übung und gewisse körperliche Voraussetzungen, die durch konkrete Yoga-Asanas[249] herbeigeführt werden können. Vor allem ist es wichtig, dass die Hüftgelenke und der Übergang der Brust- zur Lendenwirbelsäule gut beweglich ist. Auf einem Rezept für die Krankengymnastik könnte stehen, die „Hüftöffnung und Aufrichtung der Brustwirbelsäule" auch wie im Yoga zu üben. Der „Sonnengruß" der Rishikesh-Reihe[250] beinhaltet 12 Yoga-Stellungen, deren regelmäßige Praxis eine hervorragende Vorbereitung für die klassische Sitzhaltung in der Meditation darstellt.

Die Übung der Achtsamkeit

Setzen Sie sich ruhig, entspannt und aufrecht hin. Ihr Sitzplatz ist die ganze Erde. Das Hinterhaupt streckt sich etwas zur Decke, sodass der Blick gesenkt ist. Ihre Augen sind entweder geschlossen oder nur ganz leicht geöffnet, sie fixieren indes aber nichts. Sie finden die richtige Sitzhaltung, wenn Sie etwas nach links und rechts zur Seite schaukeln und dann auch von vorn nach hinten. Dann kommen Sie langsam wieder in das Zentrum zurück. Nun bleiben Sie – eingerastet – in der Mitte und der Atem ist ruhig. Sie richten das Gewahren auf alles, was um Sie herum geschieht: Gedanken, Geräusche, Gefühle. Sie halten nichts fest, bewerten nichts und lassen alle Gedanken und Dinge der Wahrnehmung innerlich „vorbeiziehen".

Wenn Sie einmal abschweifen – was häufig vorkommen kann – ist das nicht schlimm. Ohne Anstrengung kehren Sie einfach wieder zurück zu Ihrer Atmung oder zum Konzentrationspunkt zwischen den Augenbrauen. Es gibt nur diesen einen Atemzug, den Sie gerade jetzt ausführen – nichts davor und nichts danach. Sie sind ganz entspannt. …

249 siehe: Swami Durgananda

250 Abfolge von Yogastellungen nach Swami Sivananda; benannt nach dem indischen Ort Rishekesh am Ganges

Übung oder Praxis heißt für uns, dass wir genau in diesem Moment, in diesem Raum und in dieser Gruppe von Menschen vollständig „präsent" sind. Wir lassen alles zu, und wenn wir merken, dass die Gedanken zu sehr abschweifen, kehren wir vorsichtig zur Mitte, zum Atmen oder dem Punkt zwischen den Augenbrauen zurück. Es gibt drei Arten von Bewertungen, das sind: gut, schlecht und neutral. Wir sind bemüht, nicht zu bewerten, also auch nicht die eigenen Bewertungen, die uns auffallen mögen. Das wäre noch schlimmer! Geruch, Geschmack, Spannung der Beine, „Einschlafen der Beine" führen unwillkürlich zu Bewertungen. Wir begrüßen diese Gedanken interessiert und freudig, genau wie ein Kind, was erstmals durch eine unbekannte Tür eine neue Welt erreicht.

Manchmal fällt es schwer, sich von einem Gedanken zu lösen, und dann fangen wir an, uns eine kleine Geschichte zu erzählen. Genau dieses Verhalten ist wichtig zu erkennen. Wir kehren dann ruhig und gelassen zur Atmung zurück. Egal, wie schön oder schrecklich die Gedanken oder die Geschichte auch gewesen waren. Das Gewahren kann alles in dieser Welt um uns und in uns erfassen.

„Die ganze Welt ist unser Sitzplatz – wir schauen ruhig und gelassen zu."[251]

Liebende Güte – Metta-Meditation

Die Idee der Metta-Meditation wird dem historischen Buddha – Siddhartha Gautama – zugeschrieben. Als Übersetzungen für „metta" gelten die Qualitäten der Freundschaft, liebende Güte oder die Liebe der Mutter zu einem Kind. Die liebende Güte wird dabei ausgehend von sich selbst auf alle fühlenden Wesen ausgedehnt. Die tägliche Praxis positiver Gefühle führt mit der Zeit zu einer Vielzahl von persönlichen Kraftquellen und einer besseren psychischen Widerstandsfähigkeit. Die Achtsamkeit im Alltag verbessert sich, der Sinn des Lebens wird greifbarer und soziale Bindungen gelingen einfacher. Das eigene Dasein befriedigt spürbar mehr, und depressive Krankheitszeichen als Antwort auf negative Lebensumstände sind nicht mehr notwendig.[252]

Jeder Mensch mag irgendetwas oder irgendjemanden gern und würde wahrscheinlich trauern, wenn er es verlöre. Genauso wird jeder selbst auch von jemandem geliebt oder geachtet. Mit der inneren Haltung des Mitgefühls besteht in jedem von uns ganz bewusst eine körperliche und

251 mit freundlicher Genehmigung von Gerd und Renate Neubeck · www.doucemontain.com

252 vgl. u. a.: Barbara L. Fredrickson

geistige Nähe zu einem oder mehreren anderen Menschen. Dieses Einfühlungsvermögen wird als „Empathie" bezeichnet. Mit ihr gelingt es, Gefühle, Gedanken, Absichten und die besondere Charakteristik eines anderen Menschen zu erkennen und zu verstehen. In der zusätzlich körperlich nahen Verbindung können wir positive wie negative Gefühle anderer als unsere eigenen wahrnehmen. Wir lachen und weinen mit und teilen den Kummer, die Trauer und manchmal sogar den Schmerz. Voraussetzung ist allerdings, dass wir selbst in der Lage sind, unsere eigenen Affekte und Gefühle wahrzunehmen. Der innige Kontakt zu einem anderen Menschen gelingt also umso besser, je mehr wir uns selbst gut umsorgen, akzeptieren und lieben können.

Wir verweilen praktisch in der „Augenhöhe" und mit offener Neugier in allen Dimensionen des Kontaktes, und wir stellen den Mitmenschen vor die eigenen Interessen. Mit dem Aspekt der Augenhöhe bezeichnen wir hier die bewusste und ausgehaltene Akzeptanz aller Umstände des anderen Menschen. Weder machen wir uns dabei „klein" noch versuchen wir zu dominieren. Die Dimensionen umfassen – wie im Kimspiel – die bewusste Wahrnehmung der Sinneseindrücke und Empfindungen. Sie schließen Bilder und Meinungen ein, die wir in unserem inneren Wesen als in dem anderen Wesen erkennen oder impulshaft zu ihm auftauchen. Auf der Herzensebene wird uns vor allem ein inniger Austausch in liebender Güte möglich. Es wird angenommen, dass jeder Mensch empathisch ist.

Ob wir wollen oder nicht, in jedem Fall werden wir zeitgleich zu einem engen Kontakt in die innere Welt eines anderen Menschen einbezogen. Die verbleibende Distanz ist – wenn sie überhaupt besteht – nicht sicher in Metern anzugeben. Wir werden sowohl von fantastischen als auch von grässlichen Bildern in den Medien oder mitunter ergreifenden Filmen bis tief zum Weinen angerührt. Umso mehr löst ein leibhaftiges Leiden in einem anderen Körper, vor dem wir stehen und den wir sogar anfassen können, vielfältige Reaktionen im Bewusstsein, Unterbewusstsein und dem eigenen Körper aus. Mitunter hilft uns sogar nur die Flucht und eine räumliche Entfernung vor schier aufgetürmten und aufgeschäumten Gefühlen.

Mit den bereits bekannten Begriffen der Achtsamkeit, Präsenz und Position des Beobachters wird nun der nahe Kontakt zu einem anderen fühlenden Wesen wie zu uns selbst beschrieben. Mit fühlenden Wesen sind alle Lebewesen gemeint, mit denen ein mitfühlender und empathischer Kontakt möglich ist, dazu gehören also auch Tiere. Es gibt auch Menschen, die beispielsweise im Wald einen besonderen Bezug zu den Bäumen spüren. Das Prinzip ändert sich nicht, der achtsame und mitfühlende Umgang mit jeglicher Natur wird hier deutlich.

Alle Bedingungen, die für die Meditation diskutiert werden, gelten auch hier! Das Mitschwingen im Feld der anderen Menschen ist eine Resonanz, die vergleichbaren physikalischen Bedingungen folgt wie das Anschlagen eines Wackelpuddings auf dem Teller oder der schrille anschwellende Ton, der zum Zerspringen eines Glases führt. Der resonierende Ausschlag kann das Vielfache einer einfachen gleichbleibenden Einflussnahme erreichen. Auch das schwingungsfähige System Mensch hat eine oder mehrere Eigenfrequenzen, mit denen eine Resonanz ausgelöst werden kann.

Urplötzlich werden Sie von einem Wort, einer Gestik, Mimik, einem Geruch, Bild oder einer Mahlzeit an längst vergangen Geglaubtes erinnert. Die innere Erregung ist sofort zu spüren. Ihr Herz schlägt schneller, die Muskeln spannen sich an, die Ohren und Augen öffnen sich weit. Was geschieht mit Ihnen? Das wäre eine genauso bange Frage nach der Offenbarung, wie wir sie in der Partnermeditation oder in einer „Sprechkur" üben würden. „Ein Komplex wurde getroffen", hat C. G. Jung hat diesen Effekt bezeichnet.

Nach diesen unbewusst abgelegten Erfahrungen aus damaliger Lebenswirklichkeit, früheren Gefühlen und oft auch weit zurückliegenden seelischen oder körperlichen Verletzungen wird in der Psychoanalyse gesucht. In der Therapie werden sie in ihren komplexen Bezügen zur Biografie auch am Körper erfahrbar. Mit dieser Erfahrung kann eine unbewusste Verbindung zu körperlichen Symptomen wieder aufgelöst werden.

Unerwünschte Resonanzen zu vermeiden, funktioniert aber ungefähr so wie in der Technik, wenn schwere Fahrzeuge eine Brücke überqueren. Im Straßenverkehr steht deshalb vor der Brücke ein Schild mit einer Geschwindigkeitsbegrenzung. Im Kontakt mit einem Kranken oder Hilfsbedürftigen ist es die Bremse der Achtsamkeit und Präsenz, die passende Werkzeuge darstellen.

In der engen Verbindung zu einem anderen Menschen kann es zu einem unkontrollierbaren Aufschaukeln der Empfindungen bis zu einem „Nervenzusammenbruch" kommen. Ein Windows-Computer meldete Anzeichen des Absturzes früher mit einem Bluescreen, heute startet Windows einfach mal neu durch.

Die Kontrolle gelingt uns in erster Linie mit der Betrachtung der eigenen Geisteszustände. Eine Resonanz entsteht in der Verbindung der Gedanken mit eigenen oder fremden Impulsen.

Wir sollten darauf achten, dass wir die Position des Beobachters dabei nicht verlassen. In unserem Laptop verbindet die Resonanz ohne Firewall des Internets zwei Systeme und erlaubt einen kritiklosen Austausch. Dabei sind Gefahren und Möglichkeiten wie immer eng verbunden. Der mitmenschliche Helfer jeglicher Art kann sich jedoch schützen, wenn er bewusst und konzentriert zwischen der Ebene des Beobachters und der Resonanz „pendelt“. Als konzentrierter Beobachter wird er seine eigenen Meldungen aus dem Unterbewussten über den Fremdkontakt kritisch werten lernen. Seine Handlungen zur Hilfe für andere Leidende schwingen zwar mit diesen, erhalten aber die „Firewall“ der eigenen achtsamen Präsenz.

Im Mind and Life Institut an der Universität von Wisconsin in den USA untersuchten Neurowissenschaftler und Psychologen gemeinsam mit Buddhisten die Wirkung von Meditation und Geistestraining.[253] *Meditierende mit mehr als 10.000 Stunden Erfahrung wiesen einen hohen Grad von positiven Gefühlen im linken Frontalgehirn auf. Meditation verstärkt also die Aktivität dort im Gehirn, wo innere Gelassenheit und Freude vermutet werden. Der französische Mönch Matthieu Ricard erzielte in den Versuchen einen überdurchschnittlichen Grad von positiven Gefühlen.*

Liebende Güte, die grundsätzlich in jedem Menschen angelegt ist, kann also im Lernprozess verstärkt werden. Mit ihr gelingt es besser, auch widrige Umstände des Alters durch Krankheit und Vergänglichkeit bewusst zu erleben. Mitgefühl in Achtsamkeit und Präsenz erlaubt eine aktive Hilfe zur Linderung des erkannten Leids, ohne sich von den negativen Emotionen des Betroffenen schwächen zu lassen. Durch die mitfühlende Handlung kann darüber hinaus ein persönlicher Gewinn entstehen. „Helfen heilt auch den Helfer“, so lautet ein Slogan, den viele Menschen in helfenden Berufen und im tagtäglichen Kontakt auf der Stirn tragen.

In den spirituellen Traditionen – zumal im Yoga – wird auf die Selbstlosigkeit und Uneigennützigkeit besonders hingewiesen. Dieser Altruismus[254] zeichnet sich durch Rücksicht auf andere Denk- und Handlungsweisen besonders aus und ist ein immerwährendes Thema in der Philosophie und den psychologischen und sozialen Wissenschaften. Mitleid hingegen ist die Geisteshaltung, mit der der unterscheidende Geist eine deutliche Grenze zieht. Es ist die Haltung eines Lehrers gegenüber dem Schüler, des Chefs zum Angestellten oder des Polizisten zum Verkehrssünder. Zwar gibt es eine kommunikative Bindung zwischen den Kontaktpartnern, aber sie

253 vgl.: Antoine Lutz

254 lateinisch: Alter, der Andere; Gegenbegriff zu Egoismus; Uneigennützigkeit; Selbstlosigkeit

ist asymmetrisch und meistens von der Interessenlage geprägt. Es geht also nicht von vornherein um eine uneigennützige Hilfestellung, sondern um die eigenen Ziele. Sie diktieren auch den Umgang mit dem Gegenüber.

Die Priorität liebender Güte in der christlichen und buddhistischen Leitidee führt dazu, Mitgefühl gut zu nennen und Mitleid schlecht zu finden. Die Nähe zu einem anderen Menschen birgt aber immer neben allen Chancen auch Risiken. Deshalb ist es grundsätzlich weder praktisch noch sinnvoll, „um jeden Preis" nach einer engeren Verbindung zu streben. Der Lebenskampf verlangt oft das Gegenteil von uns, und der innige Kontakt muss auch nicht immer die angemessene Haltung sein. Die notwendige und sinnvolle Handlung setzt schließlich den freien Willen voraus. Empathie und Mitgefühl auf der einen und Mitleid auf der anderen Seite ergänzen sich deshalb zu den zwei Seiten derselben Medaille. Der so gemachte Unterschied verstärkt den Kontrast jeder willentlichen und freien Entscheidung des achtsamen Geistes. Es kann beispielsweise angemessen sein, den körperlichen Angriff einerseits gewaltsam und mit allen Mitteln abzuwehren, während andererseits ein verletztes Opfer mitfühlend versorgt werden muss.

Eine Frau sagt zu ihrem Mann: „Du hustest ja schon wieder." Sie nimmt offensichtlich wahr, dass es ihrem Mann nicht gut geht. Gleichzeitig drückt sie auch einen hintergründigen Ärger aus, weil er zum Beispiel immer noch Zigaretten raucht. Sie hält Distanz zu seinem Leid und bewertet sein Handeln samt der Konsequenz aus ihrer Sicht. Hätte sie ihrem Mann hingegen eine Tasse Tee gebracht und den Nacken massiert, wäre sie ihm viel näher gewesen. Ihre Distanz wäre dann minimal und allein das Interesse des Leidenden wäre vordergründig.

Im Leben brauchen wir meist beide Sichtweisen. Empathie und Mitgefühl erlauben uns die Sicht auf den Einzelnen, der achtsam mit Liebe umfangen wird. Als Helfende schenken wir dem Hilfsbedürftigen unsere Zuwendung. Wir können dabei allerdings erschöpfen, wenn es nicht zu einem ausgeglichenen Geben und Nehmen kommt. Das Mitleid erlaubt uns eine mitunter aggressive Distanz. Es erhält aber mit der unabhängigen Position den Überblick aufrecht und lässt strategische Planungen zu.

Im Kontakt mit einem anderen Menschen wechseln wir bewusst und unbewusst zwischen beiden extremen Standpunkten. Geschieht es achtsam, so werden uns die eigenen aggressiven Impulse bewusst, die aus dem zwischenmenschlichen Kontakt entstehen. Ein „Helfersyndrom" mit „Burn-out" und Depression entwickelt sich aus der Erschöpfung für Mitmenschen und einer Missachtung der eigenen Bedürfnisse.

Ein Extrem-Mitleid ist die Gewaltanwendung in langjährigen Partnerschaften, in denen einer zum Beispiel eine Demenz entwickelt. Aggressive Impulse sind aber dann auch Lebenskraft, die eine tatkräftige Hilfe erlaubt und Gefahren abwehrt. Oft sind depressive Impulse die Voraussetzung jeglicher Beziehung zu anderen fühlenden Wesen.

In der Sicht der Traditionellen Chinesischen Medizin und des Kundaliniyoga gehören Aggressivität und Teile des Mitleids zu den Instinkten. Sie werden dem Funktionskreis „Leber" – unterhalb des Zwerchfells zugeordnet. Die depressiven Impulse, die Herzensliebe oder das Metta hingegen gehören zum Herz – oberhalb des Zwerchfells im Brustkorb. Die Instinkte werden mehr als Teil der grobstofflichen Substanz verstanden, das Mitgefühl mehr im feinstofflichen „Äther" verortet. Der stetige energetische Austausch im physischen Körper gehört zu seiner lebendigen Struktur. Eine Trennung der Ebenen ist willkürlich und berücksichtigt nicht die sich ergänzenden Funktionen, die der engen Kooperation bedürfen. Im Kontrast zum Mitgefühl wird das Mitleid besser erkannt und umgekehrt. Im Vergleich: Auch Hass und Liebe sind einander eng verwandt.

Ist also die reine Herzensgüte als anzustrebendes Ziel in der Metta-Meditation eine Illusion? Die Studienlage widerspricht hier zum Glück der Annahme einer wirkungslosen Vorstellung. Es kann uns tatsächlich mit regelmäßiger Übung gelingen, mehr Mitgefühl in unseren Alltag zu integrieren. Das Gefühl der Herzensgüte wird für uns und andere zu einer machtvollen Vorstellung ausgebildet. Im Vers 33 des Yogasutra sagt Patanjali, dass durch die Entfaltung von Freundlichkeit, Güte, Zufriedenheit und Gleichmut gegenüber Glück, Laster und Tugend der Geist klar werde.[255]

„Die Entwicklung von Wohlwollen und Liebe zähmt den Geist".

Die Übungspraxis verlangt mit dem Wissen über die Wechselhaftigkeit der inneren Überzeugungen die achtsame Begleitung der Metta-Meditation. Das gilt umso mehr, je problematischer die Personen oder Lebensumstände erkannt werden, auf die wir die Herzensgüte richten.

In allen Traditionen ist die Konzentration auf die Atmung eine wichtige Hilfe für die Achtsamkeit des Geistes. Oft wird der Atem sogar mystisch belegt. Er transportiere die Lebenskraft – das Prana – im Atemfluss. Die „Seele" wird als „göttlicher Atem" beschrieben, der „uns atme".

255 Swami Durgananda, Yoga Sutren des Patanjali, S. 59

Das Zwerchfell verbindet in seiner Atemfunktion den instinkthaften, materiellen Bauch mit der geistigen, ätherischen Lunge und der vegetativen Herzfunktion. So bildet es die dynamische Grenze beider Sphären und vereint die Interessen. Die willkürliche Atembewegung erreicht deshalb auch die Triebe und dunklen Emotionen des Oberbauches. Es sind Zorn, Ärger und Wut auf der einen und die Freiheit von diesen im tiefen Atemzug auf der anderen Seite. Die Ausdehnung der Lunge begrenzt also Wut und Ärger, während diese Emotionen über die Blähung im Bauch uns die Luft zum Atmen nehmen können.

Beginnen Sie die Metta-Meditation mit einigen Minuten stiller Aufmerksamkeit. Lenken Sie die Konzentration auf die Atmung und das Herz im Brustkorb. Ein besonderer Fokus kann sich auf das atemlose Intervall zwischen dem Ein- und Ausatmen konzentrieren. Lassen Sie aber sonst den Atem fließen und machen Sie keine Pause zwischen der Aus- und Einatmung. In der Einatmung können Sie sich im Rücken aufrichten und die Haltung korrigieren. In der Ausatmung lassen Sie dann die Entspannung von der Lunge über den ganzen Körper fließen. Mit der Beachtung des Herzens im Brustkorb ist die liebende Güte des Herzens, die Herzensgüte zu spüren.

Rufen Sie sich nun ein Erlebnis in das Gedächtnis, bei dem Sie sich geliebt und umsorgt gefühlt haben. Diese besondere Fürsorge kann mit einem anderen Menschen oder mit einem Ereignis in der Natur verbunden sein. Es ist bereits über das Glück gesprochen worden. Dieses Gefühl ist jetzt gemeint und kann mit dem Empfinden von Wärme und strahlend goldenem Licht von Ihnen erinnert und hervorgerufen werden. Die liebende Güte begleitet Sie bei der Konzentration des wachen Geistes auf den Brustkorb, die Atembewegung und den Herzschlag.

Wenn Sie sich mit dieser Vorstellung ruhig und sicher fühlen, bleiben Sie dabei und intensivieren Ihre Vorstellung, ganz geliebt, beschützt und geborgen zu sein. Denken Sie an eine Zeit in Ihrem Leben, wo Sie Glück erfahren haben und ruhig und entspannt leben konnten.

Richten Sie die Konzentration nun auf Ihre Eltern und spüren ihre Liebe. Für den ein oder anderen sind die Eltern natürlich ein „vermintes Gelände“. Dann verlassen Sie diese Vorstellung oder versuchen wenigstens, ein neutrales Empfinden für den Vater oder die Mutter zu entwickeln. Wenn Ihnen das auch nicht gelingt, nehmen Sie alle Gefühle zugleich war. Es sind mitunter Ärger, Kummer und Trauer, und sie wechseln mit Wut und allgemeiner Anspannung. Spüren Sie diese Reaktion in sich – ist es besser, sich wieder auf den Raum der Meditation zu beschränken. Erfahren Sie die Nähe der Gruppe und führen Sie mit der Konzentration auf den Atemfluss eine Beruhigung herbei.

Die negative Erfahrung ist dennoch wertvoll, weil sie zeigt, wo wir empfindlich sind und getroffen werden können. Es sind die eigenen Komplexe, Erinnerungen aller Umstände persönlicher Bindungen mit ihren vegetativen Reaktionen und Emotionen.

Auch andere Menschen oder Situationen des Lebens können solche Komplexe hervorrufen. In der Meditation geht es deshalb vor allem um die ruhige Betrachtung der Gedanken und Gefühle, die alle Begebenheiten des Daseins einbeziehen dürfen. Oft tauchen Bilder der Eltern oder deren konkrete Lebensumstände – Alter, Krankheit und Tod – in der Ruhe der Meditation auf. Sie allein können schon für eine ziemliche Unruhe im Unterbewusstsein sorgen. Auch wenn uns eine liebende Vorstellung von den Eltern oder einem von ihnen gelungen ist, können wir sie nach wenigen Minuten der tiefen Verbindung wieder verlassen.

Der Weg geht weiter zu einem anderen Menschen oder einer besonderen Begebenheit, die als Glück erfahren wurde. Man kann sich selbst positive Wünsche geben, sie im Geist wiederholen und mit der Konzentration und dem Atemzug im Körper verteilen.

Die folgenden beispielhaften Sätze lenken zunächst auf den eigenen Wert. Oft verdeckt der aufregende Alltag die eigene „Gutheit", wie es im buddhistischen Sprachgebrauch heißt.

Mit den folgenden Sätzen wird die Herzensgüte eingekleidet und das Wohlwollen für sich selbst und für alle anderen Menschen in Worten ausgedrückt. Sie sind Wünsche und kein Gebet, auch wenn sie wie dieses den Gedankenstrom unterbrechen. Die Formel „Möge ich …" entspricht der buddhistischen Tradition: [256]

Möge ich mit Liebe erfüllt werden.
Möge ich sicher sein vor inneren und äußeren Gefahren.
Möge ich gut sein in Körper und Geist.
Möge ich zufrieden und glücklich sein.
Möge ich meinen Wert schätzen, wie ich bin und mein Wohlbefinden spüren.
Möge ich frei sein von Angst, Kummer, Sorgen und Ärger.
Möge ich Vertrauen in die Welt setzen.
Möge ich mich voll Mitgefühl umfangen.
Möge ich sicher sein und beschützt werden.
Möge ich friedlich gegenüber anderen Menschen sein, ohne gleichgültig zu werden.
Möge ich dem Leiden und Handeln anderer mit Mitgefühl begegnen.

256 Jack Kornfield, Das weise Herz, S. 557 f

Diese Wünsche oder Affirmationen sprechen wir für uns selbst aus. Mit Herzensgüte verbunden lassen sie uns ein Gefühl von Wärme, Geborgenheit und Licht erfahren. Folgend werden sie auch anderen Menschen geschickt, die uns nahestehen, und später auf das ganze Universum ausgeweitet.

Mögen sie zufrieden und glücklich sein.
Möge es ihnen wohlergehen.
Mögen sie ihren Wert schätzen, wie sie sind und ihr Wohlbefinden spüren.
Und so weiter …

Die Wünsche sind auch für die eigene Meditationsgruppe, die Familie, den Stadtteil, das Bundesland, den Staat und den Staatenverbund bis hin zur ganzen Erde formulierbar. Fehlen darf auch nicht die Annahme von Menschen, mit denen kein Einvernehmen besteht. Sie haben in uns vielleicht dunkle Spuren hinterlassen, weil sie uns einmal sehr nahestanden und eben diese Nähe verlorengegangen ist. Sie können für uns aber innerlich noch präsent sein und unseren Alltag ungünstig beeinflussen. Auch sie werden in die „Fürbitten" einbezogen und alle Gefühle, Gedanken und körperlichen Reaktionen notiert, die uns mit ihnen verbinden. Im besten Fall gelingt es uns erstaunlich gut – schlimmstenfalls versuchen wir, ein neutrales Gefühl zu entwickeln und negative Gedanken zu verlassen. Einem Nächsten und uns selbst können wir auch die folgenden Worte sagen:

Ich beschütze Dich. Mögen wir beschützt werden.
Ich sorge für Dich. Möge für uns gesorgt werden.
Ich fördere Dich. Mögen wir gefördert werden.

Die Metta-Meditation kann regelmäßig wiederholt werden. Mit der Übungspraxis vor allem in einer Gruppe ist es möglich, schon nach kurzer Zeit das Gefühl der Herzensgüte zu erfahren. Es wird mit dem eigenen Wohlsein, einer tiefen inneren Ruhe, Zufriedenheit, Gelassenheit und mit Wärme und Licht verbunden.

Bildhafte Vorstellung

Die Vorstellung „göttlicher" Bilder mit dem Eintritt in deren kosmische Ebene bei vollkommener Klarheit und Selbstbeherrschung gehört zum tantrischen Sadhana[257]. Eins zu werden mit

257 sanskrit: von der Wurzel, auf ein Ziel zugehen, Mittel zur Erlangung der höchsten Wahrheit und Weisheit

der dargestellten oder vorgestellten „imaginierten“ Gottheit – selbst Gott oder göttlich zu werden und die in sich verborgenen göttlichen Kräfte zu wecken, sei das „Erlebnis der Wahrheit“.[258] In der Metta-Meditation stellt sich der Teilnehmer eine gütige und zuwendende Erscheinung vor, die in göttlicher Gestalt mit grenzenloser Liebe und Weisheit verbunden ist. In der buddhistischen essenziellen Phowa–Praxis – in der Sterbebegleitung[259] – werden ähnliche Vorstellungen angesprochen: „dahin gehen, wo das Licht ist“ oder „in das Licht sehen“. So wird in vielen Kulturen das Verschmelzen mit dem Göttlichen, mit der Natur oder der Prozess des Sterbens verbunden. In der bereits vorgestellten Maly-Meditation enthält die imaginierte Präsenz im Vergleich die christliche Vorstellung Gottes.

Stellen Sie sich eine Erscheinung vor, die Sie mit Liebe, Weisheit und Licht verbinden können. Pflegen Sie die Vorstellungen zu dieser Person, der Figur oder dem Symbol so lange, bis Sie diese sehen und tatsächlich spüren. Sie enthält Erinnerungen aus Ihrem Leben und Vorstellungen zum Beispiel über Jesus und Buddha. Auch das Bild Ihrer Mutter, ein Engel oder ein Heiliger kann Ihnen erscheinen. Diese Übung dauert einige Minuten.

Im Angesicht dieser Erscheinung bitten Sie um Hilfe, die sich auf alle Lebensumstände erstrecken kann. So stellen Sie sich Bereiche Ihres Körpers vor, in denen Sie Schmerzen haben oder die Sie mit Angst verbinden – beispielsweise nach einer Operation der Brust oder des Bauches. Nach einigen Minuten der Konzentration auf das Licht, die Wärme und Liebe dieser Erscheinung lassen Sie sich von Ihrer Erscheinung vollständig mit Licht ausfüllen und verschmelzen mit ihr.

Gehen Sie also mit Ihrer Aufmerksamkeit dorthin, wo Sie das Licht sehen. Halten Sie diese Vorstellung für einige Minuten, dann kehren Sie zurück in Ihren eigenen Körper und zur Konzentration auf die Atmung. Spüren Sie in den Brustkorb und fühlen den Herzschlag. Achten Sie auf den Fluss der Atmung am Umschlag zwischen tiefer Aus- und Einatmung und sehen Sie innerlich zum Licht hin, im Punkt zwischen den Augenbrauen. Bleiben Sie in dieser Konzentration bis zum Ende der stillen Meditation.[260]

258 vgl.: Mircea Eliade, Yoga, S. 217

259 vgl.: Soygal Rinpoche, Das Tibetische Buch vom Leben und vom Sterben (Mit der essenziellen Phowa-Praxis den Sterbenden beistehen) Ebook Pos. 4696

260 modifiziert nach einer Anleitung von Almut Göppert, Rigpa Zentrum Berlin, Seminar „Auch Buddhisten sterben“ 2013

Der Bodyscan

Bei diesem achtsamen Vorgang wird der Körper – „Body" – Organ für Organ mittels Gedanken „durchleuchtet". Der Begriff des „Scan" ist aus der Bürotechnik entnommen und meint hier nicht nur den Kopiervorgang, sondern auch die feine Sicht auf den Körperteil, der für alle Erfahrungen, Empfindungen und Funktionen steht. Berührt werden die Erinnerungen an erlittene Verletzungen, Traumatisierungen genauso wie die letzte angenehme Massage oder die Nackenverspannung nach einem gestrigen Ärger in der Familie.

Was wirklich zählt, sind vornehmlich die aktuellen Empfindungen. Es können neutrale Meldungen, aber auch Spannungen, ein Gefühl der Schwere, Taubheit oder ein Kribbeln zu spüren sein.

Eingangs verhilft die Wechselatmung zur besseren Konzentration. Atmen Sie in das eine Nasenloch ein und aus dem anderen aus. Verschließen Sie wechselseitig mit den Fingern das eine oder das andere Nasenloch. Der Seitenwechsel im Rhythmus von „links ein – rechts aus" und „rechts ein – links aus" nimmt Einfluss auf die Rechtslinkskoordination. Normalerweise betont die Nasenbelüftung eine Seite etwas mehr und wechselt alle 2 Stunden, ohne dass Ihnen das bewusst wird.

In Stressphasen oder bei Erkrankungen kann dieser Rhythmus unterbrochen sein. Die kurze Atemübung – mit 15-20x wechselseitig bewusstem Ein- und Ausatmen – führt zu einer guten Zentrierung des Gedankenstroms, welche die kommende Übung erfolgreicher absolvieren lässt. Störungen der Konzentration im körperlichen Ausdruck einseitiger Körperspannung sind in der Praxis bei sehr vielen Patienten anzutreffen. Sehr oft bestehen sie nach einer Chemotherapie aufgrund einer Krebs-Erkrankung, bei anhaltenden Schmerzen, bei Langzeitarbeitslosigkeit, bei starken Rauchern und allgemein bei Angst.

Der Bodyscan erfolgt am besten in der Meditationshaltung. In der Übung geht es um unsere Konzentration, die durch unseren eigenen Körper wandert und alles notiert, was wir dort fühlen. In der Vorstellung wird in jedes Organ oder jeden angesprochenen Körperabschnitt hineingeatmet und hineingespürt. Es gibt keine feste Regel, wo die Reise beginnt, aber für viele Übende hat es sich bewährt, zum Beispiel mit der Konzentration auf die Atembewegung oder den Herzschlag im Brustkorb anzufangen. Das im Vordergrund stehende Organ oder die Muskelgruppe erspüren wir mit allen Spannungen und Empfindungen, die uns in diesem Moment gewahr werden. Dann gehen wir Schritt für Schritt durch den Körper und konzentrieren uns jeweilig auf ein Organ oder einen Abschnitt der Wirbelsäule.

Langsam und in der Ruhe der Meditation durchstreifen Sie den Körper mit der wachen Konzentration des Geistes. Sie halten für 10-20 Sekunden jeweils an einem Punkt an und beachten alles, was Sie dort empfinden. Dazu gehört auch die Angst um die Arthrose am rechten Knie, die Narben nach der Darm- oder Unterbauchoperation oder nach der Entfernung einer Brustdrüse oder der Prostata. Atmen Sie in das Organ oder den Wirbelsäulenabschnitt und die geistige Vorstellung von ihm und gehen Sie dann weiter. Im Verlauf der Übung merken Sie, dass sowohl die eigene Wahrnehmung wie auch die Gefühle sich verändern, wenn Sie mit der Konzentration zum nächsten Organ gewechselt haben.

Zum Abschluss – wenn der Körper komplett durchwandert worden ist – verweilen wir für einige Minuten in der ruhigen Sitzhaltung. Mit dem Genießen der Stille klingt die Übung aus. Sie erlaubt uns eine distanzierte und auch neugierige Sicht in den eigenen Körper. Zur Entspannung, Beruhigung und Schmerztherapie ist die Übung deshalb besonders gut geeignet.

Anhang

Texte zur Meditation

„Ich bin nicht Christ, nicht Jude und nicht Moslem, nicht Hindu, Buddhist, Sufi, oder Anhänger des Zen. Ich folge keiner Religion, keiner Kultur, ich bin weder von Osten noch vom Westen, mein Ort ist ortlos, Spur des Spurlosen." – Rumi

Es gibt besonders geeignete Texte, die uns auf die Konzentration der Meditation einstimmen. Diese können in der Einleitung vor oder in der konzentrierten Stille nach der Meditation verwendet werden und ihre tiefere Wirkung entfalten – sie tragen die Erfahrung der Stille mit einem besonderen „Gewürz" weiter. Jeder kann Meditationstexte und Gebete für sich allein oder gemeinsam mit anderen lesen und sprechen. Ihre Effekte kann jeder für sich selbst spüren und nach dem eigenen Bauchgefühl über den richtigen Einsatz entscheiden.

Zum persönlichen Ritual kann es gehören, immer wieder die gleichen Worte zu nutzen, ähnlich wie bei einem gesungenen Mantra.[261] Es erscheint nur auf den ersten Eindruck eintönig, aber in der Meditation führt der Weg über die Wiederholung ganz nach innen. Dort erwartet uns zunächst überhaupt kein Stillstand. Die Texte dürfen deshalb – wie das Sitzen auf dem Kissen – im ersten Eindruck auch „langweilig" sein. Sie haben aber alle die erstaunliche Kraft, einen Menschen zum Schwingen zu bringen.

261 Sanskrit: Spruch, Formel

Aus Gründen des Urheberrechts werden hier keine Textmodelle direkt abgedruckt. Nachzulesen sind einige Empfehlungen jedoch in der folgenden Literatur und können auch einfach „gegoogelt" werden:

Dorothee Sölle: „Konzentrationsübung" aus dem Buch „Zum Leuchten bringen – Biblische Texte vom Glück" *S. 58* von Luzia Sutter Rehmann und Ursula Rapp 2006 Gütersloher Verlagshaus. *Ein Text, der Sie besonders die Einheitserfahrung spüren lassen kann.*

Rumi [262]: „Achte gut auf diesen Tag" unter: www.aphorismus.de *Der Klassiker zur Achtsamkeit*

Daio Kokushi: „Über Zen" Gedicht aus dem Buch „Zen im Westen – eine neue Lehrrede für eine alte Übung" *S. 123* von Peter Gottwald 2003 LIT Verlag. *Klar, radikal und ästhetisch, es kommt dabei nicht auf das Verständnis des eigenen Wachbewusstseins an!*

Rainer Maria Rilke: „Wenn es nur einmal so ganz stille wäre" www.deutschelyrik.de *Ein achtsames Liebesgedicht – gesucht wird die Nähe zu Gott.*

Paulus von Tarsus: „Hohelied der Liebe" aus dem 1. Brief des Paulus an die Korinther Kapitel 13 Vers 1-13 Die Bibel. *Es gibt keinen schöneren Text über die Liebe!*

Joseph Beuys: „Jeder Mensch ist ein Künstler" These/Ausspruch. *Aus dem vollen Leben gegriffen – das ist Glück. In der Küche aufhängen!*

Richard Beauvais: „Eine neue Wirklichkeit" unter dem Stichwort „Spiegel" auf www.spiritual-wiki.org. *Sich als Mensch unter Menschen fühlen zu können, ohne sich dafür anstrengen oder etwas Besonderes tun zu müssen, ist die beste Medizin gegen Angst.*

262 persischer Mystiker; vollständiger Name: Dschalal ad-Din Muhammad Rumi

Literatur und Quellen

- Assmus, H., A. G. (2015) *Deutsches Ärzteblatt 112.* S. 14-26
- *Bhagavad Gita (Shrimad).* Sivananda, S. (1995). Rishikesh-India: Mangalam Books
- Bahr, F. (2007) *Das große Buch der Klassischen Akupunktur.* Urban und Fischer
- Beck, E. (1980) *Die Heilige Schrift.* Katholische Bibelanstalt
- Brecht, B. (1982) *Die Dreigroschenoper.* Kommentar J. Lucchesi. Suhrkamp (2004)
- Chinmoy, S. (1994) *Veden, Upanishaden, Bhagavadgita.* Heinrich Hugendubel
- Cramer, F. (1993) *Chaos und Ordnung – Die komplexe Struktur des Lebendigen.* Insel
- Crittin, J.-P. (2010) *Ayurvedische Psychologie.* Windpferd
- Dande, A. S.; Pandit, A. (2013) Broken Heart Syndrome, Neurogenic Stunned Myocardium and Stroke. *Current Treatment in Cardiovascular Medicine* Vol.15, Issue 3, S. 265-275
- Dehning, S.; Gasperi, S.; Krause, D. (2013) Emotional and cognitive empathy in first-year medical students. *ISRN Psychiatry DOI:10.1155/2013/801530.*
- Deshpande, P. (1976) *Die Wurzeln des Yoga.* S. 40. Scherz
- Duden (2010) *Duden – Das Fremdwörterbuch.* Duden
- Durgananda, S. (2003) *Yoga Sutren des Patanjali – Text und Erläuterung.* Sumitra Huang-Schang
- Durgananda, S. (2010) *Besser leben mit Yoga.* Dorley Kindersley
- Eliade, M. (1977) *Yoga.* Insel
- Esch, T. (2014) Selbstregulation: Selbstheilung als Teil der Medizin. *Deutsches Ärzteblatt 111(50),* S. A 2214-20.
- Feuerstein, G. (2009) *Die Yoga Tradition.* Yoga
- Filevich, Elisa u. a.: Metacognitive Mechanism Underlying Dreaming. *Journal of Neuroscience, 21. January 2015,* 35 (3):1082-1088
- Frankl, V. E. (2007) *Psychotherapie für den Alltag.* Herder

• Fredrickson, Barbara L., M. A. (2008) Open Hearts Build Lives: Positive Emotions, Induced Through Loving-Kindness Meditation, Build Consequential Personal Resources Journal of Personality and Social Psychology. *American Psychological Association.* Vol. 95 No. 5, S. 1045–1062

• Galli, J. (2008) *Clown – Die Lust am Scheitern.* Galli

• Gard, T. e. (2014) Fluid intelligence and brain functional organisation in aging yoga and meditation practioneers. *Frontiers in Aging Neuroscience.* S. Vol. 6 Article 76:1-12.

• Giergenzer, G. (2007) *Bauchentscheidungen.* Bertelsmann

• Gisiger, S. (Regie 2014) *Yaloms Anleitung zum Glücklichsein (Alamode)* Kinofilm

• Glassmann, B. (2010) *Anweisungen für den Koch – Lebensentwurf eines Zen-Meisters.* edition-steinrich

• Goethe, J. W. (1783) abgerufen am 7.2.15. von *www.goethezeitportal.de* /topografische-ansichten / orte-und-zeiten-in goethes-leben

• Goncharonowa, T. (2009) *Hirnstrukturelle Veränderungen bei schizophrenen Jugendlichen gemessen mit der Magnetresonanztomografie.* Dissertation Universität Frankfurt (Publikationen.ub.uni-frankfurt.de)

• Grimm, B. (2014) Personen und Portraits. *Kontemplation und Mystik,* S. 47

• Gupta, S. N.; Stapelfeld, E. (2009). *Praxis der Ayurveda-Medizin.* Haug

• Hiersch, M. (2008) Scham und Schuld-Sein und Tun. *Psychotherapeut 53,* S. 177-184

• Homberger, H. (2011) *www.west-östliche-weisheit.de/Psychotherapie*

• Jäger, W. (2005) *Das Leben endet nie.* Theseus

• Jäger, W. (2009) *Zen im 21. Jahrhundert.* J. Kamphausen

• Jäger, W.; Grimm, B. (2011) *Die Flöte des Unendlichen.* Wege der Mystik

• James, E. (2012) *Fifty Shades of Grey – Geheimes Verlangen* Band 1. Goldmann

• Jung, C. G. (1932) Vortag: *Kundaliniyoga.* Zürich

• Jung, C. G. (1995) *Praxis der Psychotherapie.* Patmos

• Jung, C. G. (1995) *Psychologische Typen.* Patmos

• Jung, C. G. (1995/2011) *Zur Psychologie westlicher und östlicher Religionen.* Patmos

- Jung, C. G. (2011) *Ausgewählte Schriften.* Patmos

- Kabat-Zinn, J. (2008) *Zur Besinnung kommen – Die Weisheit der Sinne und der Sinn der Achtsamkeit in einer aus den Fugen geratenen Welt.* Arbor

- Kipling, R. (2013) *Kim.* Fischer

- König, K. (1992) *Kleine psychoanalytische Charakterkunde.* Vandenhoeck und Ruprecht

- König, K. (2011) *Arbeit und Persönlichkeit. Individuelle und interpersonale Aspekte. Psychodynamik der Arbeitswelt.* Brandes und Apsel

- König, S. (2013) *Mythen, Weisheiten, Heilige Bücher – Hauptwerke der Religions- und Geistesgeschichte.* Kindle Ebook

- Kopp, Z. W. (2004) *Der grosse ZEN-Weg – Der Weg zur Erleuchtung mitten im Leben.* Schirner Taschenbuch

- Kornfield, J.; Goldstein, J. (2005) *Einsicht durch Meditation – Die Achtsamkeit der Herzen.* Arbor

- Kornfield, J. (2008) *Das weise Herz – Die universellen Prinzipien buddhistischer Psychologie.* Arkana

- Kuiper, P. C. (1995) *Seelenfinsternis – Die Depression eines Psychiaters.* Fischer

- Lanzenberger, R. u. a. (2010) Wie viel Gehirn braucht der Affekt? Bildgebende Verfahren und affektive Symptome bei Schizophrenie. *Psychiatrie Psychotherapie* 6/3:133-138. Springer

- Leibig, B. (1998) Aspekte der Scham in der Psychotherapie. *Psychotherapeut* 43, S. 26-31

- Lieber, A. (2007). *Das Geheimnis des Buddha.* Peter Hammer

- www.buddhismus-deutschland.de.

- Lukas Evangelium (1980) *Einheitsübersetzung der Heiligen Schrift.* Katholische Bibelanstalt

- Luther, M. (1524) Mitten im Leben ... *Liederbuch: Evangelisches Gesangbuch.* Evangelische Kirchen in Deutschland

- Lutz, A.; Greischar, L. L.; Rawlings, N. B.; Ricard, M.; Davidson, R. J. Long-term meditators self-induce high-amplitude gamma synchrony during mental practice. *PNAS.* November 16, 2004 Vol.101 No. 46/16369-16373

- Maciocia, G. (2009) *Leitbahnen der Akupunktur.* Urban & Fischer

- Maharshi, R. (1985) *Sei, was du bist – Die wichtigsten Lehren des großen indischen Weisen.* O. W. Barth

- Maharshi, R. (2003) *Nanyar? Wer bin ich?* Advaitamedia
- Maly, W. (2012) *Die Maly Meditation – Wie Zuwendung heilen kann.* Knaur
- Maschwitz, R. (2013) Ich in dir und du in mir. *Ursache und Wirkung 86,* S. 64. U&W GmbH
- Matthäus Evangelium (1980) *Einheitsübersetzung der Heiligen Schrift.* Katholische Bibelanstalt
- Mercier, P. (2006) *Nachtzug nach Lissabon.* Btb.
- Miller, G. (1956) The magical number seven, plus or minus two: some limits on our capacity for processing informations. *Psychol. Rev* 63, S. 81-97
- Mitzinger, D. (2009) *Yoga in Prävention und Therapie.* Deutscher Ärzteverlag
- Neijing, H. (770-476 v. Chr.) *Das innere Buch.* abgerufen 2014 von www.weiterbildung.uzh/programme/ethnobot/.../ArapiNeijingfinal.pdf2008
- Ohtsu, D. R. (2008) *Der Ochs und sein Hirte – Eine altchinesische Zen-Geschichte.* Klett-Cotta
- Oonk-Fabisiak, M. u. R. (2014) *Stopp Rheuma und Reizdarm: Der natürliche Weg zu einem gesunden Darm und schmerzlosen Gelenken: Die 6er Regel.* Bod
- Osho (2013). *Das Chakra Buch.* S. 148. Innenwelt
- Pali-Kanon. *www.palikanon.com.* Anguttara Nikaya. 4. Buch. A.IV. 193 Bhaddiya – 3. Baddhiya Sutta
- Patanjali (1976) *Die Wurzeln des Yoga – Die klassischen Lehrsprüche des Patajali.* O. W. Barth
- Platsch, K.-D. Dr. med. (2005) *Die fünf Wandlungsphasen – Das Tor zur chinesischen Medizin.* Urban & Fischer
- Platsch, K.-D. Dr. med. (2009) *Das heilende Feld – Was Sie selbst für Ihre Heilung tun können.* O. W. Barth
- Platsch, K.-D. Dr. med. (2005) *Psychosomatik in der chinesischen Medizin.* Urban & Fischer
- Reddemann, L. (2006) *Psychotraumata.* Deutscher Ärzteverlag
- Reinders, H. u. a. (2015) Stressfaktoren bei Eltern und Schülern am Übergang zur Sekundarstufe. *Schriftenreihe Empirische Bildungsforschung, Band 33.* Universität Würzburg
- Rhyner, H. H. (2003) *Das große Ayurveda-Ernährungsbuch: Gesund leben und genussvoll essen.* Urania.
- Riemann, F. (2013) *Grundformen der Angst.* Reinhardt, Ernst
- Rinpoche, T. W. (2001) *Übung der Nacht – Tibetische Meditationen in Schlaf und Traum.* Goldmann

• Rinpoche, S. (2001) *Das Tibetische Buch vom Leben und vom Sterben.* S. 4696. Knaur Ebook

• Rizzalatti, G. (2005) The mirror neuron system and its function in humans. *Anat Embryol.* S. 210:419-421

• Roth, G. (2013) *Persönlichkeit, Entscheidung und Verhalten. Warum es so schwierig ist, sich und andere zu ändern.* Klett-Cotta

• Rowling, J. K. (1999) *Harry Potter und der Gefangene von Askaban.* Carlsen

• Rosenberg, M. B. (2012) *Gewaltfreie Kommunikation – Eine Sprache des Lebens.* Jungfermann

• Schiller, F. (kein Datum) *Über das Erhabene.* aus F. Schiller. *Sämtliche Werke.* Winkler, Bd. V, *Philosophische Schriften.* abgerufen am 7.2.2015 von www.gutenberg.spiegel.de/buch/-3325/1

• Schneider, M. (2012) *Stressfrei durch Meditation – Das MBSR-Kursbuch nach der Methode von John Kabat-Zinn.* O. W. Barth

• Schneider, M. (2013) Einklang mit dem Sein. *Ursache und Wirkung 86,* S. 11. U&W GmbH

• Schopenhauer, A. (1960) *Lebensweisheit – Schopenhauers Aphorismen und Gracians Handorakel.* Droemer

• Schopenhauer, A. www.arthur-schopenhauer-studienkreis.de. abgerufen von *Die Welt als Wille und Vorstellung II,* 4. Buch, Kap. 48, S. 715.

• Schopenhauer, A. www.schopenhauer-web.org. abgerufen von *Die Welt als Wille und Vorstellung* pdf S. 2370 A11

• Sekida, K. (2013) *Zen-Training.* Herder

• Sivananda, S. (1995) *Shrimad Bhagavad Gita.* Rishikesh-India: Mangalam Books

• Sivananda, S. (1998) *Narada Bhakti Sutras.* Devine life society

• Sölle, D. (2014) *Mystik und Widerstand.* Kreuz

• Studt, H. H.; Petzold, E. (2012) Wirkfaktoren der Psychotherapie. *Psychotherapeutische Medizin* , S. 57

• Tiedemann, J. L. (2008) Die intersubjektive Natur der Scham. *Forum Psychoanal 24,* S. 246-263

• Vishnudevanada, S. (2008) *Das große illustrierte Yogabuch.* Aurum

• Vishnudevananda, S. (1986) *Meditaion und Mantras.* OM Lotus Publishing Company

- Vishnudevananda, S. (1986) *Meditation und Mantras – Eine Darstellung der vier großen Yogasysteme in Theorie und Praxis.* Om Lotus Publishing Company
- Wangyal, T. (2008) *Übung der Nacht –Tibetische Meditationen in Schlaf und Traum.* Goldmann
- Wellenius, G. A. (2012) Ambient air pollution and the risk of akute ischemic stroke. *Arch Intern Med 172,* S. 229-223
- Wetering, J. van de. (2012) *Der leere Spiegel – Erfahrungen in einem japanischen Zen-Kloster.* Rororo
- Wolz-Gottwald, E. (2010) *Yoga-Philosophie-Atlas.* Via Nova
- Yalom, I. D. (2010) *Existenzielle Psychotherapie.* EHP
- Yalom, I. D. (2010) *In die Sonne schauen – Wie man die Angst vor dem Tod überwindet.* Btb

Index

A

B

C

D

E

F

G

H

I

J

K

L

M

Q

R

S

V

W

Y

Z